北京宣传文化引导基金
BEIJING CULTURE GUIDING FUND

北京燕山出版社
BEIJING YANSHAN PRESS

北京

我的修志故事

谭烈飞 著

图书在版编目（CIP）数据

北京，我的修志故事 / 谭烈飞著 . —北京: 北京
燕山出版社，2020.5
ISBN 978-7-5402-4835-2

Ⅰ.①北… Ⅱ.①谭… Ⅲ.①北京—地方史 Ⅳ.
①K291

中国版本图书馆 CIP 数据核字（2020）第 106962 号

北京，我的修志故事

作　　者：谭烈飞
责任编辑：刘占凤　赵　琼
助理编辑：张金彪　王亚妮
责任校对：杜　睿
封面设计：XXL Studio
正文设计：美信书装
出版发行：北京燕山出版社有限公司
社　　址：北京市丰台区东铁匠营苇子坑 138 号 C 座
网　　址：http://www.bjyspress.com/
邮　　编：100079
电　　话：010-65240430
印　　刷：北京富诚彩色印刷有限公司
开　　本：787 mm × 1092 mm　　1/16
字　　数：330 千字
印　　张：23.25
版　　次：2021 年 6 月第 1 版
印　　次：2021 年 6 月第 1 次印刷
定　　价：68.00 元

目 录

目
录

绪　言

───────

　　这本书的题目是："北京，我的修志故事"，不是我定的，但是，是我欣然接受的，我越来越觉得挺好！

北京

　　是指空间位置吗？"虎踞龙盘，形势雄伟。以今考之，是邦之地，左环沧海，右拥太行，北枕居庸，南襟河济，形胜甲于天下，诚天府之国也"。

　　是指沧海桑田的历史变迁吗？从周口店原始人类"钻燧取火以化腥臊""构木为巢以避群害"开始，直到今天呢？其实，就是砖塔胡同屹立 600 多年的万松老人塔和北京站整点清脆的钟声；就是记忆中的二闸冰嬉和鸟巢"无与伦比"的矫健身姿；就是门头沟"发轫于辽金以前，滥觞于元明以后"的采煤业和石景山高炉及占据筒仓的文化创新基地；就是市中心金碧辉煌的紫禁城和西山中爨底下的袅袅炊烟；就是雄伟巍峨的长城盘旋于群山峻岭之上和卢沟桥、八里桥、后门桥的镇水兽；就是西山皇家园林的宁静和永定河涨水后的喧嚣；就是"有名的胡同三千六，没名的胡同赛牛毛"和分布在 1.64 万平方公里的 924 个四合院；就是长安街川流不息的车辆和熙熙攘攘市场中不停走动的男女老幼；就是从积水潭伸展出去的"舳舻蔽水"的大运河和环绕一环又一环的快速路、高速路；就是"推"还是"敲"的苦吟诗人的生花妙笔和《红楼梦》《四世同堂》带给我们的历史绝唱；就是城墙的从有到残到无和中轴线申遗急促的脚步；就是北大红楼前呼唤的德先生与赛先生和中关村中从科学院数学所走出的吃螃蟹的人……

是不朽的人物吗？3000年前"封召公奭于燕"，多少有作为的帝王立都建都，有多少圣贤在这里书写历史辉煌的篇章，有多少英雄"留取丹心照汗青"，有多少普通又不普通的人留下奔波中疲惫的身影。我们记住了忽必烈、朱棣，也记住了郭守敬，还记住了关汉卿、曹雪芹、梅兰芳、老舍，这座城市还有刘秉忠、"样式雷"、梁思成与这座城市相伴而生，时传祥、张秉贵、李瑞环、张百发又是多熟悉的名字。

是我们的遗憾吗？如果城墙没有拆毁，这里将是世界上最伟大的古城博物馆；如果王八楼子监狱没被拆毁将是中国古老与近代结合最具代表性的监狱；如果京杭大运河没有断流，如果那么多的城楼还在，如果那么多的牌楼还在……

是我们的憧憬吗？新的规划明确北京将形成"一核一主一副、两轴多点一区"的城市空间布局，促进主副结合发展、内外联动发展、南北均衡发展、山区和平原地区互补发展。城市战略定位"四个服务"，维护安全稳定，保障中央党政军领导机关高效开展工作。保护古都风貌，传承历史文脉。有序疏解非首都功能，加强环境整治，优化提升首都功能。改善人居环境，补充完善城市基本服务功能，创建国际一流的和谐宜居之都首善之区。

我的

是"小我"吗？一个生在北京地域内的孩子，祖父和外祖父都是文化人，一个居然在自家的影壁上留的是英文的诗篇，能有几个人能看懂？我觉得在哗众取宠，手里摇的扇子写的是"日上三竿僧未起，算来名利不如闲"；另一个更是不屑于官场，从中学校长当到了小学校长，索性执起教鞭以教书为乐的"名士"，唯一卖力的是日寇进犯时候声嘶力竭的抗日呼喊。遗憾的是我对这两位具有传奇色彩的祖辈都未曾谋面，也许我的档案中不得不记录了"没见过"的说辞。然而，家人却都说我是隔代相传，基因过于明显。父母为我找了个"右派"老师名字叫潘相臣辅导我历史，他早年毕业于人民大学，使我爱上了历史，并且爱上了北京的历史，似有天助，恢复高考，我又读了历史系，工作还是写历史，而且是与北京历史相关的编北京地方志，真是老天的眷顾让我把所爱、所学、所做结合为一体。

其实，"我的"，这里是"大我"和"无我"。是以北京这个有生命的主体在俯视北京这片有山、有水、有城市、有郊区的广博土地。历史这么久远、人文如此厚重！有多少爱可以包含在"我的"回味之中，北京是新中国的首都，国家博物馆以前称为历史博物馆和中国革命博物馆，展陈有中华民族所走过的历史进程；北京还有首都博物馆，展陈有北京所走过的历程，它们都告诉我们，北京和中国紧密地不仅融为了一体，而且，往往北京可以代表着中国。我们常常会说，北京是祖国的心脏，北京的天安门是国家的标识。如此看来，"我的"就应该站在960万平方公里的高度，俯视这样广阔的天地。

修志

英国著名的科技史专家李约瑟先生说过："古代罗马，乃至近代中国，都没有与中国地方志相比拟的文献"，过去一个县太爷、一个府尹，为官三件事：断案、收税、修志，由此可见，修志的重要地位。在中国历史上有无数与历史交相辉映的史官，他们秉笔直书的故事历代相传，这是因为有功名的人谁也不愿意死后管他"洪水滔滔"，因此修史修志担负起一项重要的任务，就是让人敬畏，这也是中华文明传承所必须的，史书、志书具有扬善抑恶的作用，所以才受到古往今来的历代当政者的敬畏，甚至恐惧，对历史的敬畏是中国传统文化的精华。

修志，在北京传承悠久，可追溯到汉唐，存世旧志号称"百种千卷"，新编的志书超过了700种。我了解到的有据可查北京最早的修志人是熊梦祥，就是元代《析津志》的作者，在我的脑海中不时地会浮现他从大都出发，与他同行的是装满资料的一头瘦驴，行走在通往深山的崎岖山路；青灯之下他在西部深山斋堂的道观中孜孜以求，留下了北京地区第一部"市"志。我还会崇敬无数修志人的实地踏勘，遍访野老，求得第一手资料。我钦佩写外志的大家北京昌平的麻兆庆，他参加了新《昌平州志》的编纂，志书刊成后，麻兆庆认为"讹误颇多"，乃作《昌平外志》，考沿革，正纰缪，辨河渠，记金石，校新志之讹误，拾新志之漏遗。他在《昌平外志》中所说："外志非敢故与新志立异也，惟生于斯土者实事求是焉。"他不囿于书本传说，亲自作实地考察，复核审订，去伪存真。十易寒暑，《昌平外志》方始付诸镌刻，其治学之精神为史志后人树立了榜样。

　　我衷心地向我同时代的修志大家致敬！段柄仁离开他市委秘书长的岗位以后，一头扎进《北京志》的编修，他是一位既挂帅又出征的主编，每一部经手的志书他都要研究它的结构，都要保证史实的准确，以能够代表北京"首善"的水平。他提出了志书编修如何把握存真求实、详今明古、生不立传、述而不论、横分纵述的一系列论述，最为经典的是如何把握历史人物与政治人物的关系，在纷纭复杂的人物入志中独辟蹊径。每一部新编北京志书都凝聚着他的心血。在北京《北京志·建筑卷·建筑志》编修中集中了当代一批杰出的建筑师和建筑史家，就是因为第一篇的逻辑关系有毛病，被他打回，而没有通过终审，也就是因为他的认真，才有了后来人难以超越的《建筑志》，我当时是这部志书的责任审稿，这也让我刻骨铭心，如履薄冰对待经手的每一部志书。他写了多少字？读了多少字，潜心纂信史，辣手著华章，段柄仁主编的名字也许前无古人，后也难有来者，在北京修志历史上、乃至中华修志历史上都可以独树一帜。赵庚奇是曾经的北京社科院历史所的所长，转岗成为新编方志的主要开创者，北京新编志书主要的篇目、框架、结构及撰写方法都有他的智慧和奉献，他成为北京修志人的重要代表；王铁鹏任北京市地方志办公室主任后，主持起草具有依法修志意义的法规文件和修志发展规划，建立与完善了具有北京特点的志书编纂、审订、出版的体制机制，为高质量地完成北京市一轮规划志书和启动二

北京　我的修志故事

轮志书作出了重要贡献。

志书中有什么？志者记也。上记天，下记地，中间记空气，规范的说法是记述一个特定区域内的自然、政治、经济、文化、社会的历史与现状，其实，这是指一地的方志，现在又有了各类的专志，一个公园、一个街道、一座山、一条河、一场运动会都可以以志书的形式存世，我从1990年到北京市地方志办公室工作开始，参与第一轮规划志书是172部、第二轮志书102部，还有以外的更大规模的专志，数以百计的北京志书的编辑、审订、撰写，特别是难以计数的印刷出版前的最后签字，其中有严肃和冷静、欢娱和痛苦、惊讶与思索，也有无奈，这能有几人知？当然，有些是不会示人的。

故事

北京3000年的建城史，就是由无数精彩绝伦的故事构成。我会讲"高亮赶海"的故事：相传明初燕王朱棣和刘伯温选都址在北京，当时，到处是水，刘伯温便命掌管北京地区水源的龙王把水搬到别的地方，否则就修座哈达门把他压在门底下。龙王无奈，只好照办。北京城建好后，龙王忌恨刘伯温，便偷着把城中水井的水抽干放在水袋里和龙母一起推着小车逃出了西直门。刘伯温派大将高亮骑上快马追去，出西直门高亮赶上了龙王，向车上的水袋猛戳一枪。立刻发出山崩地裂的一声巨响，高亮掉马便跑，快到城门时，洪水滚滚，白浪滔天，一个浪头把高亮连人带马冲进了长河。之后，水势慢慢缓和下来，流入长河一直向东。高亮为北京城保住了水源，北京人为了纪念他，便在他被淹的地方修起一座白色的小石桥，取名"高亮桥"。后音转为"高梁桥"，留下的河就是高梁河。

还有龙脉的故事，一直是历朝历代皇家的必争之地，因为信奉风水学的古人相信，龙脉是藏风蓄水、大富大贵的风水宝地，更甚者会影响到整个国家的运势。北京有两条龙，一条是土龙，沿着北京城的中轴线，为皇帝所独占；另一条是水龙，就是今天的什刹海、北海、中南海，还有的说，和珅的府邸恭王府正好就在这条线上。

这些故事，一直传到今天，而今天也有继续传下去的故事，我在天坛，感受到国之大事，总离不开天坛，杨晓东园长给我讲了这样一个故事，2008 年 8 月 28 日上午，北京 2008 年残奥会圣火采集仪式将在天坛祈年殿广场举行，可这一天乌云密布，还一直下着雨，所确定的火种采集时间是在上午 10 时整，谁都怀疑是否可以如期举行，就是在这个时间点，突然之间，不可思议的事情发生了：稀稀拉拉的雨水戛然而止，一束阳光透过乌云，正好直射在用来点燃火炬的凹面镜上，火炬顺利点燃，温家宝总理迎着这缕阳光宣布火炬点燃成功，火炬接力仪式开始……

其时，这里的"故事"，"故"是指原来的、从前的、旧的。"事"是指发生的事情。地方志就是记述这样的故事的。一部志书也许存有成百上千的故事，大到原始人类的发现、北京城市的出现，小到普通百姓的衣食住行；大到大政方针的出台过程，小到柴米油盐的价格浮动；大到城市的宏观规划，小到一条道路的修建及路灯的安装；大到烽火连天的战争风云，小到岁月静好的悠扬小曲；大到天灾人祸的无情肆虐，小到人与动物和谐相处的画面……志书的名称有中央机构志、政府志、劳动志、房地产志、园林绿化志、化学工业志……

志书留存了大量的故事，或者说留存了丰富厚重的历史，其实，"治天下者以史为鉴，治郡国者以志为鉴"，这是修志的作用所在。地方志所记述的故事，既有资治的参考，也有教化的功能。大量留存的故事，是一个特定的区域内——也许是家乡，也许是生活和工作的地方的风土人情，让我们从知之到爱之，所以修志更担负着讲好北京故事、讲好中国故事的任务。

一

北京，有多少起点，
就有多少故事

引 言

北京的历史的起点是哪里？北京从何时是建城之始？北京建都的起点是何时？……在北京发展的进程中，总有一些起着划时代作用的年份，在这样的年份中有多少需要记住的故事和人物？而这些故事又在纷纭复杂的变换中得出不同的结论，有些约定俗成，但不一定被人接受；有些又是仁者见仁，智者见智，我是希望以一种理性、用志书留存的方式揭示出来，或者更确切地说是作为资料保存下来。

周口店遗址是我国最早的世界文化遗产，北京的历史是从这里开始记录的；在离周口店很近的地方，有个叫琉璃河的古镇，可追溯到北京城市的源头——燕都，同时畅想与它同时代的蓟城，也许还会不自觉地联想到"燕赵多慷慨悲歌之士"，也会想起陈子昂的《登幽州台歌》："前不见古人，后不见来者。念天地之悠悠，独怆然而涕下"！从契丹建辽南京（今北京）、女真建金中都起，幽州从北方的军事重镇一跃成为北方的政治中心，为全国的、统一的、多民族的政治中心打下了坚实的基础。元大都的兴建，"其美善之极，未可宣言"，诞生了刘秉忠这样伟大的城市规划大师和郭守敬这样的伟大科学家、水利工程师。以关汉卿为代表的文化巨匠也脱颖而出，为那个时代的北京增添了光彩。

北京最伟大的划时代变革是成为中华人民共和国的首都，一个古老的城市获得了新生，走过从消费城市到生产城市，又从生产城市成为政治中心、文化中心、国际交往中心和科技创新中心的变化。

北京的每一次起步，都留下深深的印记，值得回味。

周口店"北京人"
——北京历史的原点

进入 20 世纪 80 年代，我国开始重视世界文化遗产的保护，1987年，我国向联合国教科文组织提交申遗材料，提交的文本上一共只有 5 处：故宫、长城、敦煌、泰山、秦始皇陵兵马俑，当时没有意识到周口店的重要性，所以没有把周口店列入到申遗名单。这 5 个地方的材料递交上去后，联合国教科文组织世界遗产委员会的官员说，如果周口店遗址不能成为世界文化遗产，那么其他地方都没资格申请。中科院负责起草了周口店遗址的申遗材料，时任周口店博物馆馆长的袁振新立即用 7 张作文纸手写了申报材料。虽然只有非常简略的几页纸的文件，但上报后，周口店遗址立刻获批成为世界文化遗产，这也成为周口店遗址申遗的一段佳话。

周口店遗址于 1987 年成为了我国第一批被列入《世界遗产名录》的文化遗产之一。不知道这 7 张手写的作文纸是否保存在周口店遗址博物馆内？《北京志·世界文化遗产卷·周口店遗址志》做了记录，这份手书申请书申请周口店遗址作为世界文化遗产的理由非常简单：周口店遗址是世界著名的早期人类遗址，是同时代遗址中材料最丰富、最全面、最具代表性的一个，对研究和复原早期人类历史有重要价值。

我们在撰写北京历史的时候自然会将笔触伸向周口店，这里有"北京人"活动的遗迹和真实的记录。

1929 年 12 月 2 日，中国考古学家、古生物学家裴文中发现中国猿人第一个头盖骨，是古人类学史上的划时代事件；他从堆积的出土物中

北京，有多少起点，就有多少故事

找到当时疑为用火证据的有色碎骨和鹿角，揭开了中国猿人文化研究的序幕。1936年，周口店发掘负责人贾兰坡在11月15日一天内发现两个猿人头盖骨，11月26日又找到一个。科学家们在周口店猿人遗址里先后进行了23年的发掘，共出土约40个个体的203件中国猿人化石。与此同时在文化研究方面取得突破性进展，重要的标志就是用火遗迹，随着考古材料的增加和研究工作的深入它得到了证实，于是肯定了中国猿人懂得用火；在发掘中出土大量人工制造的石制品，石制品类型包括石片、刮削器、砍砸器、断片、碎屑等。使中国猿人成为东北亚会制造石器的最早的古人类和当时世界上最早懂得用火的人。

我们在志书中没有忘记为遗址发掘作出贡献的人和最初的艰难实践：周口店猿人文化遗址不是从发现人化石开始认识它的科学价值的，而是因为堆积中有外来的石英片，瑞典地质学家安特生慧眼识真，卓识远见地提出"这里有古人类"，经过两年的试掘，这里果然找到了人化石。

□ 猿人洞

志书需要说的是，这里的古人类距今有多少年，志书用了"50～60万年之前"，随着近几年新技术的应用，经过重新的认定，明确为"距今70万年以前"。

志书留给我们最重要的贡献是这样的记述：对有高科学价值的古人类文化遗址，发掘要留有余地，以适应深入研究和展陈的需要。这方面最典型的例子是山顶洞人遗址的发掘。1933年除留地层剖面立柱外，堆积基本挖光，后来，因保护不到位，立柱也坍了，经清理，洞内再无原生堆积。群众参观所见为一个

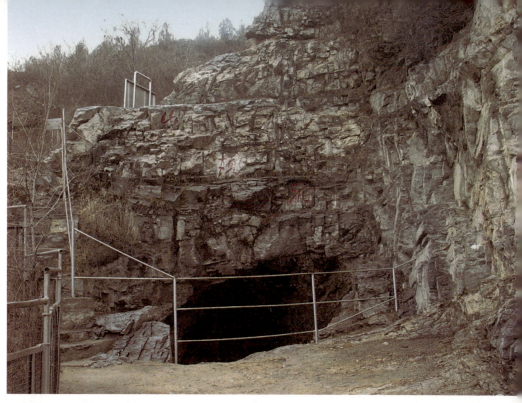

□ 山顶洞

空洞，要研究其气候和环境，作植被研究，无孢粉样可采，作年代学研究，困难重重，所得年龄差距很大，皆因无原来的灰烬做样品。

　　周口店遗址再发掘，再找到猿人头骨，是不少人所期待的。从目前情况来看，不宜重开对中国猿人遗址以及尚有含文化遗物堆积的第15地点和第4地点的发掘，应像保护王陵那样保护它们。这方面是有教训的。1978年在东坡开始发掘，两年发掘的结果仅有一篇简报发表，此后三年由于技术力量的减弱，勉强而为之，挖了一个很大的坑，却只字未见，甚是遗憾。无论从东坡的发掘，或目前旧石器的考古技术，仍基本停留在"锄头考古学"的水平上，从含坚硬的角砾岩的洞穴堆积中较全面地提取古人类信息的办法不多。从考古发掘的两重性——建设性和破坏性来看，在缺少先进发掘技术的情况下，破坏性很可能大于建设性，换句话说，很可能信息采集不全，而遗址堆积被挖后是无法再造的。有鉴于此，对周口店遗址必须严格贯彻保护为主和加强管理的方针。要使周口店遗址在考古学中的独特地位得到保护，首先要保护好现已发现及存有堆积的遗址和地点不再受自然的侵害。

燕与蓟——北京建城之始

　　北京有着3000多年的建城史，北京地区出现城市，据史书记载，为3000余年前之蓟和燕。其实，蓟城是存在于文字的记述之中的，而真正能够了解那个时代城市尊容的是燕。考古证明：北燕（即燕国）所始封的城址，在今房山区琉璃河董家林一带，离我家很近，由于好奇，曾经骑着自行车跑去围观考古发掘的现场。这处古代文化遗址从20世纪60年代由国家有关机构开始正式发掘，出土了大量的实物资料。遗址包含了居住址、古城址和墓葬区三部分。在已发掘的居住址中，发现了当时人们居住过的房基，使用过的窖穴，以及生活用具和生产工具，其中有陶器、石器、骨器、蚌器等。除属西周时期的遗物、遗迹外，在一些使用过的灰坑中，也发现了属于商代的遗物。对于这项考古发掘最重要的是对古城址的发掘，古城址在董家林村，很久以来，这里的城墙有的地段在地面上还留有1米多高的遗迹，后因农田平整土地，被夷为平地。经过发掘，得知这座城的北城墙全长829米，除北城墙外还有的地方保留了大部分墙基，在东、西、北三面城墙外，还发现有2米多深的护城壕沟，也许是护城河，推测古城的平面应是方形或长方形，虽已属断壁残垣，但通过考古发掘，对城墙的修建方法、建筑技术、墙体结构以及所用工具等，都有了一定的了解和认识。这座古城的修建年代，由于城墙内侧的"护坡"，被商末周初的墓葬以及属于西周时期的灰坑、房址所打破，这就说明这座古城的修建年代，最迟不能晚于西周初期。

　　在后续的发掘中，共发掘出属于商、周时代的墓葬300余座，车马

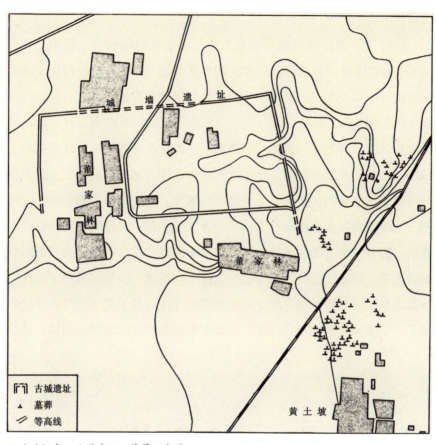

□ 琉璃河商、西周遗址及墓葬示意图

坑 30 余座。我当时看到的就是正在发掘的古墓葬，从墓葬及其众多的
出土器物以及古城址的存在，再加上遗址本身的范围来进行综合分析和
研究，可知在 3000 多年以前，以古城址为中心的这一带地区，绝非一
般的村落，而是有过一段辉煌历史。1996 年，在燕都遗址发掘中发现
数十块占卜龟甲，其中三片刻有文字，可以辨认出"成周""用贞"，这
些甲骨文出土，是西周考古的重要收获，为研究西周甲骨提供了新的材
料。结合古代文献资料可以肯定，这里就是西周初期燕国的封地，而古
城址就是燕国当时的都城，是燕国政治、经济、文化的中心。由于考古
的发现，也证明了司马迁所著《史记·燕召公世家》中"周武王之灭纣，
封召公于北燕"的记载是可信的，有专家推断此都邑乃召公奭封燕后，

仿洛邑所建。

1997年，遗址的发掘与研究工作纳入了夏商周断代工程中，并设立了"琉璃河西周燕都遗址的分期和年代测定"课题，最终得出了重要的结论：根据1995年至1998年对城址和居址的发掘结果看，遗址内应有3种文化共存，即商文化、周文化和土著文化。其中商文化系统的陶器有些可能早到殷墟，延续到西周初期。但在西周燕都居住址发掘出土的陶片，未见单独存有商文化系统陶片的遗迹，基本上是与周文化系统的陶片同出，有些甚至还有土著文化的陶片。这种现象只能说明一个问题，即西周燕都城址内所有文化遗迹及文化堆积，都是召公封燕以后形成的。结合城墙基础和城外护城河内出土的遗物看，可以认为燕都城址始建于召公封燕之后，而绝不会早到商末。这样，就彻底避开了考古学上商周难以区分的纠葛，便于确定早期燕文化以及为武王伐纣的年代提供了一个准确的下限年代标准。不得不说的是与此同时代的蓟城，地处

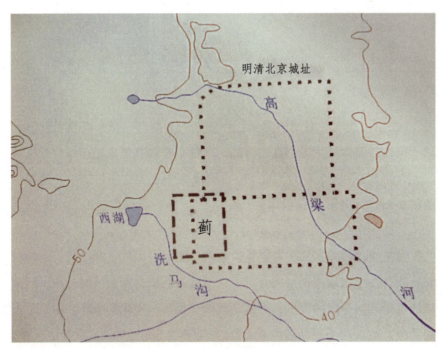

□ 蓟城位置图（原载《侯仁之燕园问学集》，上海教育出版社，1991年）

今北京广安门附近，历史上经历了水患、战争和朝代更替，任何遗存的痕迹都无法寻觅到，那么，燕就自然而然地成了北京建城之始的标志性的城市。

这就引来了北京建城之始是哪一年的问题。

第一种观点是公元前 1042 年。2001 年有关部门宣布，按照"九五"国家重点科技项目夏商周断代工程成果《夏商周年表》与房山琉璃河西周燕都遗址考证表明：北京建城史可以追溯到西周成王时期，即公元前 1042 年。结论是因为当时武王灭商后，封召公奭于燕，当时武王只是占领了商朝都城安阳，推测北京地区很可能还是商朝的势力范围，因此，燕都不可能在当时建成，根据琉璃河董家林商周遗址出土的刻有铭文的青铜礼器，结合历史文献分析，表明是成王时期周人来到燕地，由此，根据夏商周断代工程《夏商周年表》为依据，北京建城的起点应为公元前 1042 年。

第二种观点是公元前 1045 年。1995 年为纪念北京建城 3040 周年，曾举行一系列大型的学术活动。其中一项就是研讨西周时期燕国的始封地、始封年代及其灿烂的物质文化，也就是以此确认北京的建城时间和古代北京的辉煌文明。经过国内 120 多位专家学者，根据琉璃河董家林商周遗址出土的刻有铭文的青铜礼器，结合历史文献分析考证，认为"灭纣封燕"为公元前 1045 年更接近史实，并由此确定燕国始封年代，进而确认北京建城为公元前 1045 年。

第三种观点是公元前 1046 年。1996 年 5 月 16 日，国家"九五"规划重大科研项目"夏商周断代工程"正式启动。这项工程运用考古学、文献学、天文历法、C14 测试等社会科学与自然科学相结合的方法和手段，并进行综合研究，2000 年 11 月，阶段性成果报告公布。其中确定了武王克商（武王伐纣）的年代，成为殷周历史的分界线，最后确定周武王灭纣年代为公元前 1046 年。因此，公元前 1046 年就作为北京建城的始建年代。我们的志书也采用了这个观点。

燕国在当时南北交通上的重要性虽远不如蓟国，但是它的腹地广

北京，有多少起点，就有多少故事

阔，又接近文化先进的中原地区，因此它的势力先于蓟国而日益发展起来。到了西周中期，燕国势力已跨过永定河，在京西的昌平落脚（昌平白浮村西周墓的发掘证实了这一点）。大约西周晚期，燕国终于沿着北进的大道向北方发展，不仅兼并了蓟国，而且迁都到蓟城。以蓟城（今北京）为上都，武阳（今河北易县境）为下都。蓟城以其南北交通枢纽的优越地位，成为中原文化与北方文化交流、多民族经济贸易往来的军事重地，燕作为"七雄"之一的北方强国，燕都蓟城名满海内。蓟的地位与影响一直延续下去，蓟无论是方国都城，或北方重镇，由西周初封到唐代幽州，燕蓟的经营与发展，均已载入北京城市发展早期历史的光辉册页，且为此后不断发展奠定了基础。

辽南京与金中都

北京从何时成为都城，是有不同观点的。其争论起自 2003 年 "非典" 以后，为提振北京的人气，一些学者提议举办纪念金中都建都 850 年暨北京建都 850 年的活动，提议报到时任北京市市长王岐山面前，王市长批示，金中都以前还有辽南京，为什么北京建都从金中都开始算？并请专家进一步论证，结果多数人同意了金中都作为北京建城之始。

当时，承编《北京志》的主编、副主编都没有参加论证会，其中副主编中还包括《北京通史》主编曹子西先生。后来也对建都之始问题在主编会上进行了讨论，很多主编提出了不同的意见，集中的意见是，通常北京被称为五朝古都，即：辽、金、元、明、清五朝，北京地区留存的旧志在谈及北京的历史时，一般都用 "辽金故都"，如《（光绪）顺天府志》载："溯辽、金肇都，犹沿唐藩镇旧城，元、明以降，规体增廓，今虽府治，实为帝都。"[1] 原北京社科院历史所所长赵庚奇先生明确表示，金中都毕竟不是一个统一国家的首都，搞相应的纪念活动不妥，在这次会议上，《北京志》主编段柄仁先生强调 "我们地方志系统还是按照传统的提法"。他亲自审订北京方志馆大型浮雕主题墙，将旧志 "溯辽、金肇都" 之语镌刻之上。

说到北京以都城之名标榜于世，北京史专家阎崇年先生曾有专文

北京，有多少起点，就有多少故事

---

[1]（清）周家楣、缪荃孙:《（光绪）顺天府志·京师志》一，"城池"，北京古籍出版社，1987 年，第 1 页。

京師古冀州地左負遼海右引
太行喜峰居庸擁後翼衛居高
馭重臨視乎六合天啟聖清應
圖建鼎此維與宅制沿明舊邦
命維新翼翼巍巍億萬年金湯
之固矣溯遼金肇都猶沿唐藩
鎮舊城元明以降規體增廓今
雖府治實為帝都

□ 北京方志馆主题墙文字

谈及北京曾经历有12次建都的历史。在辽南京以前，就有割据政权在北京地区立都。东晋时期，因朝政混乱，晋室衰微，群雄并起，原居住于东北的鲜卑慕容部乘机南下，慕容儁掌权之后，乘后赵内乱之际进占黄河流域，并攻陷蓟城。永和八年（352年），慕容儁称帝，改元元玺，国号大燕（史称前燕），都于蓟城。在蓟修宫室、建太庙。其宫殿沿以战国燕旧称，名碣石宫。为追念创业之艰，慕容儁令为坐骑“赭白”铸铜像，置于蓟城东掖门。铜像铸成之后，栩栩如生，东掖门遂被后世称为铜马门，所处之坊也被称为铜马坊。慕容儁以蓟为都前后共八年。唐天宝十四年（755年），兼领范阳、平卢、河东三镇节度使的胡人安禄山以讨伐杨国忠为名，从幽州起兵叛唐。翌年，安禄山称帝，改元圣武，国号大燕，定都范阳（即今北京），改称大都，这是北京第一次以大都为名。唐乾元二年（759年）史思明自称大燕皇帝，改元顺天，改范阳为燕京作都城；后梁乾化元年（911年）刘守光称帝，国号大燕，改元应天，以幽州城为都；后唐清泰三年（936年）石敬瑭割幽、蓟等十六州与契丹，奉表称臣，谓契丹主为“父皇帝”，契丹册立石敬瑭为“大晋皇帝”，亦称“儿皇帝”。有些专家以嘲讽的口气说半个中国的朝代立都你承认是都城，五分之一或者十分之一的中国立都你承认不承认是都城呢？

这当然不能一概而论，作为都城还是受到建筑规制及相应的影响力的影响。

契丹建南京，金主完颜亮迁都至燕京，改为中都，辽南京都是处于向都城过渡的时期，辽太宗耶律德光升幽州城为陪都南京，这标志着契丹从游牧国向农牧国的迈进，促进了契丹国家封建化进程，揭开了北京都城史的序幕。幽州城虽早就作过古燕国等都邑，唐晚期以后，安禄山、史思明、刘守光等又曾在此割据称王，但均是局部小政权，对全国影响不大。自辽以后，辽南京作为都城，在此扩建宫殿，增设官署，地位更加重要。辽末，辽南京成为辽南方的政治中心，也标志着我国的政治中心开始由西安经洛阳、开封向北京转移。

从城市发展史的角度来看金中都的规划与建设具有明显的都城的特征，规划了城市的格局，瞄准帝王之都进行建设。一是将皇城放在居中的位置。新建的中都城周围计 18.7 千米，中部前方为皇城，皇城之内为宫城。辽南京的皇城偏在西南隅，金中都修建利用了辽南京（燕京）城旧地，将西、南两面城垣向外进行了扩展，这样就使中都城内皇城略居中心，占据了中都城最显赫的位置。皇城内宫城居中偏东，第一次在北京地区，展示皇权至上的思想。二是以中轴线为依托分设都城功能。皇城四面墙各开一门，南门称宣阳门，向南正对丰宜门；北门称拱辰门，向北正对通玄门。这四门连成的一条南北线即为中都城的中轴线，主要宫殿沿这条中轴线建筑。宣阳门内正中间为御道，御道两侧为东西千步廊。西廊之西为金廷中央首脑机关尚书省及其六部（吏、户、礼、兵、刑、工部）所在地；东廊之东为太庙，太庙之南有小广场，称为球场。东、西廊的南端，分别有文楼及武楼，峙立于宣阳门内的两侧。长廊正北为东西向广场，与御道组成"T"形，广场正北即为宫城，内有宫殿群。宫城之东、宣华门以内，南部是东苑，北部是内省。宫城之西，玉华门以内遍布湖泊、宫囿为御苑同乐园所地，湖泊称太液池或西华潭。在"T"形广场西部设有登闻鼓院、登闻检院，为士民向朝廷上书的受理机关。皇城南部宣阳门之内东侧、太庙与广场之南设有来宁馆，西侧尚书省之南设有会同馆。两馆皆为接待外国使节的地方。三是大肆兴建宫殿。金宫城周围长 4500 余米。宫城内有多座"宫"，如皇帝

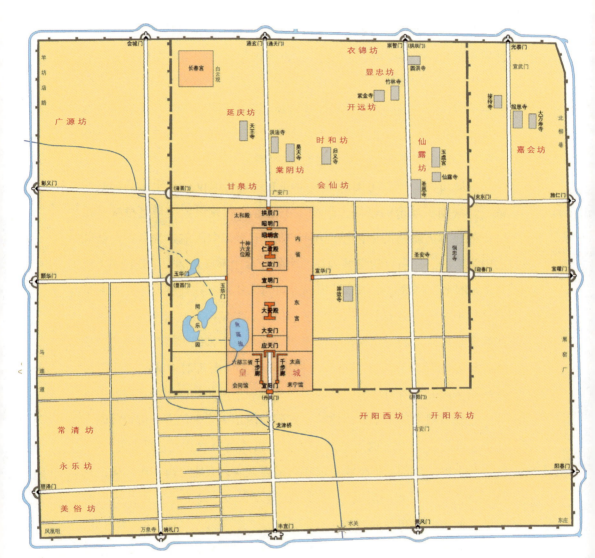

□ 金中都城示意图（侯仁之主编：《北京历史地图集》政区城市卷）

所居的昭明宫、皇后所住的隆徽宫、太后所居的寿康宫、太子所居的东宫、妃嫔所居的西宫（又称十六位）、皇帝办事的泰和宫等。每宫都有多座殿、阁、楼、亭等。金宫城内多"宫殿"，总数达46座之多。宫殿之多反映出宫城的规制宏伟，在北京地区历史上是空前的。大安殿是金中都宫城内最重要的宫殿，是皇帝举行重要仪式、庆典的地方，20世纪90年代进行考古发掘工作，位于今北京市西城区滨河路31号楼前。2003年9月20日，即北京建都850周年之际，在滨河公园（白纸坊桥以北处）内，为北京建都纪念阙举行了揭幕仪式，青铜纪念阙四柱高850厘米，代表建都850周年，四个青铜座龙则是前些年自大安殿遗址出土文物的放大复制品。阙四周有四个仿制的金宫殿柱础，与阙中央高高架起的斗拱交相辉映，象征金中都宏伟的宫殿群。

　　现在我们在宣传媒体上可以时不时地看到，北京建都800多年，甚至有860多年的提法，但是我要提醒的是，2017年5月14日，国家主席习近平在"一带一路"国际合作高峰论坛欢迎宴会上致辞时指出："北京是千年古都，见证了历史的沧桑变迁。"习主席提出的"千年古都"的概念是从辽南京，即938年（辽会同元年）升幽州为南京，又称燕京开

北京，有多少起点，就有多少故事

□ 金中都大安殿遗址发掘现场

始计算的。

辽南京的情况，我们知之甚少，契丹会同元年（938年），后唐河东节度使石敬瑭向契丹奉表称臣，将燕云十六州割让给契丹，其中包括幽州，就在这一年，辽太宗耶律德光决定升幽州为南京，又称燕京，立为陪都。[①] 辽南京继承了唐幽州城的基本规划布局，实行大城与皇城双重规划结构，全城布局规整、严谨。

《辽史·地理志》记载辽南京的大城："方三十六里。"东垣在今烂缦胡同偏西的南北直线上，清代以前的烂缦胡同旧沟即为东护城河故迹。

□ 金中都纪念阙

□ 辽南京皇城角楼故址（位于广安门内）

① 辽代实行五京之制，即上京临潢府（今内蒙古巴林左旗），东京辽阳府（今辽宁辽阳），中京大定府（今内蒙古赤峰市宁城县），南京幽都府（后改称燕京析津府，今北京西南），西京大同府（今山西大同）。

西垣在会城门以东，今广安门外一段莲花河走向顺直，当为西垣护城河故迹。北垣在宣武门内受水河胡同东西一线偏南，受水河原为臭水河，即辽南京北护城河故迹。南垣当在今白纸坊东西大街一线偏北。辽南京的形制基本为正方形，全城规划布局很规整，占地面积不超过9平方千米。南京城四周设八门，东曰安东、迎春，南曰开阳、丹凤，西曰显西、清晋，北曰通天、拱辰。现今南二环有开阳桥，得名就是取自开阳门。

辽南京的皇城，是在原幽州城的子城基础上改造和扩建而成的，位置在城市的西南角。其中一说是直接将安禄山的所谓宫城进行了修葺与扩建。约占全城总面积近四分之一。共设四门，东曰宣和门，南曰丹凤门，西曰显西门，北曰子北门。平时内城三门不开，只从宣和门出入，皇城不在大城的中心，对全城的交通往来有一定的好处。

辽南京城几乎没有大兴土木，基本是原封不动地继承了原来的唐、五代幽州城的城市基础，城墙也是使用原有基址，重加修筑，并没有进行大规模的改造。《辽史·地理志》载南京城墙"崇三丈，衡广一丈五尺。敌楼、战櫓（侦察或攻防用的高台）具"。城市内部的结构也未改变，仍以十字大街为骨架，固守州城里坊制格局。[①]

除了南京城的建筑以外，我们还了解到，在城市中出现了球场、凉殿、燕角楼、果园、湖泊等供契丹帝王贵族娱乐休闲的场所，城外还建有为数众多的供帝王避暑和渔猎的苑囿和离宫，如长春宫、延芳淀、华林与天柱二庄及瑶池殿等。这些和契丹人长期游牧生活养成的习性是密切相关的。

从现有的建筑来看，值得说的是契丹人有朝日之俗，房屋毡帐大多东向。史载："契丹好鬼而贵日，每月朔日，东向而拜日。其大会聚，视国事皆以东向，四楼门屋皆东向。"[②]南京的宫城由于受唐五代的旧格局限制以及接受汉族"天子南面而立"的文化观念，宫殿皆南向，也以

一 北京，有多少起点，就有多少故事

---

① 宋卫忠：《辽南京建筑文化特色与价值》，《北京科技大学学报（社会科学版）》，2013年6月第29卷第3期。

② （宋）欧阳修：《新五代史》卷七十二《四夷附录·契丹》。

□ 大觉寺

南门为正门。然而，宫城平时使用的只有东门宣和门。是和契丹人以东为尚的朝日习惯相关联。还有一些建筑更是采用坐西朝东的布局方式，如今天位于阳台山的大觉寺即为辽代寺庙东向的代表。

□ 天宁寺塔

而如今能够领略南京城遗迹的是坐落在广安门外西北隅的天宁寺塔，就是一个典型的辽代佛塔。天宁寺在辽代称天王寺，明宣德年间才改称天宁寺。天宁寺塔八角13层，高57.8米，内有阶梯通向顶部。下部是须弥座，上有壸门浮雕束腰一道，再上是有斗拱勾栏的平座和三层仰莲瓣，高大的塔身坐落在莲座上，座上四面有券门和力士浮雕。再上为十三层密檐，每层均系风铃，微风吹来，叮咚作响。1992

年修缮天宁寺塔，清理塔顶时发现一块《大辽燕京天王寺建舍利塔记》的刻石，记有"天庆九年五月二十三日奉圣旨起建天王寺砖塔一座，举高二百三尺，相计共一十个月了毕"。因此可以确知天宁寺塔的始建年代为天庆九年（1119 年），建成年代为天庆十年（1120 年）。

天宁寺塔身修长而又美丽，随着天宁寺立交桥的建设和周边一组组高楼的崛起，这座塔开始栖身在城市的建筑物中，似乎无法显示其特有的魅力。

北京，有多少起点，就有多少故事

元大都是哪吒城吗

北京一直有个传说，北京城是个"八臂哪吒城"，是仿照八臂哪吒而建，镇服了"苦海幽州"的孽龙。那究竟是什么时候的北京城呢？应该是在元大都时代，而这个传说则是过了100年以后，安在了明代。

传说当年明成祖朱棣要修一座北京城的时候，得知"北京这块地方，原来是个苦海幽州，这里的孽龙，十分厉害"，皇帝把修建北京城的任务交给了大军师刘伯温和二军师姚广孝，他们两个人就修成了"八臂哪吒城"：城市正南中间的是正阳门，是哪吒的脑袋，正阳门瓮城东西开门，就是哪吒的耳朵；正阳门里的两眼井，就是哪吒的眼睛；正阳门东边的崇文门、东便门，东面城门的朝阳门、东直门，是哪吒这半边身子的四臂；正阳门西边的宣武门、西便门，西面城门的阜成门、西直门，是哪吒那半边身子的四臂，以上一共是八个门。北面城门的安定门、德胜门，是哪吒的两只脚，这就是"八臂哪吒城"。

其实最早的传说，是和元代大都城联系在一起的，它是一座重新规划建设的城市，哪吒是三头六臂，而元大都城有十一个城门，它南边的三个城门是哪吒的三个头，而北边的两个城门就是哪吒的两条腿，东边和西边各有三个城门是哪吒的六条手臂。哪吒是神话中的人物，北京城经历了无数风风雨雨也是出神入化，故事颇多，今天我们看到的北京老城建造要追溯到元大都时期。

元大都在北京的城市发展史上占有特殊的地位和特殊的影响，是第一座认真规划和建造的帝都，它的影响力远播四方，也可说是一个有着巨大影响力的世界城市。

我所关注的元大都主要是在这些方面。

一、元大都的规划与建设的核心理念是"天人合一""道法自然"

元代是一个特殊的朝代，从宫殿建筑中即体现出这一特点。蒙古民族入主中原，与中原文化融合，形成了独具特色的元代宫苑和城市格局。

元大都的建设是从元至元四年（1267年）开始，由中书省官员刘秉忠为营建都城的总负责人。刘秉忠深谙道家学说，整个大都城的规划充分体现了"道法自然"的理念。

在新的都城的选址上摒弃了以往蓟城、辽南京、金中都的旧城，向东北方移建在新的未开垦的处女地上，可以尽情地规划一个"美善之极，未可宣言"① 的伟大城市。

1.城市的核心并没有一味地追求"王城"的固定模式。以今天的北海、中海和琼华岛为核心，建造元大都的宫殿群。把山与水的自然风光融入亭台楼阁群中，在山水的东面建造了以大明宫、延春阁为核心的皇宫；在山水的西南方建造了以隆福宫为核心的太子宫；在西北方建造了兴圣宫。而琼华岛上，依然以万岁山相称，因曾为元世祖忽必烈驻跸之所而更为重视，在此处大规模修建宫殿，元人陶宗仪《辍耕录》记载："其山皆以玲珑石叠垒。峰峦隐映，松桧隆郁，秀若天成，山上有广寒殿七间。"

以上这些建筑统称为元大都的大内，有萧墙围隔，宫城称为"东内"，王岗先生在其《元大都宫殿营建及功能略述》② 中谈及主要的建筑

021

北京，有多少起点，就有多少故事

---

① （法）沙海昂注，冯承钧译：《马可·波罗行纪》，中华书局，2004年。

② 王岗：《元大都宫殿营建及功能略述》，《北京社会科学》2013年03期。

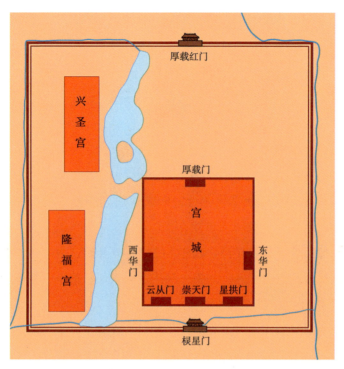

厚载红门

兴
圣
宫

厚载门

宫
城

隆
福
宫

西华门

东华门

云从门　崇天门　星拱门

棂星门

□ 元皇城宫城示意图

包括：大明门7间，大明殿11间，寝殿5间，香阁3间，两翼室各3间，周庑房屋120间。此后，又增建文思殿、紫檀殿、宝云殿等建筑。在大明殿后面，有一组重要的建筑，即延春阁。几经扩建，延春阁的附属建筑见于文献记载的有慈福殿、明仁殿、玉德殿、咸宁殿、宸庆殿、东香殿、西香殿、东更衣殿、西更衣殿等。琼华岛及西侧的宫殿群为"西内"，主要的建筑包括：以隆福宫为主体的建筑群，光天门5间，光天殿7间，寝殿5间，两翼室各2间，香阁3间。此外，又有前寝殿3间，后寝殿3间。其他附属建筑则有寿昌殿、嘉禧殿、文德殿、盝顶殿、针线殿等。在隆福宫西，又建有一座御苑，苑中有香殿、圆殿、歇山殿、棕毛殿、盝顶殿及太子斡耳朵荷叶殿等建筑。隆福宫北侧的兴圣宫建筑群的规模与隆福宫大致相同，其附属建筑有嘉德殿、宝慈殿、坤德殿等，在兴圣宫后，又建有延华阁，在阁周围则建有东西殿、东盝顶殿、西盝顶殿及畏吾儿殿等。

上述提及的整个建筑群大概占到元大都城建筑的十分之一，"西内"的建筑面积和占地面积大于"东内"。如果加上水面、万岁山，其规模就更显得宽阔壮观。

　　一般在谈及元大都的规划与建设的时候，言必及《周礼·考工记》，中国古代都城的设计之本源于此，无可厚非，正可谓《周礼》开篇所言："惟王建国，辨方正位，体国经野，设官分职，以为民极。"这种方位观念，以至于"南面而王"成为都城不能违背的定制。这既是中国礼制所规定，必须遵从；同时，在元大都的规划中也有相应的体现，如在方位与选址，城市功能的布置上体现出来。但是，在认真审视元大都的规划与建设的整体格局中，大都城的规划者刘秉忠按照道家"天人合一""道法自然"的理念，体现出特有的理念。据《元史·刘秉忠传》记载，刘秉忠"于书无所不读，尤邃于《易》及邵式《经世书》，至于天文、地理、律历、三式六壬遁甲之属，无不精通"，其运用《易经》于大都城的规划与建设中无所不在，但与《考工记》的具体内容多有不合，比如"方九里""九经九纬"，大都城的规模要大得多，元大都平面呈东西短、南北长的矩形，城墙全长60里又240步（28.6千米），面积约50平方千米，而城市的道路并没有达到纵横九条；比如"旁三门"，元代大都城，辟十一门，南、东、西三面各三门，北面二门；比如"左祖右社，前朝后市"，讲究的是南北与东西的对称格局，元大都城的祖庙与社稷坛是分设于东西两侧，但是，并不是像明清北京城那样形成平行的对称格局，从太庙制度看，据《元史》祭祀志载："至元十七年新作于大都，前庙后寝……环以宫城，东、西、南开棂星门三，门外驰道抵齐化门之通衢。"元代齐化门就是明清时的朝阳门，朝阳门内大街北有大慈延福宫，相传是元太庙的遗址。而社稷坛，据《元史》祭礼志，在和义门内稍南，元代和义门即是明清时的西直门，准确地址已无可考。但是，从距离和位置来看，均不在一条直线上，而且与宫城的中轴线的距离也不相等；比如"面朝后市"，元大都的"后市"显然不是规划与建设的功劳，元大都的"市"，从辑佚的《析津志》来看最繁华的区

北京，有多少起点，就有多少故事

城，当在钟鼓楼和今日东四、西四牌楼附近。

综上所述，元大都城的城市重心即是有山有水的"东内"与"西内"的这组建筑群，把自然的山水景观都充分地体现在了宫殿建筑群中，并融为了一体，构成整个元大都城的重心。正因此，其所体现的是蒙古文化与汉文化的结合，既考虑了作为都城的礼制要求，又体现了统治者及大都城的规划设计者对城市理念的把握，将礼制之"道"体现在对"自然"的领悟上。

2. 城市的重心与中轴线。萧墙之内的这样一个庞大的城市重心，必然影响城市中轴线的作用。中国传统文化，非常重视中轴线，小到居家院落，大到城市的总体规划，无论是寺庙道观、宫殿，还是祭坛苑圃都有明显的中轴线，这是中国传统文化的重要体现，其既包含有"天人合一""辨方正位"，也包括了"中正和谐""中庸"等核心理念。元大都的规划与建设均是有中轴线的，据《析津志》载："世祖建都之时，问于刘太保秉忠定大内方向，秉忠以今丽正门外第三桥南一树为向以对，上制可，遂封为独树将军，赐以金牌。每元会、圣节及元宵、三夕，于树身诸色花灯于上，高低照耀，远望若火龙下降。"[1] 中国古代认为，帝王所居应为天下之中，所以中轴线对应于天上的子午线，取天人相通、天人合一之意。

从元大都的建筑格局来看，城市总体的中轴线并不明显，主要是宫殿群的摆放，打破了城市对称的格局，城市的西部远远重于东部，而所设计的中轴线，简而言之，这条中轴线不是元大都城市的中轴线，而是皇宫的中轴线，所以才会出现学者们对元大都中轴线的不同认识。这条中轴线南端就是那株被封为"独树将军"的大树，以此向北，恰当地说就是到宫城的北门厚载门，也就是《析津志》所提到的"定大内方向"，而不是城市的方向，也可以顺着这条线至海子桥，即今天的后门桥止。海子桥的北侧没有标志性建筑，其北的中心台是元大都的中心点，但是

---

① （元）熊梦祥撰，北京图书馆善本组辑：《析津志辑佚·岁纪》，北京古籍出版社，1983年，第213页。

这个中心点与海子桥并不在一条直线上。在整个元大都城市的规划中，中心台的作用应该大于中轴线，起到了城市基点的功能。由此，可以清楚地看到，此中轴线与明清北京城市的中轴线不可相提并论。

二、元大都的水利工程是间接解决城市饮用水问题

一般提到元大都的建设从原来的莲花河水系为主要供水的广安门附近移至以高粱河水系为主的东北方向，主要原因是莲花河水系无法满足城市的发展，无法解决城市居民的供水要求。其实，从现有的资料来看，无论是辽南京，还是金中都的城市饮用水都是以水井为主，在金中都的遗址范围内发现大量陶井圈，北京文物部门曾经在原宣武区地域范围内发现大量古瓦井，据调查报告称，它们分布在陶然亭姚家井、广内大街北线阁、白云观、宣武门内南顺城街、和平门外海王村等处。较为密集的地方是内城西南转角经宣武门至和平门一线①。北京内外城各胡同的水井总数达到 1258 眼，其中内城 701 眼，外城 557 眼。②

这样说来，郭守敬主持的一系列水利工程，包括通惠河的兴修，特别是将北部地区的水源引入元大都并不是直接为解决大都居民的饮用水问题。

如果按照重要的程度来分析，其一，是为积水潭提供了丰富的水源。使之成为南北大运河的码头，使南方的粮食可以源源不断地运到元大都来，以解决大都城的城市供给。北京地区受气候影响，全年降水量的 70%～76% 集中在夏季，冬季最少，只占 2%，秋季占 12%～16%，春季占 9%～14%，③ 城市中的湖泊到枯水季，面临干枯的危险。其二，丰富的水源解决了漕运。为开辟元大都新水源而修建的白浮瓮山河工

北京，有多少起点，就有多少故事

---

① 北京市文物管理处写作小组：《北京地区的古瓦井》，《文物》1972 年 2 期，第 39 页。
② 段天顺：《燕水古今谈》，北京燕山出版社，1989 年。
③ 北京市地方志编纂委员会：《北京志·地质矿产·水利·气象卷·气象志》，北京出版社，1999 年，第 14 页。

□ 汇通祠郭守敬纪念馆

程。早在中统三年（1262年），郭守敬曾经开玉泉水通漕运，但是因玉泉水量有限，漕运规模小，漕运仍然不通畅。当大都城建成后，郭守敬从昌平白浮泉到玉泉，将泉水及上游很多的山溪，汇集起来，使漕河的水源得到补充，充分发挥了漕运作用。其三，充分的水源，美化了大都城，使大都城真正成为一个宜居的城市。郭守敬对高梁河改造与治理以后，特别是丰富的水源，使周边的自然环境得到了改变，当时有诗存证，元代诗人马祖常有咏高梁河诗："天上名山护此邦，水经曾见注高梁。一舸清浅出昌邑，几折萦回朝帝乡。和义门边通辇路，广寒宫外接天潢。小舟最爱南熏里，杨柳芙蕖纳晚凉。"景色更加优美，环境更加宜人。其四，是对地下水的补给，间接解决了大都城的城市饮用水问题。从瓮山泊流到今紫竹院湖，经高梁河，有两条支流，一条入北支流，到北护城河、坝河，最后进入温榆河；向南的支流，到积水潭、什刹海、北海、中海、龙潭湖，最后到北运河。大都城的所有地面的水系，都与它有关系，都得到了水源的补给，在流经的范围内，对地下水得到了相应的补充，这就使元大都的井水到2米～3米就能够见水，所以说，元大都的水利工程是间接地补充了饮用水。

三、煤炭在元大都的燃料中占有非常大的比重

维系大都城这样规模的城市，燃料问题十分重要，应该说正是元大

都的建设与人口规模的扩大，刺激了西部地区采煤业的发展，相辅相成，也是由于采煤业的发展，可以满足大都城燃料的需求。

北京地区采煤业历史悠久，早在10世纪辽代以前，京西矿区就开始出现采煤业。民国《房山县志》载："房山煤业发轫于辽金以前，滥觞于元明以后。"建于辽代的房山木岩寺的僧人们就已经是"取煤于穴"，门头沟官办的龙泉务瓷窑，就已经用煤做燃料烧瓷。进入元代，大都城成为统治全国的政治文化中心，人烟日渐稠密，对燃料的需求日渐增多，刺激了煤炭业的进一步发展。元朝政府专门在西山设有煤窑场，直接经营采煤业。据《元一统志》记载，大都所属宛平县的大峪山，有黑煤三十余洞，又西南，桃花沟，有白煤十余洞。以日发煤数百车的速度，将煤炭源源不断地运到都城。

当时意大利旅行家马可·波罗在他的游记中就有关于用煤的记载："有一种黑石，采自山中，如同脉络，燃烧与薪无异。其火候且较薪为优。盖若夜间燃火，次晨不息。其质优良，致使全境不燃他物。所产木材固多，然不燃烧，盖石之火力足，而其价亦贱于木也。"[1] 当时无论是宫廷还是民间生活中就已经大量使用煤炭。熊梦祥记载："城中内外经纪之人，每至九月间买牛装车，往西山窑头载取煤炭，往来于此。新安及城下货卖，咸以驴马负荆筐入市，盖趁其时。冬月，则冰坚水涸，车牛直抵窑前；及春则冰解，浑河水泛则难行矣。往年官设抽税，日发煤数百，往来如织。"[2] 在考察煤炭如何运到大都城中，以上这段文字非常重要，其说明两个问题，其一是运到大都城的煤炭是在永定河封河的时候才可运输，数百辆车，来往不绝，是要在冰面上跨过永定河。那么可以得出结论，直抵窑前拉煤是到今天的门头沟采煤地区，冬季以外拉煤的是要走卢沟桥的，房山地区的大量煤炭是通过卢沟桥运到大都城的；其二，运煤的工具是牛车，拉到城下以后，再用驴马"负荆筐"运到城

北京，有多少起点，就有多少故事

① （法）沙海昂注，冯承钧译：《马可·波罗行记》，中华书局，2004年，第407页。
② （元）熊梦祥，北京图书馆善本组辑：《析津志辑佚》，北京古籍出版社，1983年，第209页。

□ 元代大都用的煤炉

中，没有任何文字留有骆驼驮煤的记载，究竟什么时候骆驼开始承担煤炭运输任务，不得而知。

元大都城用煤的规模相当完善，大都之内专门设立了煤市和煤场。在上世纪60年代后营房元代居住遗址的发掘中，曾经出土有当时家庭用的煤炉，除了炉体本身外，还有圆圆的炉盘和三条弯曲的炉腿，居然和20世纪五六十年代北京家庭所用的煤炉大体一样，足以说明当时煤炭使用的程度之高，范围之广，足以判定煤炭是当时大都城的主要燃料。

元代距今不足800年，大都城100年的历史留下太多需要研究的东西，在北京历史乃至中国历史上都有重要的地位和影响，遗憾的是留存的文献偏少，文物考古的发现也多有欠缺，从汲取历史智慧的角度更需要重视。

建设一个什么样的北京

1949 年 1 月 31 日是北京解放的日子，1949 年 10 月 1 日，是在北京举行中华人民共和国开国大典的日子。北京进入了一个新的历史时期，北京将如何发展？志书如实记述了北京发展的规划。

屈指算来，北京有过 7 次城市发展的规划，这 7 个规划是：1953年《改建与扩建北京市规划草案的要点》并有甲、乙方案，1957 年《北京城市建设总体规划初步方案》，1973 年《北京地区总体规划》，1982年《北京城市建设总体规划方案》，1992 年《北京城市总体规划（1991年—2010 年）》，2005 年《北京城市总体规划（2004 年—2020 年）》，

□ 北京总体规划甲方案（1953 年）

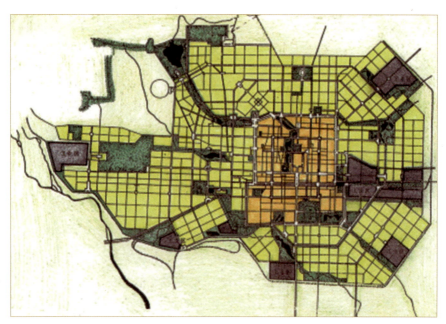

□ 北京总体规划乙方案（1953 年）

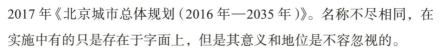

2017 年《北京城市总体规划（2016 年—2035 年）》。名称不尽相同，在实施中有的只是存在于字面上，但是其意义和地位是不容忽视的。

1953 年，北京制定了第一个城市发展规划——《改建与扩建北京市规划草案的要点》，上报中共中央，不知道为什么没有被批准。当时，北京的很多大手笔建设总是有不同的意见，当时，长安街修宽了，被批评为"大马路主义"，公园和绿地修大了，被批评为"大公园主义"。1955 年 4 月北京市成立了都市计划委员会，会同市人民政府聘请的苏联专家，进一步进行北京城市建设总体规划的研究和编制工作。于1957 年初提出《北京城市建设总体规划初步方案》（以下简称《初步方案》），同年 3 月经中共北京市委讨论通过。1958 年 6 月又作了修改补充后，报送中共中央、国务院，同时印发北京市各单位研究执行。《初步方案》提出，北京不仅要成为我国政治和文化教育中心，而且还应迅速地把它建设成为现代化的工业基地和科学技术中心。《初步方案》中设想北京在 20 年左右的时间内，城市人口预计达到 500 万，市区用地

□ 20世纪50年代的长安街

面积扩大到 600 平方千米左右，并在其四周留下扩展的余地，把道路和绿地等多保留些。

《初步方案》确定了城市建设的总体布局。空间布局"分散集团"式，并开始在"一五"时期建设实施。即以北京旧城区为中心建立行政区域，四郊开辟大量农业基地（杂地和农田）和绿地，建设林带和森林公园。在市区周围用"子母城"的发展方式，以便控制城市发展规模，疏散市区人口。重点改建旧城区，重要的高层建筑尽可能集中在主要干线上，首先是从复兴门到建国门及从正阳门、天桥到永定门等主要干线上。市政建设首先着重在工业区进行，其次在房屋建筑最多、需要最为迫切而又可能的地区进行。

《初步方案》提出以全市的中心地带作为中央首脑机关的所在地。在东西长安街、复兴门外、阜成门外及和平里地区建立起国家及中央机关的机关办公区。在西北郊建立以重点高等院校和科学院各研究机构为中心的文教区。规划中将政治文化机构设置在环境清静、没有大工业污

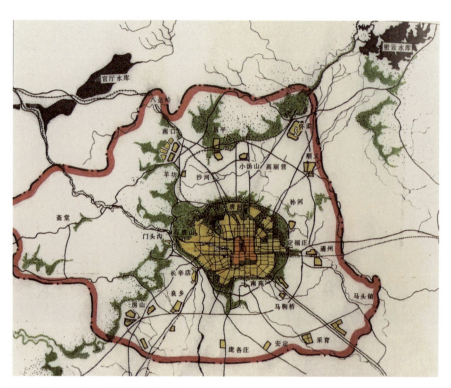

□ 北京地区规划示意图（1957 年）

染、交通便利的区域，这是符合北京作为政治文化中心的需要的。确定
工业区整体布局。提出东郊应发展成为轻纺工业和小型重工业的工业
区；市区南部发展成以高易燃性工业为主的工业区；东北郊应建成以精
密仪器和机械工业为主的工业区。北京工业区大都分布在地势平坦、远
离泄洪区县且交通方便的地区。确定城市居民居住区的布局，按照紧凑
发展，与生产、学习、工作用房相配套原则，居民区大多位于各工业
区、文教区、机关办公区附近，便利职工上下班，有利于工作和生产。

　　提出了城市市政工程总体设想，制定水利建设规划提出，北京城市
用水除地下水外，必须充分利用官厅水库的蓄水，并引潮白河水入城。
同时，要把现有湖面加宽，利用洼地建造新的人工湖，展宽和加深河
道，并以通惠河为基础，开通京津运河及城内运河。《初步方案》还提
出了解决北京严重缺水的三步设想，即第一步引永定河水入通惠河，形

成首都的主要河道；第二步引潮白河水及滦河水以解决京津两市近期用水；第三步引黄河水经桑干河入京，彻底解决京津一带用水问题。在园林绿地规划中，通过草坪、园林和风景区，组成一个多层次、多组合的城市园林体系。

提出了在改建扩建中对古建筑采取的原则。《初步方案》指出，在改建与扩建北京时，应从城市形成的历史出发，既要保留和发展合乎人民需要的风格与优点，又要打破旧格局的限制与束缚，对于京城的古建筑采取"继承、改造、发展"的原则，从保持与发扬北京城传统风貌的角度出发，对相当一部分古建筑予以保留；同时对那些非拆不可，但又极为珍贵的古建筑则迁移他处妥善保护；对于严重影响市政建设，又没有极为特殊意义的古建筑要予以拆除。当时对城墙和城门要不要拆除或怎样拆除争议很大，鉴于城墙封闭了城内外的联系，最后决定拆除。明确对以故宫为主体的一系列古建筑采取坚决保护政策；对天坛、北海、景山、颐和园等公园，保持原有面积，禁止侵占；对广济寺、雍和宫、清真寺、白云观等采取保护方针。对一部分反映中国庭院规划和建筑艺术的重要王府、四合院也采取保护方针。

按照规划的要求，北京的城市改造与建设大规模地开展起来。

天安门广场和长安街建设。首先组织人力清运了广场全部垃圾；修缮了天安门城楼；修建了国旗杆和金水河两岸观礼台。将金水河南岸一对石狮、华表及北岸一对石狮进行适当移位。拆除了东、西三座门及牌楼。在广场中心建立人民英雄纪念碑。还拆除了中华门迤北的南段红墙及中华门前东西朝房。1958 年 8 月，为迎接新中国成立 10 周年，扩建、改建天安门广场。建成了人民大会堂和中国革命博物馆、中国历史博物馆等建筑物，并改建了金水河北面观礼台。在东、西长安街东单至南长街之间修林荫大道。1959 年，东、西长安街进一步展宽，成为横贯北京城东西的主干线，这条线与北京城南北中轴线相交于广场，形成了北京城市建设的新坐标。

行政中心的建设。首先是整修中南海，作为中共中央、政务院的所

北京，有多少起点，就有多少故事

□ 民国时期的天安门

在地；整修了香山、玉泉山等处的中央机关办公地；建成了一批国务院部委办、中共中央和中央军委所属部门的办公设施。1955年，在建国门外的日坛公园一带建设了第一个使馆区——建国门外使馆区，1958年，在首批使馆南侧，秀水北街和秀水南街之间，建成第二批使馆区。

科教集中区域建设。1950年至1951年，在西北郊集中建设高等院校，后来又从集中在西北郊建校，分散到四郊和城区建校。在中关村开始了科学基地的建设，中国科学院下属的自动化、计算技术和力学等研究所先后建成，形成了中关村"科学城"的雏形。

工业区、住宅和服务设施建设。这一时期建成了两个新的工业区，同时，还新建了一批机械、建材、轻工业工厂。对石景山、清河、长辛店等地区的老厂进行了改造和扩建，并将一些有碍城市卫生和威胁城市安全的工厂陆续迁到城外。在工业区、办公区附近相继建成了东郊的八里庄、十里堡、白家庄，东北郊的酒仙桥，西郊的三里河、百万庄，北郊的北太平庄、和平里以及城区的白纸坊、虎坊桥、范家胡同等一批住宅区。兴建了一批文化设施和公共服务设施，如以王府井百货大楼为代表的商业街，首都、人民、天桥等影剧院场，积水潭、宣武、朝阳等综合医院和妇产、传染病等专科医院，友谊宾馆、新侨饭店、前门饭店和北京展览馆，还扩建了北京饭店，大大增强了首都的服务功能。

城市基础设施骨干工程建设。"一五"期间，北京重要的水利工程——官厅水库和永定河引水工程胜利完工。城区从20世纪50年代就开始了市政改建工程，从1953年开始陆续拆除外城城墙，从20世纪60年代中后期开始对老北京城墙进行大规模拆除。北京城墙只保存了正阳门及其箭楼、德胜门箭楼、内城东南角楼和相连的一小段。城墙全部拆除后，从社会现实生活来说，解决了城区的封闭问题，适应了城市的发展。但从保护文物古迹来看，也造成了遗憾。

现在看来，北京解放后的第一个城市规划不仅为城市的发展勾画了蓝图，而且成为以后城市规划的基础，但也存在一些不足之处。比如工厂过分集中在市区及周边，致使用地紧张，污染严重，搞乱了居住区的布局。不少居住区内生活服务设施不够，违章建筑大量出现，环境十分杂乱。由于分散建设，各自为政，布局乱、面貌差。整个旧城区市政条

北京，有多少起点，就有多少故事

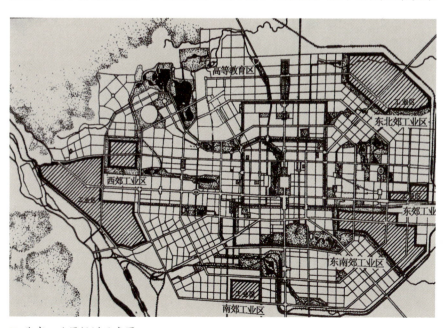

□ 北京工业区规划示意图

件较差，不少地方水压过低，污水排不出，煤气、热力进不去。随着城内空地空院基本占完，改建城区拆迁量越来越大。城市基础设施建设投资比重占整个基本建设总投资的比重过小。对北京历史文化名城及留存的文物古迹没有足够的认识和应有的保护。1966 年，"文化大革命"开始后，北京市的城市总体规划被搁置一旁，城市建设处于无规划的极度混乱状态，破坏历史文化遗产、干扰城市景观和市民生活的建筑设施大行其道。许多不适于在北京市区建设的工业企业盲目发展，易燃、易爆、污染严重的工厂也在居民区出现，大片绿地被侵占，河湖水面被填，居民住房得不到重视。

北京，有多少疑问，
就有多少故事

引 言

　　有很多约定俗成的东西，似乎没有什么疑问，但是，如果以地方志的形式留存，就要保证它的可信度，很多东西就要在破解疑问中得到回答，以丰富志书的完整性和可信性。在破解疑问中有很多引人入胜的故事就发生其中。当然，不敢说所有的疑问都能回答，世界上还有无数的未解之谜，但是这些未解之谜不能回答的原因本身也许就是新的故事，也会有特殊的记忆传承。

　　现在天坛的祈年殿是北京的标识，有谁知道曾经是想以颐和园的佛香阁作为标志的？还有，谁又知道颐和园的前身是清漪园，而清漪园的佛香阁并不是与现今的佛香阁一个模样？

　　北京的代表性建筑是紫禁城和四合院，它们又是什么关系呢？上世纪在北京城内无意中发现了曹雪芹的真正故居，而真正的故居又无奈地为城市的现代化让路，准备异地重建，并以纪念馆的形式示人，然而一拖再拖就拖了20年。北京解放之初电车厂的一场大火，让人记忆犹新，地方志为什么没有详细记述呢？

　　其实，志书所记述的内容受到资料的限制，没有权威的资料、没有第一手的调查谁敢轻易地下笔呢？破解无数的为什么，其实是地方志及修志人的职责所在，现在我们需要讲好中国故事、讲好北京故事，很多的故事就来自地方志书。

佛香阁是依原样重建吗

佛香阁是颐和园的标志性建筑，坐落在万寿山上，是整个颐和园的中心。长期以来，关于佛香阁的历史沿革曾有过不同的说法：在清漪园时期，今佛香阁处曾拟建一座九层的佛塔，名延寿塔。经过史志工作者的潜心研究，大家的结论趋于一致：延寿塔建到第八层后，出现坍塌，不得不拆去了延寿塔"塔身"，在原来"塔台"的地方建造了佛香阁。

清咸丰十年（1860年）英法联军将清漪园的建筑大面积焚毁，佛香阁等主要建筑都成了灰烬。清光绪年间重修时未能将全部原有建筑恢复，只是进行了部分的改建与新建。专家皆认为，所复建和改建的建筑仍保持了始建时的布局和风格特点。其中，《北京志·世界遗产卷·颐和园志》评价复建的佛香阁，"园内最大的木结构建筑佛香阁高41米，造型瑰丽敦厚"[1]。

2016年9月笔者在爱丁堡大学考察时，有幸参观了大学图书馆所存的珍贵图书资料，其中"RECA"档案，标有"中国"字样，是一本早期英国摄影者的照片集，存有几张拍摄于北京的图照，其中既有随英法联军的摄影师费利斯·比托拍摄的黑白照片，还有些是对照片进行的后期上色处理的彩照，还有一些写实的水彩画，共计50余幅。在这些图照中包括了1860年尚未被英法联军焚毁前的清漪园图片。

---

① 北京市地方志编委会：《北京志·世界文化遗产卷·颐和园志》，北京出版社，2004年，第104页。

□ 清漪园佛香阁

　　图片中的佛香阁与现今的佛香阁从外形上看，差距非常之大，几乎无共同之处，而周边的背景及建筑是我们熟悉的。就从图片来看，佛香阁并不是通常所说的八面，而是四面，可以清楚地看到是三重檐，不是现在佛香阁的四重檐。大致是三层，第一层有宽阔的单檐，起四脊，之上凸显的是第二层，而且明显的是挑高高出第三层，这层四周的廊柱清晰可见，还有明显的廊台。顶端是四脊的攒尖顶，顶尖与现在的佛香阁相比显得细长。

□ 颐和园佛香阁

为什么会出现这种情况呢？这应该从佛香阁的始建说起，最初在这个位置上的建筑不是佛香阁，而是一座佛塔，属于当时大报恩延寿寺的组成部分，修建为一座九层的佛塔名为延寿塔。始建于乾隆十五年（1750年），建筑设计系仿江南著名的古塔杭州开化寺的六和塔。杭州的六和塔为八面十三层砖木结构，乾隆皇帝南巡时亲自登临观赏，喜爱有加，命工匠按其形制在大报恩延寿寺内仿建。施工期间，乾隆时常来此察看并赋诗，当延寿塔建到第五层时，乾隆御制诗中有"塔影渐高出岭上"[①]之句，建至第八层时，又有"阅时塔影渐横云"[②]之句。乾隆二十三年（1758年）塔行将建成时，突然发现坍圮的现象，不得不停建，并采取了全部拆除的措施。在此处的建筑选择上进行了改弦更张，由建塔改为建阁。在原址上重新建造一座与原来六和塔形状不一样的佛香阁，其式样就应是图片所示，其形状与六和塔的式样没有丝毫的相似之处，就废建之事，乾隆皇帝有《志过》一诗是为明证，写道："延寿仿六和，将成自颓堕。……此非九仞亏，天意明示我。……罢塔永弗为，遂非益增过。志兹能改心，讵云君子可。"[③]从乾隆的这首诗可以更清楚地体会到，不仿"六和（塔）""罢塔永弗为"，是"天意"的"明示"，也可以理解为，按照天意，既不要建塔，更不会仿六和塔的形式。那么，后来新建的佛香阁是什么式样，相关部门在志书的编修中，没有查阅到任何当时的资料，更没有相关的图档。故没有相应的记载。

　　直到清光绪年间复建时，才有明确的史料记载，光绪十七年（1891年），慈禧太后在佛香阁的废址上，"按原样重新建造"[④]，这式样就是现在我们看到的样子（如图所示），呈现的是八面玲珑的形态，这居然是杭州六和塔的变体，它们的外观造型与内涵意境都有着十分相似的地方

041

北京，有多少疑问，就有多少故事

① 颐和园管理处：《颐和园志》，中国林业出版社，2006年，第288页。
② 颐和园管理处：《颐和园志》，中国林业出版社，2006年，第290页。
③ 颐和园管理处：《颐和园志》，中国林业出版社，2006年，第292页。
④ 北京市地方志编委会：《北京志·世界文化遗产卷·颐和园志》，北京出版社，2004年，第161页。

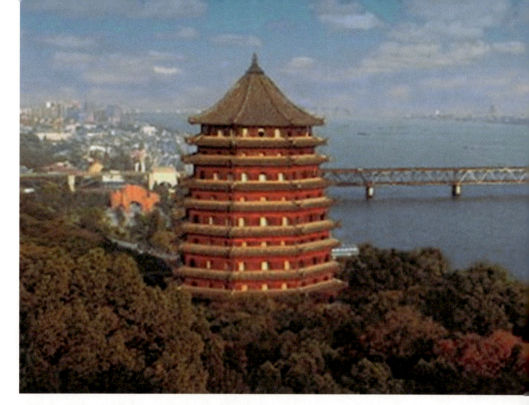

□ 杭州六和塔

和千丝万缕的联系。（参见杭州六和塔，如上图）这种形状明显与乾隆皇帝所言大相径庭。

为什么会出现这种情况，大胆地推测，一是没有被英法联军焚毁前的佛香阁建筑图档，而只有延寿塔的相关资料，只好由当时的工程设计者依据可以查到的相应资料来设计，恰恰大延寿寺塔的资料是完整的，就以此为依据复制了近似于六和塔的佛香阁，这从当时主持复建佛香阁的样式雷建筑图档佛香阁大木立样及地盘样可以得到佐证[①]。光绪年间样式雷绘制的《谨拟建佛香阁原旧式地盘画样》一幅，色绘，板框 29.4 厘米 ×26.5 厘米。画样上贴有几张红色方形纸签，分别写着："谨按原旧式修建佛香阁八方殿一座，八面各显三间，内明间面宽一丈一尺五寸，二次间各面宽一丈，台明高四尺五寸。"那么，这就不是"按原样重新建造"，这在颐和园的复建中是屡见不鲜的，典型的是昆明湖东部北段原三层歇山十字脊的文昌阁就改建为两层三卷殿式；二是慈禧太后

---

① 2004 年清代样式雷建筑图档展。

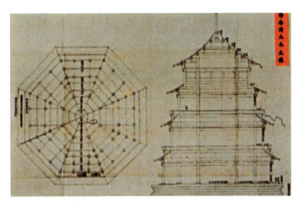

□ 清漪园佛香阁图样

也对杭州六和塔的形状情有独钟，而建造了酷似六和塔的佛香阁。《颐和园工程清单》记录是清楚的："重建佛香阁四层檐八方楼亭一座，上下檐十二檩八脊攒尖。四层檐二庑座，下中上层单翘单昂斗科，庑座重翘斗科，上层上檐单翘重昂斗科，下层雀替，中层上层擎檐帘笼折柱花板，下层周围廊内隔井天花，内里软天花。头停方圆椽，安铜宝顶，调角脊博脊安吻兽狮马，瓦五样黄琉璃中心翠色边脊瓦料。"[1] 与现存的佛香阁无异。

至于大胆提出的这两点结论现有的文献都没有相应的有力支撑，但是，存于1860年以前佛香阁的图片清晰可辨，即便是画作，在外形来看无法与现在看到的佛香阁有任何相似之处，究其原因，只能带来无尽的遐想，也对相应的研究工作者提出了新的课题。

北京，有多少疑问，就有多少故事

---

[1] 北京市地方志编委会：《北京志·世界文化遗产卷·颐和园志》，北京出版社，2004年，第161页。

为什么卢沟桥的狮子数不清

社会各界对卢沟桥的研究从没有停止过,有关机构启动了卢沟桥石狮的断代研究,始建于金大定二十九年(1189年)的卢沟桥,11孔联拱,现主体长212.75米,全长(包括桥堍)268米,桥宽9.4米。北侧石栏杆有望柱141根,南侧石栏杆望柱为140根,栏杆全部用青石雕作而成,柱头雕有不同形态和数量不等的狮子,最多的一根柱子上也许藏着四五只狮子,民谚有"卢沟桥的狮子数不清",狮子成了卢沟桥重要的标志。明代蒋一葵《长安客话》记载:卢沟桥"左右石栏刻为狮形,凡一百状,数之辄隐其一"。明代刘侗在《帝京景物略》中也说"数之辄不尽"。这些记载中还有传说的成分,说的是这里的狮子是活的,是可以变化的,其实卢沟桥经过岁月的磨蚀,历朝历代的损毁与修复,决定了这些狮子的形状与数量的变化。

根据史料记载,卢沟桥经历了大大小小几十次的修复。特别是明清时期记载的就更为详细,明永乐十年(1412年)进行了第一次大修。《明会要》记载:"永乐十年七月,卢沟河水涨,坏桥及堤,下令工部修筑。"明正统九年(1444年)重修卢沟桥。[①] 弘治三年(1490年)《明实录》记载:"弘治三年五月,修筑卢沟桥成。"嘉靖二十年(1541年)又对卢沟桥修缮,其后,《明实录》有:"嘉靖二十四年四月甲子,诏止卢沟桥工。"嘉靖三十四年(1555年)《明实录》还载:"嘉靖三十四年七

---

① 《明一统志》:"(卢沟桥)金明昌初建,本朝正统九年重修。"

月壬戌，卢沟桥工完。"嘉靖三十五年（1556年）《明实录》又有"嘉靖三十五年四月己卯，修卢沟桥"的记载。到了清代，卢沟桥不仅时有修缮的记载，甚至还有复建的大工程。康熙元年（1662年）《（光绪）顺天府志》有国朝康熙元年修卢沟桥的记载。而大修甚至复建是在康熙七年（1668年），康熙八年十一月二十七日卢沟桥碑文记载，这次大修"挑浚以疏水势，复架木以通行人，然后龙石为梁，整顿如旧"。从文字来看，应该是重新进行了大规模的复建。乾隆十七年（1752年）对狮柱的石栏又重新进行了修缮。[1] 相传清光绪帝死后，要葬于西陵，殡葬过卢沟桥，桥面过窄，将两旁石栏临时拆除，在两侧添搭木桥，铺施黄土以通棺椁，而后仍将石栏照旧恢复。

民国时期，在20世纪20年代和30年代曾修过碑亭、栏杆、桥面、堤岸和碹脸。桥的栏杆有部分望柱和栏板因风化或开裂严重，曾进行了更换，但在更换的过程中带有一定的随意性，更换的这些石件雕刻较粗，石料也呈黑色，现今尚存17根望柱，其更换时间与桥面铺沥青混

□ 卢沟桥上的石狮

①《（光绪）顺天府志》："乾隆十七年重修券面、狮柱石栏。"

□ 卢沟桥栏板及望柱石狮

凝土是同年代。

新中国成立后，在1950年以前卢沟桥属河北省管辖，从1950年9月起纳入北京市桥梁养护范围。其中，较大的修复工程是对桥面的加宽工程，于1967年9月开工，1968年12月竣工。当时桥上车道宽7.1米，已不能满足交通需要，工程做法是先将栏板和望柱拆卸，将桥面加宽，外悬梁上铺钢筋混凝土板为

□ 卢沟桥

人行道，其上安装旧石栏杆。在施工中将栏杆中风化损坏较严重的望柱予以更新，这次施工共更换望柱91根，其中有1个狮子的柱34根，两个狮子的柱43根，3个狮子的柱12根，4个狮子的柱2根。为了保持原有柱头狮子的总数不变，事先清点了全部柱头狮子，认为至少有狮子480只，另有11只难以准确辨认。这次施工中经研究决定望柱更新后柱头狮子总数不少于484只。

1986年又对卢沟桥进行了修复。以保护古桥风貌为基本原则，尊重历代修葺的历史，凡属基本完整的石件均原件原位利用，必须更换时，新石件要使用与原件石料相同的优质石料，因此，修复工程施工中，最困难的事是寻找青石料源，最后选定石景山下石府东山石料。修复工程于1986年12月5日开工，1987年6月30日完成。修复后的卢沟桥，结束了通行车辆的交通使命，作为文物古迹专供游览观光。

800多年历史的卢沟桥经过历朝历代的不断修复，难以保证石材与石雕形式的有序传承，桥栏石狮的形状与数量也难以修旧如旧，狮子也就成了变数。

四合院与紫禁城是什么关系

以四合院形式为代表的北京地区传统住宅就是中国传统建筑中具有典型地域特色的居住性建筑。根据考古资料显示，元代大都城内四合院住宅已经基本形成。而后经过明、清二朝数代不断创新、发展、强化、精炼和调整，特别是清代的全面发展，最后形成了建筑规范、功能齐备、主次分明、内外有别、礼制严谨的北京四合院，成为中国特有的居住型建筑的代表，特别是在古都北京特有的位置上，与这座城市的整体布局、与皇城宫苑都紧紧地联系在了一起，形成了相辅相成的特殊关系。

如果从城市的构成来看，将古都北京比喻为一个承载历史的大舞台，这个舞台是由宫殿、民居、寺庙、商事建筑等构成，这些建筑的主角应该是居于城市中心的紫禁城，尽管其占地面积只有 72 万平方米，在整个城市二环内 62 平方千米中占到 10% 强一点，但从其特有的建筑高度和强烈的建筑色调来看，都凸现出其特殊的地位和作用。

而北京的四合院属于市民的居住用房，市民无疑是一座城市的主体，据清乾隆《京城全图》所标示的居住院落达到 26 万所之多，密密麻麻地在图中显得也非常突出。

在中国的建筑规划中，一个重要的特点是突出其整体性，无论是整个城市，还是一座园林，甚至是一处院落，都要整体来考虑，都要处理好微观与宏观的关联度，在园林设计上还特别注意借景的处理，而在北京这座千年古都，不仅是借景的问题，而是其一切建筑形式都要体现皇城、宫城、帝王的"唯我独尊"，这就使广大的四合院建筑充当起最主要的配角作用，严格规定其色调要青灰色，以衬托紫禁城金碧辉煌，这种强烈的色调反差凸现出主角的特殊地位；严格规定四合院的建筑高度，这也是封建等级制度的重要体现，《礼记·礼器》中讲："有以高为贵者。天子之堂九尺，诸侯七尺，大夫五尺，士三尺。"很多朝代对房屋间量和高度有明确的规定，直接限制了普通百姓房屋的高度。也因此，衬托出了皇家宫殿群的高大雄伟。

如果同样用四合院的"建筑规范、功能齐备、主次分明、内外有别、礼制严谨"来概括北京皇家宫苑也同样试用。如果以紫禁城与四合院比较来看，可以看得很清楚。

一、从建筑上来看

紫禁城与四合院是完全的同构关系。紫禁城可以视为一个放大的四合院，也可视为由一个个的四合院拼凑成一个更大的四合院，一个个小

□ 四合院内

的围合体拼凑成一个大的围合体，它是以宫城为院墙，而宫城的核心是太和殿；而宫城中各个院落坐北朝南的正房，也是各自院落的核心，就如同四合院中的正房无异。

紫禁城整座皇宫布局严谨、气势恢宏、金碧辉煌、豪华精饰。建筑讲究"中轴布局、左右对称"，从天安门到神武门形成了一条贯通南北的中轴线，其主要建筑都坐落在这条中轴线上。

四合院也有明显的中轴线特点，以倒座房、垂花门、正房、后罩房组成中轴线，厢房、耳房等沿中轴线对称排列。

紫禁城最重要的建筑要素包括了"门"，不仅形制多样，而且，位置显赫，是仅次于宫殿的建筑。天安门是明、清时皇城的正门，城门五阙，重楼九楹，高为33.87米（1970年翻建后高达34.7米）。最下面是汉白玉石的须弥座，座上为高10多米的红色墩台，墩台上的城楼大殿东西宽九间、南北深五间，用"九、五"之数，是取帝王为"九、五"之尊，至高无上的含意。午门是紫禁城的正门。东西北三面城台相连，环抱一个方形广场。北面门楼，面阔九间，重檐黄瓦庑殿顶，通高37.95米，下为高大的砖石墩台，台正面以垛墙围绕，后面砌宇墙。东西城台上各有庑房十三间，从门楼两侧向南排开，形如雁翅，也称雁翅楼。在东西雁翅楼南北两端各有重檐攒尖顶阙亭一座。威严的午门，宛如三峦环抱，五峰突起，气势雄伟，故俗称五凤楼。太和门是外朝三大殿的正南门，坐落在三米高的一层石须弥座上，面阔九间，进深四间，通高23.8米，是我国现存古建筑中最高、最大的门。它的屋顶形式为重檐歇山式。门前摆着一对高大的青铜狮子。所有的门还嵌有横九竖九相同数字的大铜门钉，以显示特有的尊贵。

紫禁城与四合院的门相比尽管有质的不同，但是，从重视的程度可以体会到异曲同工之妙。北京四合院的大门是主人身份的象征。不同历史时期，对大门的等级规定十分严格。包括大门的形式、规模、装修和门的附属物，如影壁、门墩、上马石、下马石等都要相匹配。

民居四合院根据建筑形式的不同，分为广亮大门、金柱大门、蛮子大门、如意门、窄大门、西洋式大门、随墙门等。广亮大门是四合院建筑中等级最高的宅门，有独立的台基、屋身和屋面，门扉安装在中柱的位置，使得大门前显得广阔、敞亮，这也有可能就是广亮大门得名的原因。金柱大门的门扉较之广亮大门向前推进到金柱的位置，故名金柱大门，其等级仅次于广亮大门。蛮子大门使用的最多，一般富户都能使用，在内城、外城和郊区都较为普遍，蛮子有贬义，北方把南方人称为南蛮子，有一种说法是南方到北京经商的人将金柱门和广亮门的门扇推至前檐位置，故称之为蛮子门。如意门是广大平民百姓使用的一种宅门形式，如意门在前檐柱之间用砖砌筑，在门洞上方左右两角各有一个用砖雕刻成的如意形装饰，故称如意门，也有说因为如意门的两枚门簪上经常雕刻"如意"二字而得名。窄大门也是广大平民百姓住宅使用的一种宅门形式。窄大门不像前几种宅门形式占用一间房屋，它只占用半间房子的空间，因其占用空间狭窄，故名窄大门。门扉形式很像蛮子大门去掉了两侧余塞板，显得瘦长。

二、从功能上来看

紫禁城的功能区分十分明确，以乾清门为界以南为外朝，是皇帝的办公区，以北为皇帝的宫寝生活区。生活区中有四座花园：中央的御花园、西路的建福宫花园、外东路的宁寿宫花园和慈宁宫南面的慈宁花园。

四合院是以垂花门为界，也划定了相应的功能区。垂花门内是内宅，一家人生活的区域；垂花门外，是接待客人的区域。

宫城内的太和殿是等级最高的殿宇，是用来举行皇帝登基大典，各种庆典及接受文武百官朝贺的地方，如遇有将帅受命出征，也要在太和殿授印。

四合院的正房也是一家人团聚，举行相应的喜庆活动的地方。

□ 御花园

三、从主次分明来看

　　紫禁城的建筑体现了主次分明，最主要的建筑矗立在中轴线上。以乾清门前的广场为界，分为南部的外朝和北部的内廷两部分。外朝以太和、中和、保和三大殿为中心，前面是太和门，两侧是文华、武英两组宫殿，这里是皇帝举行重大典礼、召见群臣及发布重要命令的场所。内廷以乾清宫、交泰殿、坤宁宫为中心，称为后三宫，它的后面是御花园，两侧分别是东西六宫及宁寿宫和慈宁宫等。内廷院落重重，房屋密集，是皇帝及其家眷的生活区。此外，宫城里还有禁军的值班房及一些服务性的机构以及宫女、太监居住的矮小房屋。由于房屋的使用功能不同，外朝与内廷的建筑风格也有显著区别，外朝建筑多疏朗雄伟，富有阳刚之美；内廷则严谨富丽，充满生活气息。

再有，从紫禁城的整体布局也可以体现主次分明的特点。紫禁城内廷与外朝相比，显然从属于外朝，因此，内廷布局相对紧凑，宫殿的规模、装饰也相对低一些。前三殿占据了故宫最重要的空间，而代表皇帝权威的太和殿又是三大殿中规模最大、最雄伟、装饰最华丽的建筑。从测量数据看得更清楚，据测量，后三宫区的长度都恰为前三殿区的一半，前三殿区面积为后三宫区的四倍。如在前三殿、后三宫院落四角分别画对角线，则太和殿、乾清宫两殿分别居前三殿、后三宫区的几何中心，表示皇帝不论在国家还是在皇室中都是中心。

北京四合院与中国传统建筑一样，有一条明显的中轴线，院内主要建筑全部位于中轴线之上，以轴线为核心，形成左右两边对称的建筑格局。正房也称上房，是每座院落中体量最高大、建筑等级最高的建筑，在中轴线上是最为突出的核心，四合院中的其他建筑则以它为基准而展开。居全宅中心的正房正中一间称堂屋，地位最高，通常是举行家庭礼仪、接待尊贵宾客等重要家事活动的地方。正房的屋架形式多为七檩前后廊、五檩前廊或六檩前廊，面宽以三间或五间最常见。其余的厢房、耳房、倒座房等各适其位。除中轴线主要建筑外，庭院内附属建筑则建于中轴线的两侧。这些建筑主要作为卧室、厨房、餐厅、厕所等功能用房。全院建筑整齐对称，主次分明，井然有序。

四、从内外有别来看

紫禁城的内外有别主要是体现在外朝与内廷的建筑格局上的，整个紫禁城的外朝庄严肃穆，创造的是皇权至上、唯我独尊的氛围，让人无形中感到压抑，似乎随时都要拜倒叩头。而内廷作为皇帝的生活区，创造了适于生活享受的氛围，在肃穆中增添了花苑、水系、亭台、楼阁、奇石、异草，御花园的精致与小巧就与外朝形成了强烈的反差。

□ 垂花门

　　四合院的内外有别：一是建筑带来的"别"。常言："大门不出，二门不迈。""大门"指的是院门，而这"二门"指的是二道门，包括垂花门，还有月亮门和屏门等形式。这里面当数"垂花门"的地位最显赫，因为它的"长相"最与众不同，多了一对短柱子和两个占天不占地的加深出檐，这门是当界限的。在四合院里，跟正房相对应的叫倒座房，大多数都被当成下人的宿舍，又叫外院。这二道门说白了就是主仆之间的界限，对于女性来说，这扇门再往外的地方就不能去了，迎个客人送个朋友，走到这儿就得止步了，这就是规矩。

　　二是环境带来的"别"。从四合院的布置来看，真正下功夫是在院内，北京四合院的庭院内相对于庭院外的绿化，其品种更为丰富多彩，既有各种树木，也有藤蔓类植物以及各种盆栽花卉。老北京人经常在院内种植海棠和摆放鱼缸，取谐音"金玉满堂"之意。

五、从礼制严谨上看

在封建政体下，是用所谓的"礼"和"法"维持社会秩序。所谓"礼"指"君君、臣臣、父父、子子"的封建秩序，实质就是维护特有的等级制度。在中国传统建筑中，有着壁垒森严的等级要求，从建筑的布局方位、形体大小、结构构件到装饰设计，都不能僭越，以显示上下有序、尊卑有礼。宫殿建筑中"尊王以重威，明伦以示礼"始终是其渲染的主题。建筑形体的大小亦是区别等级的标志之一。宫殿建筑中，皇帝处理政务的地方为"殿"，与家人生活起居之处为"宫"。故"殿"的

□ 四合院内

面积与构件都以大为美，以规模宏大、气势磅礴来显示皇权至尊。"宫"的建筑规模则据主人的身份而定，皇帝所居之宫最大，其次为皇后及妃嫔所居之宫。紫禁城的三大殿（太和殿、中和殿、保和殿）为整个建筑群中最雄伟辉煌的部分，是皇权至高无上的象征。后宫中皇帝起居的乾清宫规模最大，其后为皇后起居的坤宁宫，再次为妃嫔所居的东西六宫，皇室家族内部的贵贱尊卑由此可见一斑。

　　四合院的等级限制更加严密，各朝统治者甚至以法律的形式加以规范。《唐六典》中规定：王公以下，屋舍不得施重拱藻井。三品以下堂舍不得过五间九架，厦两面的头门屋，不得过三间五架。五品以下，堂屋不得过五间七架，厦两面的头门屋，不得过三间两架，仍通作乌门。六品、七品以下堂舍不得过三间五架，头门屋不得过一间两架。庶人所造房舍，不得过三间五架，不得辄施装饰。宋代对建筑等级的规定甚至发展到对建筑材料的限制。《营造法式》将建材分为八等，规定不同等级的建筑用不同的建材，如果大材小用或小材大用，皆为违礼之举。《明会典》亦有有关建筑等级的规定：官员盖造房屋，不许用歇山转角、重檐、重拱、绘画、藻井；公侯建造房屋，前厅限五至七间，两厦为九架造，中堂为七间九架，后堂为七间七架，门屋为三间五架，屋脊可用黑板瓦盖，屋脊用花样瓦兽；一品至二品官的厅堂为五间九架，屋顶可用黑板瓦盖，屋脊用花样瓦兽；一品至二品官的厅堂为五间九架，屋脊许用瓦兽、梁柱、斗拱，檐角许用青碧彩绘；三品至五品官所建厅堂许为五间七架，梁柱间施青碧彩绘，屋脊许用瓦兽。六品到九品官厅堂可为三间五架，梁柱间不许用斗拱彩绘，只能用土黄色漆刷；庶民所居房屋，不许超过三间五架，不许用斗拱彩绘。清代将建筑分为三类：皇帝及其家属的居室为殿式建筑，这类建筑宏伟而华丽，可用黄色琉璃瓦顶、斗拱、重檐、藻井以及各式彩绘图案；各级官员与富商缙绅的居室为大式建筑，这类建筑虽然不失装饰精美，但不许用黄色琉璃瓦，不许描龙画凤；普通百姓的居室为小式建筑，这类建筑以实用为主，极少装饰，不许用斗拱、重檐等。

这种封建等级制度还体现在桥、石狮、面阔间数、门钉、彩画和色彩、屋顶、台阶、数字等等上。以望头柱为例，用不同图案的望柱头来反映封建等级制度，最突出的是故宫午门内金水河桥。内金水河上建有五座石桥，中间的一座是主桥，是皇帝出入的御桥，桥的两侧有龙云纹望柱头；主桥左右还有四座宾桥，其望柱头则饰以火焰纹图案，以示为行人照明之意。再以门钉为例，午门、神武门、西华门三门都设九路门钉，即九行九列，共八十一颗门钉，独东华门是八行九列，共七十二颗门钉，为何此处用偶数（阴数）门钉而不用奇数（阳数）门钉，至今无从详考。九乃阳数之极，故九路门钉是体现最高等级的门钉排列。再说屋顶，可分为三级。第一等级：重檐庑殿顶，如故宫午门、太和殿。第二等级：重檐歇山顶，如天安门、各个城门。第三等级：硬山顶，北京四合院里的房子皆是。脊兽有一、三、五、七、九不等，特例是太和殿，有十个，显示皇家的至高无上。

北京四合院是明清遗留下来的传统建筑，必然受到等级制度的严格约束。凡是在天子脚下，任何僭越的举动都逃不过最高统治者的法眼，连王府也不例外。如清代的郑亲王济尔哈朗在建府时正殿地基高了一点，又用了只有皇宫才能用的铜狮、龟、鹤等装饰品，因此被"罢辅政"，还被罚银 2000 两。所以一般人都不会冒这个风险，宁可不达标，也不敢超标。统治者对等级的限制体现在屋顶、宅门、院墙、台阶、上马石、油饰、彩绘等许多方面。诸多的限制就使得北京四合院难免千篇一律，显得呆板而缺乏创意。

结论：四合院是古都北京不可或缺的配角。

紫禁城真的不会积水吗

我们常常炫耀北京 600 年的紫禁城再大的水也会迅速地排除，由衷地赞叹古人的智慧和精湛的建造工艺。2016 年，"7·20"大雨过后，故宫雨景呈现"千龙出水"而紫禁城几乎没有明显积水的奇迹，与此同时，城市出现数个积水点，形成泽国观海的水患。故宫近 600 年的古代建筑群展现了"最牛"的排水奇迹，在我们为这完善的排水系统和强大的排水能力骄傲的同时，应该看到危及故宫排水的隐患是存在的。

就紫禁城本身而言，整个排水系统是经过统筹规划，设计营造了主次分明、明暗结合的庞大人工排水网络，各个宫殿院落的排水系统有干沟、支沟，有明沟、暗沟，有涵洞、流水沟眼等众多排水设施。但是，这些排水沟渠的尾闾是紫禁城的护城河及周边的外金水河、中南海等水系。

如果护城河及外金水河无法排水故宫会怎样？再者，护城河、外金水河、北海、中南海的总排洪的尾闾主要是通惠河，通惠河出现不通畅又会怎样？

答案：故宫观海！

其实，这并非妄说。形成故宫观海的因素有如下方式，有的正在实现中。

其一，是接受故宫排水的尾闾——筒子河增添了新的功能。

筒子河开挖于明永乐年间，是紫禁城的护城河，更是皇宫的排水河道，全长 3.5 千米，水面宽 52 米。紫禁城内的雨水最先是要排到这里

神武门

西华门

筒子河

筒子河

东华门

午门

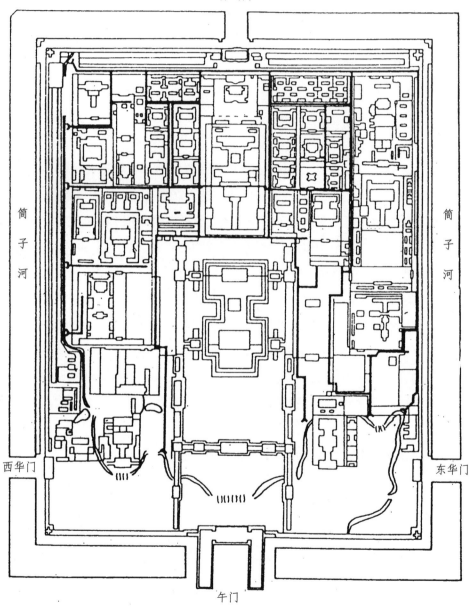

□ 故宫筒子河示意图

的。所有紫禁城内的排水以午门、神武门为南北轴线，东华门、西华门为东西轴线，划分为西北、东北、西南和东南四部分。东华门、西华门和神武门的路面下，各有小涵洞连通，其断面为 0.5 米 ×0.6 米。自北海公园后门东侧引水，经蚕坛、濠濮间出今北海公园，沿景山西墙外暗沟流入西北筒子河。其出水口有二：一在西南筒子河南岸西端，通过一条 0.8 米 ×1.5 米的石砌暗渠与织女河相通，暗渠长 207 米；一在东南筒子河南岸东端，通过一条长 522 米的石砌明渠与菖蒲河相连。另外，西南筒子河东端有一矩形小暗渠，穿行午门广场之下进入太庙（今劳动人民文化宫），逶迤东南，经一小闸门入筒子河东南退水渠，其中暗渠长 497 米，明渠长 214.5 米。

从筒子河的功能来看，其建设之初首先的功能是防御功能，25 米宽的水域在冷兵器时代要想越过，也是不容易的；其次就是排洪功能，当然不会想到今天我们还赋予了它景观功能，我们在 1999 年的改造中，对筒子河河底进行了硬铺装，增加了防渗水的功能，并采取措施保证筒子河的景观水位，试想如果北京城市中心发生短时间的暴雨，作为紫禁城内的排水尾闾的水位接近紫禁城内的水位就必然出现紫禁城观海的景观。

其二，故宫内金水河、织女河、玉带河、菖蒲河有了新的功能。

故宫内金水河是一条石砌明渠，上接西北筒子河，自西而东，经武英殿、太和门、文华殿、东华门以西至东南角西侧注入东南筒子河，是紫禁城内的总排水渠，为明代建紫禁城时开挖。中南海退水自日知阁流出后即为织女河，进入今中山公园，经水榭出公园东墙入天安门前玉带河，过今劳动人民文化宫南门东侧菖蒲闸入菖蒲河，在南河沿入御河暗沟，中间有筒子河的东、西两退水渠流入。这一水系又称外金水河，是紫禁城的排水尾闾。

从这些河流的功能来看，大致包括了景观功能、排洪功能、给水消防功能、地下水的补给功能，在我们当今的使用上，应该综合考虑这些功能的因素，不能随意加大和减少这些功能，从菖蒲河的恢复建设中我

北京，有多少疑问，就有多少故事

□ 菖蒲河

们可以看到一些情况，菖蒲河历史上是一条明沟，位于长安街北侧，西连天安门前玉带河，东接玉河，全长 496 米。中南海退水自日知阁闸流出后入中山公园，经水榭出公园东墙入天安门玉带河，过菖蒲闸后进入菖蒲河，最后东流入玉河暗沟，是内城水系的尾闾。1973 年和 1982 年，先后将菖蒲河明渠改建为宽 3 米、高 2 米的雨水暗沟，向东过南河沿大街后接入现玉河下水道，共长 505 米。2002 年 5 月菖蒲河恢复工程开工，水利工程的主要内容包括：(1)将玉带河出口闸至南河沿大街涵洞前，长 493.17 米的现状暗沟恢复为明渠河道；在明渠上游新建长 14.93 米的暗沟与玉带河出口闸连接；在明渠下游建 8 米管道与下游暗沟连接。(2)改建南北池子大街方涵，新建下游节制、泄洪闸 1 座、连接井 1 座。菖蒲河排水标准、流量维持河道原设计过流能力 10.7 立方米每秒不变。按照河上开口宽 12 米，常水面宽 9 米的标准设计河道横断面，断面形式采用复式梯形断面。河底进行了水泥硬铺装，设置了闸坝以保持景观水位。这种改造无疑增加了新的城市景观，然而，一旦有短时间的暴雨，稍不及时提闸泄去积存的河水，排洪必然受到阻碍，河内无法短时间排走的河水必然使紫禁城的雨水形成顶托之势。

其三，通惠河也赋予了通航等功能。

通惠河成为京城主要排水河道，前三门护城河是接收南筒子河经天安门玉带河、御河暗沟入来水的重要尾闾，最后流入通惠河，也就是说城市中心区及东部雨水均排入通惠河水系。通惠河雨水系统是城区雨水排除面积最大、管网数量最多的系统。大部分雨水通过管网，经永定河引水渠、京密引水渠、长河、护城河、二道沟、东半壁店等支流最终排入通惠河，管网控制流域面积 237.06 平方千米。

1949 年以后，对通惠河进行过多次治理，1958 年建高碑店拦河闸，1965—1970 年疏浚展宽东便门至庆丰闸河道，1984 年改建高碑店闸，1985 年改建普济闸，1989 年建成东便门橡胶坝。

1999—2000 年对南护城河进行综合治理。工程共分三段。第一段为西便门至右安门橡胶坝，称为西护城河段，全长约 3.7 千米，梯形断面，河底宽 23—25 米；第二段为右安门橡胶坝至龙潭闸，称为南护城河段，全长约 8.8 千米，矩形断面，直墙高 2.4—4.2 米，河底宽 32—38 米；第三段为龙潭闸至东便门橡胶坝，称为东护城河段，全长约 2.9 千米，复式断面，直墙高 3 米，河底宽 40 米。工程主要内容包括：对河道进行全面清淤，对河底未衬砌部分进行混凝土衬砌；对不满足通航要求的河段进行疏挖、衬砌；补建停船码头，这些建设也使通惠河的功能满足多方面的要求，至少可以满足河道安全输水、防洪和通航的要求，但其中有些功能是不能兼顾的，要行洪又要通航，会造成矛盾，一旦暴雨来袭，提闸放水需要时间；河道的硬铺装不仅影响了地下水的补给，更重要的是无法自然地渗水，河底硬装后水流通过率加快必然形成排水的顶托。

其四，我们城市排水的形势是严峻的。

北京整个城市的排水是融为一体的，如果整个城市的行洪排水功能得不到彻底解决，也很难保证紫禁城一花独秀。1958年北京市雨水排除规划曾提出建议：根据地形条件、流域面积和地区重要程度，采用不同设计标准。1986年北京市区雨水排除规划提出，雨水管设计标准仍采用1958年规划值。1987年，国家颁布的《室外排水设计规范》（GB 50014-1987）规定：室外排水工程重现期一般采用0.5—3年一遇，重要干道、重要地区或短期积水能引起严重后果的地区，重现期采用2—5年一遇，并与道路设计协调。特别重要地区和次重要地区可酌情增减。北京市雨水管道规划设计标准重现期一般采用0.5—2年一遇。2000年，随着城市的发展，国家颁布的《城市排水工程规划规范》（GB 50318-2000）规定：雨水排除的规划设计重现期为：重要干道、重要地区或短期积水能引起严重后果的地区，重现期宜采用3—5年一遇，其他地区重现期宜采用1—3年一遇。特别重要地区和次重要地区或排水条件较好的地区规划重现期可酌情增减。2004年修订的《北京城市总体规划（2004年—2020年）》中，城市雨水规划重现期一般地区采用1—3年一遇；重要干道、重要地区或短期积水能引起严重后果的地区，重现期宜采用3—5年一遇；特别重要地区重现期采用5—10年一遇。2006年，国家重新颁布的《室外排水设计规范》（GB 50014-2006）对1987年版的管道设计重现期进行调整，规定雨水管道设计重现期重要干道、重要地区或短期积水能引起严重后果的地区，重现期宜采用3—5年一遇，其他地区重现期宜采用0.5—3年一遇。特别重要地区和次重要地区或排水条件好的地区规划重现期可酌情增减。这个标准和北京2004年修订的《北京城市总体规划（2004年—2020年）》的标准一致，只是北京增加了一个特别重要地区采用5—10年一遇标准。在实际执行过程中，一般采用其下限作为雨水管道规划设计标准，即一般地区雨水规划重现期采用1年一遇（降雨强度为36毫米/小时），重要地区采用3年一遇（降雨强度为50毫米/小时），从实际运用情况来看设计标准偏低。

以下是雨水管道设计重现期标准对照表。

表 1 雨水管道设计重现期标准对照表

标准　地区	1987 版国家室外排水设计规范	2000 版国家城市排水工程规划规范	2006 版国家室外排水设计规范	2004 版北京城市总体规划采用标准
一般地区	0.5—3 年	1—3 年	0.5—3 年	1—3 年
重要干道、重要地区或短期积水即能引起较严重后果的地区	2—5 年	3—5 年	3—5 年	3—5 年特别重要地区5—10 年

　　随着城市建设标准和公共环境的要求不断提高，按照上述雨水排除规划与标准建成的北京城区雨水管网系统，逐渐暴露出标准较低的问题。截至 2010 年，在市域范围内只有天安门广场、东西护城河能够应对 10 年一遇的降雨。前三门大街、奥林匹克中心区等区域能够应对

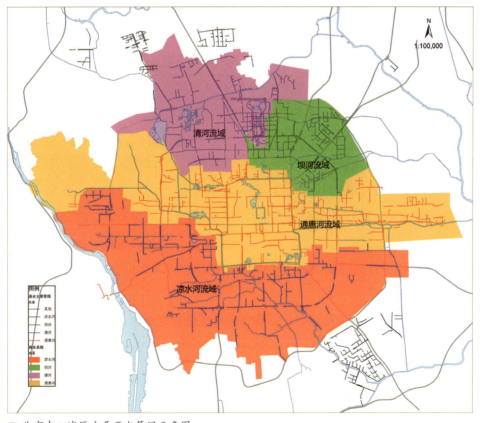

□ 北京中心城区主要雨水管网示意图

5 年一遇的降雨。城市的主干路、环路、CBD、中关村等地，能够应对 2—3 年一遇的降雨，其余干线排水能力仅达到 1 年一遇的水平。雨水泵站的建设也仅仅达到：奥运中心区和东直门交通枢纽的雨水泵站 5 年一遇；一小部分为 3 年一遇；大部分雨水泵站仅 2 年一遇；还有少数泵站只有 1 年一遇水平。

为解决城市暴雨内涝、道路积水、交通拥堵等问题，2010 年，规划部门已经开始研究提高雨水系统设计标准，在新建雨水系统时，考虑将标准提高至国家规范标准的上限：一般地区采用 3 年一遇（降雨强度为 50 毫米/小时），重点地区采用 5 年一遇（降雨强度为 56 毫米/小时），特别重点地区采用 10 年一遇（降雨强度为 67 毫米/小时），立交桥泵站重现期不低于 5 年一遇（降雨强度为 56 毫米/小时）。现实中雨水系统改造，根据实际情况采用综合措施达到上述标准，并统筹考虑规划建设雨水存蓄和利用设施。

其五，城市河流的下游需要天津、河北两地的配合。

从华北的地理环境、气候特点考虑，京津冀三地历史上多次出现同时受到洪水的侵袭，北京的行洪河道要流经天津和河北，是否可以畅通无阻，是需要紧密配合的，历史上多次出现过自然和人为的因素阻碍行洪的通畅，给北京城市的行洪带来困扰。习近平总书记最近多次就京津冀协同发展作出重要指示，强调解决好北京发展问题，必须纳入京津冀和环渤海经济区的战略空间加以考量，同时天津、河北要实现更好发展也需要连同北京发展一起来考虑。随着京津冀一体化的推进和协同发展，着力点是聚焦已经形成的共识，下大力气抓好落实，尽快见到成效。

综上所述是希望未雨绸缪，不要真的出现故宫观海、京城观海！

北京 我的修志故事

北京城市排水为什么难

检验一个城市的现代化水平，不是摩天大楼的多寡和高度，而是便捷的交通、便捷的生活设施，更有人说是下雨的时候，城市有没有积水。

历史的追溯。北京有 3000 多年的建城史，历史上最早的排水沟渠，可上溯至西周，在今琉璃河董家林村东，燕都城墙外有石砌排水沟。到金中都时，"驰道甚阔，两旁有沟"，到了元代，经过精心设计的元大都，主要街道两侧多为条石砌成的明沟。从明代始，在明沟上加盖条石板，俗称板沟。其中紫禁城内板沟，可谓排水设计的杰作，建成后五百余年，几乎不见暴雨积水记载。到了清代，逐渐将板沟改建成暗沟（下水道）。明清时期北京内城大街小巷和大部分胡同都埋设了暗沟。各大排水渠已形成较完整的系统，以护城河和通惠河为全城排洪泄污的总尾闾。乾隆年间曾对沟渠系统进行改建，据乾隆五十一年（1786 年）统计，京城已有明渠和暗沟共 429 千米。民国以后，自 1917 年至 1931 年的十余年间陆续将规模较大的明渠，如北新华街、龙须沟上游虎坊桥、南北沟沿及御河下段改建暗沟，但由于连年战乱，北京的下水道长期失养失修，许多下水道淤积堵塞，坍塌损坏，到北京解放时，城区共有下水道 220.7 千米，能排水使用的仅有 20 多千米。居民多用渗井排水。据 1955 年调查，全市共有渗井 2.7 万个以上。

1949 年，新中国成立之初，为解决市区排水，首先对城区河湖水系及近郊河道进行了大规模的疏浚整治。疏挖了三海（北海、中海、南海）、什刹海、金水河、长河及东、西、南、北护城河、前三门护城河、筒子河、玉带河、菖蒲河等，并对城外主要行洪河道进行了疏通整治。在城内，开始大规模地整修掏挖旧沟，疏浚明渠，使城区大多数下水道恢复了排水功能。当时龙须沟是南城地区几条臭水沟中最主要的一条排水沟，进行了彻底治理。1953年北京市确定了按雨水、污水分流制建设下水道的原则，从此开始修建分流制下水道。1953年至1957年，新建下水道251千米，目前使用的一些主要干管基本上都是在这个时期修建的。

1965年，北京开始地下铁道的建设，从而带来了对护城河的大规模改造。首先将前三门护城河和西护城河下游段改为暗河，从此改变了将前三门护城河作为城市主要河道的市区水系布局，结束了自明代初期

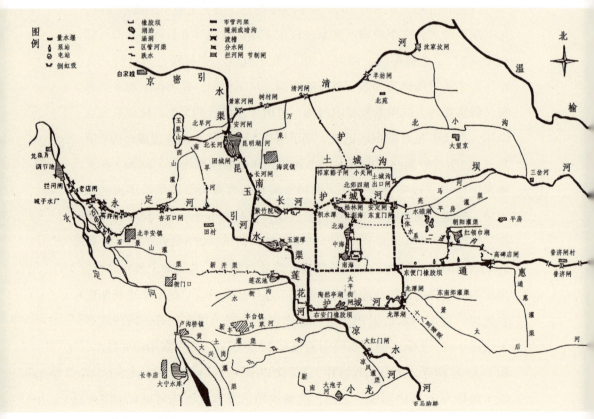

□ 北京水网示意图

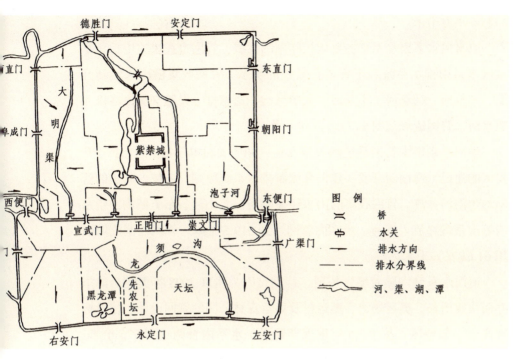

图例

桥
水关
排水方向
排水分界线
河、渠、湖、潭

□ 北京城排水沟渠示意图

建成 540 余年作为内外城排洪总通道的历史。

　　担负排水的四大水系。北京城区雨水排除以四大河系为主，雨水管网也以河系划分，并按规模和功能分等。以通惠河、凉水河、清河、坝河为总干管（水系），各河系上游主要支流、沟渠为主干管（沟系），直接排入水系的排水管为干管（子系）或支管，共同构成雨水管网。城市中心区及东部雨水排入通惠河水系；北部地区雨水排入清河水系；东北部地区雨水排入坝河水系；南部地区雨水排入凉水河水系；长辛店及石景山部分地区的雨水仍排入永定河水系；随城市扩展，城区西北部（北清路、科技园区）和东部地区（常营地区等）修建的雨水管网分别排入南沙河和常营沟，最终都汇入温榆河。

　　通惠河水系雨水系统是城区雨水排除面积最大、管网数量最多的系统。大部分雨水通过管网，经永定河引水渠、京密引水渠、长河、护城河、二道沟、半壁店沟等支流最终排入通惠河，管网控制流域面积

237.06 平方千米。

凉水河水系雨水系统主要依托路网的发展，管网也在快速增长，是城区水系中排水系统和干管增长最快的水系。管网收集的雨水经新开渠、丰草河、马草河、小龙河、大羊房沟、通惠排干渠等支流最终排入凉水河，管网流域范围 217.01 平方千米。

坝河水系雨水管网系统随着望京地区和中关村电子城（酒仙桥）开发区的建设，遵循新开发区建设分流制排水系统原则，区域内新建的管网均为雨污分流。管网收集的雨水经亮马河、北小河、东土城沟、望京沟等沟系最终流入坝河，水系内管网达到 319.5 千米，管网控制流域面积 61.61 平方千米。

清河水系管网随着城区拓展，特别是因为北京 2008 年奥运会的举办而快速增长。奥运场馆、奥运村及奥运森林公园的管网设计、建设标准高于一般地区，按 1—5 年重现期建设。水系内管网达到 375 千米。管网控制流域面积 88.13 平方千米。

入温榆河的部分雨水管网 2000 年以后，城区西北和东部扩展至五环路以外，雨水管网随之跟进。随着北清路建设，建成北清路温阳路至周家巷沟、北清路周家巷沟至稻香湖东路雨水干管；2001 年建成东北旺北路干管；2003 年建成永丰路北段干管；2005 年建成后厂村路雨水干管。为海淀区北清路沿线、科技园区一带雨水向南沙河，最终排入温榆河创造了条件。管网控制流域面积 26.82 平方千米。

提高排水标准。2010 年，在市域范围内只有天安门广场、东西护城河能够应对 10 年一遇的降雨。前三门大街、奥林匹克中心区等区域能够应对 5 年一遇的降雨。城市的主干路、环路、中央商务区（CBD）、中关村等地，能够应对 2—3 年一遇的降雨，其余干线排水能力仅达到 1 年一遇的水平。雨水泵站的建设也仅仅达到：奥运中心区和东直门交通枢纽的雨水泵站 5 年一遇；一小部分为 3 年一遇；大部分雨水泵站仅 2 年一遇；还有少数泵站只有 1 年一遇水平。

为解决城市暴雨内涝、道路积水、交通拥堵等问题，2010 年，开始研究提高雨水系统设计标准，在新建雨水系统时，考虑将标准提高至国家规范标准的上限：一般地区采用3年一遇（降雨强度为50毫米/小时），重点地区采用5年一遇（降雨强度为56毫米/小时），特别重点地区采用10年一遇（降雨强度为67毫米/小时），立交桥泵站重现期不低于5年一遇（降雨强度为56毫米/小时）。雨水系统改造，根据实际情况采用综合措施达到上述标准，并统筹考虑规划建设雨水存蓄和利用设施。

出现积水的原因。志书的生命在于资治，相关志书分析了出现积水的原因，难能可贵。每逢汛期，北京城市及郊区时常在低洼地带出现积滞水，给道路交通和市民生活造成了影响。出现积滞水，除了极端天气造成降雨强度大、雨量集中这一自然原因以外，还存在城市排水设施抵御暴雨能力不足等方面原因，概括主要是以下几个方面：

1.降雨强度超过排水设施能力。北京市的雨水管线除奥运中心区是5年重现期外，其余大部分是1年重现期，小部分是2年重现期，排水标准较低。当出现强降雨时，局部地区会因排水能力不足而发生积滞水。还有因排水环境改变，原排水能力没有得到相应提高而造成的积滞水。这些情况是北京城市发生积滞水现象最主要的原因。

2.工程建设不配套、排水设施建设滞后造成积滞水。快速发展的城市建设使北京市的中心城区不断扩大，且扩大的区域基本上原来都缺少排水设施。由于投资主体多元，致使工程建设不配套时有发生，造

□ 20世纪50年代地下排水管线施工

北京，有多少疑问，就有多少故事

成排水设施建设跟不上道路和区域发展，一些地区延续了依靠地形、地貌条件自然排水的状况，不断形成新的区域性积滞水。

3. 河道或排水沟渠淤塞造成积滞水。北京城市中起排洪作用的水渠、灌渠多年来存在被填埋、侵占等现象，影响了部分区域的排水。虽然一直对排水沟渠进行整治和疏浚，但因河道或排水沟渠淤塞造成积滞水的现象时有发生。

4. 越来越多的城市地面硬化铺装。既不易渗水，无法增加地下水的补给，更重要的是增加了地表排水量。

5. 管理部门工作中存在无预见性、不规范等不足。有时河道管理部门未能在暴雨前提前降低河道水位，致使局部地区雨水排除不顺畅；排水管道日常疏通养护缺失，淤积严重，排水不畅；一些雨水管道被当成排污管道使用等。

6. 一些市民乱扔垃圾的不良行为也是形成或加大积滞水程度的原因，如雨水篦子常常被人们随意丢弃致使的垃圾堵塞等等。

以前还有多龙治水、管水的问题，随着水务局的组建、职能的明确，这个问题应该不在所列的问题之列。《北京城市总体规划（2016年—2035年）》明确实施流域调控、分区防守、洪涝兼治、化害为利的雨洪管理对策，完善水库、河道、蓄滞洪区等工程与非工程防洪防涝减灾体系。强调全面提升基础设施建设标准：

按照适度超前、绿色环保、城乡一体的原则，以技术创新和机制创新为手段，提高基础设施规划标准和建设质量，保障城市运行安全。中心城区防洪标准达到200年一遇，北京城市副中心达到100年一遇，新城达到50—100年一遇。中心城区、北京城市副中心防涝标准达到50年一遇，局部特别重要地区达到100年一遇，新城达到20—30年一遇。提升城市雨水管道建设标准，重要及特别重要地区设计降雨重现期为5—10年一遇。如果真正实现规划要求，城市排水难的问题会得到解决。

永定门是怎样复建的

凡是路过复建的永定门时，都会发出疑问，当年的永定门是这个样子吗？也就是说永定门是按原样复建的吗？

永定门为外城南垣正中门，即外城的正门，始建于明嘉靖三十二年（1553 年）闰三月，同年十月竣工，建设的周期很短，初建时就是重檐歇山式顶，顶铺灰筒瓦，饰灰瓦脊兽。当时只是建了城门，至嘉靖四十三年（1564 年）始增筑瓮城，仍未建箭楼。清入主北京以后，沿袭明旧制，清康熙三十二年（1693 年）完成的《康熙南巡图》第一卷，绘有永定门全景，可以清晰地看到当时永定门的全景。乾隆十五年（1750 年）绘制的《乾隆京城全图》，永定门仍为重檐歇山顶，有瓮城，无箭楼，有史料证实箭楼是在乾隆十五年后增建，并重建瓮城。乾隆三十一年（1766 年）改建重修永定门城楼，提高永定门城楼的规制，箭楼未改。故永定门城、箭楼比例差距较大。永定门城楼台基宽 28.30 米，深 13.70 米，高 7.80 米，城台内侧筑马道 1 对，城楼为重檐歇山三滴水楼阁式建筑，顶铺灰筒瓦饰灰瓦脊兽，红色梁柱，檐下五踩斗，梁、枋施旋子彩画。一层走廊内为红垩砖墙，明间前后及东西两侧壁各开过木方门，二层有回廊，三明间前后各装菱花格隔扇门 14 扇，东西次间为红垩砖墙，东西两侧开方门，城楼连廊面阔七间宽 24 米，进深三间连廊深 10.80 米，高 18.2 米，城楼连城通台高 26 米。

永定门是北京城中轴线最南端的重要建筑标志，1949 年北平和平解放，1949 年 2 月 3 日，中国人民解放军入城式的路线，就是由永定

北京，有多少疑问，就有多少故事

门入城，经永定门内大街、天桥、正阳门外大街，至正阳门箭楼前接受检阅。永定门于 1950 年拆除瓮城，同年在城楼东侧开豁口，1953 年在城楼西侧开豁口，1957 年将城、箭楼及瓮城彻底拆除。永定门在外城各门中规制最高，是唯一与内城城门规制接近的外城城门。明北京城的中轴线南起永定门，经正阳门、故宫、景山，北达钟鼓楼，是一条完整的城市轴线。永定门城楼被拆除，使北京旧城长 7.8 千米的传统中轴线失去了起始点。

为恢复和保护北京历史文化名城的完整性，2000 年，两院院士吴良镛、全国历史文化名城保护委员会副主任委员郑孝燮、中国考古学会会长徐苹芳、北京市文物古迹保护委员会委员王世仁等有关专家呼吁并提出重建永定门的建议。建议中明确提出重建永定门并定性为城市标志性建筑。2001 年 5 月市政府专题会批准了重建永定门的建议。

从 2003 年开始，北京市有关部门对南中轴线做了系统规划，并先

□ 20 世纪 50 年代的永定门内大街

期开展天桥至永定门一线中轴路的大规模城市整治工程，搬迁天坛祈年门以南的永定门内大街两侧到两坛坛墙之间区域内的居民，并拆除了建筑，为永定门城楼的修复创造了条件。3月31日，南中轴路整治工程的重要组成部分——永定门城楼复建工程开标，中标单位为北京市文物古建工程公司。

是不是在原址建设成为关键。永定门的箭楼和瓮城所在的位置，因城市道路及河道疏浚取直，现分别被南二环路和南护城河道占据，当时看来是不具备复建条件的。而原永定门城楼的位置，处于北滨河路与永定门旧桥的交叉路口南侧，尽管具备复建的条件，但是永定门城楼的位置南侧紧邻已经取直改道的护城河，北侧距离即将修建下挖式的北滨河路仅0.3米，整个环境对于复建来说是有相当大的难度的。

2004年1月16日，永定门旧桥断绝交通，正式进入修复实施阶段，

□ 复建后的永定门及道路改造（原载《北京志·交通志》）

2月14日开始挖槽及打桩等加固基础的工作。为保证城楼的原址复建，经有关部门及专家的反复讨论，城楼的地基基础采取了新技术进行加固处理，最终确定原址修复永定门城楼，并按历史原貌恢复。

3月10日，永定门城楼复建工程正式动工兴建，市领导及文物古建专家参加了奠基仪式。9月，永定门城楼主体复建工程结束，整个工程，包括城楼、城台和城墙东西总长63米，使用各种型号的城砖300万块，木材1100立方米，瓦4万余块。复建的永定门城楼的城台东西长31.41米，城楼（脊）高25.20米。

我看到有些对永定门复建的质疑，一说是在原箭楼的位置建的城楼，另一说是整体向北移动了40米，这些说法都是不对的。但我无法解释的是，现在复建的城楼通高是25.20米，比原高度差了80厘米，不知道是高度的误差，还是文字记录的误差，作为志书我们只好都记录了下来。

随着中轴线申遗的进行，永定门成为关注的热点。《文物保护法》规定，"不得损毁、改建、添建或者拆除不可移动文物"。还明确，不可移动文物已经全部毁坏的，应当实施遗址保护，不得在原遗址重建，但因特殊情况需要在原址复建的，由文物行政部门报市人民政府批准。有关永定门重建是否属于"特殊情况"，是有争议的，作为"世遗"申报也将面临"真实性、完整性"的考验，当然，也不能后悔"早知今日，何必当初"，但当下更多的人称其为地标性文化建筑而回避了"复建"的提法。

北平电车厂特大纵火案破了吗

2019 年 11 月 4 日北京《交通志》副主编常静泉先生来文："我一直疑惑，（第）一轮志书公共交通志里对电车厂这次火灾只是以一场突发大火一带而过，是越界不书，还是另有其因呢？为何没有写明因敌特破坏呢？"同时，发来文稿《解密！1949 年北平电车厂特大纵火案始末》（以下简称《始末》）。

这说的是 1949 年北京解放之初一个特大案件，也一直是我放不下的案子，因为，这个案子不仅牵动了周恩来，而且它一直影响至今。具体情况引用以下"中国共产党新闻网"2013 年 7 月 29 日的文章，题目是《揭秘周恩来亲自踏勘现场的特大纵火案》，文章写到：1949 年 4 月 25 日，解放不过数月的北平市（今北京市，时称"北平"）发生了一起损失价值为 2 亿元人民币（旧币，下同）的特大纵火案件。该案件的发生引起了时任中共中央副主席的周恩来的高度重视，周副主席闻讯后当即中断正在举行的重要会议，立刻亲赴现场踏勘，并对侦查工作作出了重要指示。经过公安人员艰难曲折的侦查，案件终于得以侦破……

事情是这样的：1949 年 4 月 25 日，凌晨 2 时许，北平电车公司南厂停车场中间生产区发生特大火灾，烧毁了修好的机车 29 辆、拖车 11 辆，未修好的机车 13 辆、拖车 6 辆，共烧毁 59 辆，钢筋水泥结构的厂房 104 间。

停车场所在地属于北平市公安局外三分局管辖范围，纵火案发生后，停车场方面立刻向外三分局报警。外三分局按照规定即向北平市公

北京，有多少疑问，就有多少故事

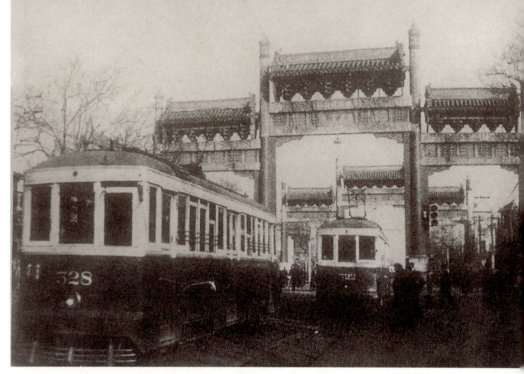

□ 解放初期的北京有轨电车（原载《北京志·市政卷·公共交通志》）

安局第三处打电话作了紧急报告；市局第三处当天值班的负责人是第二副处长贺生高，他接到报告后，未按规定向上级报告。没想到，就是这一失误，这起案件竟惊动了周恩来！

　　1949年4月25日上午北平市公安局的部分局、处负责人开会，当面向周恩来汇报工作。会议开始后，公安局局长谭政文首先向周恩来汇报了北平市公安局对国民党特务分子的清理和对社会治安进行整顿的情况。第三处的第二副处长贺生高谈到了今晨发生的北平电车公司南厂停车场大火。周恩来问是怎么回事，谭政文事先没接到这方面的汇报，一点儿情况也答不上来，于是问分管治安的第三处的第一副处长武创辰，对此也一无所知。这下子周恩来生气了，说这个会不开了。这么大个事情，竟然谁都不知道！建议现在就到现场看看去！

　　周恩来便带领谭政文局长、市局第一处处长刘涌、第三处第一副处长武创辰当即前往崇文门外察看现场。一行人包括两个司机在内都不认识这个地方。行至崇文门，周恩来让谭政文把正在路口执勤的一名交通警察叫上车来带路。那个交警上车后，竟说是刚刚从解放区来的，也不认识那里。到了外三分局，分局长慕丰韵汇报了火灾情况，周恩来问他什么时候到的现场，得知不是当时赶到现场的。

周恩来批评道："又是一个官僚主义！你应该晚上就去现场！"

在周恩来的执意坚持下，一行人前往火灾现场踏勘察看。在现场，周恩来脸色凝重地望着已经烧成一片废墟的部分厂房，叹息道："损失！这是人民的损失，也是新政府的损失。"

周恩来命令要进行缜密的调查，查明结果后，报中央社会部李克农部长和他。

周恩来一行返回李克农的办公处，那里已经准备了中饭。大家的心情都很沉重，特别是谭政文，午饭几乎没吃什么东西。下午，继续进行会议，周恩来在讲话中对北平市公安局领导同志中存在的官僚主义作风进行了批评："发生了这么大的事情，领导也不到现场，甚至都不知道。你们还不如吴国桢呢！吴国桢在上海、重庆当市长时，发生重大事件，像重庆大火灾或日本飞机轰炸后都亲自赶到现场。国民党的市长能做到的，难道我们共产党的公安局长还做不到吗？"

周恩来专门作了指示：今后北平发生重大事故，公安局长、处长要去现场调查情况、处理问题。当天，北平市公安局就根据周恩来指示的精神，作出了相应的规定：以后凡发生重大事故，市局、有关业务处、分局的领导必须亲自到现场了解情况，指挥工作。

后来，周恩来的这个指示不仅成为全国公安机关的一项制度，各级政府也在执行，一直沿用至今。这件事就成为在中共党史、中华人民共和国国史中具有深远影响的大事件。

《解密》这部文稿得出的结论是：根据该厂工会负责人和工友的反映，再加上公安局根据现场情况的分析，显然是厂内的特务分子搞破坏制造的。厂内工人义愤填膺，强烈要求查处厂里的特务。市公安局立即将嫌疑重大的焦家驹、董元及厂内两个中统组织的成员高树桂、鄂振等全部拘捕侦讯，侦破了这起大火事件。

从这些记述中，就可以了解这个案件的特殊性，我们在上世纪编纂北京《公共交通志》是这样记述的："1949 年 3 月 9 日，电车公司修造厂职

工掀起了闻名全市的'修复百辆车运动'。经过全体职工奋战，于 4 月 19 日提前完成了修车任务。不幸的是 4 月 25 日，修造厂发生火灾，烧毁电车 59 辆。中共中央领导周恩来亲自赴现场察看。"在记述中没有用"纵火"一词，北京《公安志》也记述了这个案件，在消防篇中是这样记述的：

北平解放后的："1949 年，全市发生火灾 184 起，其中重大火灾 5 起，烧伤 37 人，死亡 2 人，经济损失相当于人民币 2 332 793 元。这一年发生了电车公司停车场重大纵火案，烧毁房屋 104 间，机车 42 辆，拖车 17 辆及其他物资，损失 100 余万元，占全年火灾损失近一半。"

在经济文化保卫篇记述"1949 年 4 月 24 日（应该是 25 日）凌晨 2 时，市电车公司发生重大火灾，烧毁 48 辆电车。火灾发生后，电话打不通，龙头没有水，公安机关得不到及时报告，延误了扑救的时间。这一惨痛教训，引起了人民政府各级领导的高度重视"。在这部志书中专设的重大案例选编中，选录了各个历史时期的重大案例，就其重大程度而言，是属于收录范畴的，但是却没有选这个案例，在审订过程中，承担这部志编修任务的北京市公安局的同志告知，因这个案子一直没有破案，所以无法选录，只好采取这样的方法来记述。

此案过了 50 年以后，突然有一系列的文章，还有电视专题反映此案侦破的细节过程，如《真相》所描述的那样，跌宕起伏，有作案的细节、有人物的历史背景、有"中统"特务组织系统、有案中案、有人物自杀，所有的情节很有故事性。摘录如下：

北平解放后，焦一星是电车公司系统第一个向人民政府登记自首的。根据其罪行，"焦一星"这个名字应当列于在此之后进行的拘捕名单，但是，考虑到他营救地下党员一节，故予网开一面，法外施仁，没有动他。不过，财务科这样的岗位是不能让他继续待下去了，于是把他调到材料仓库当了一名管理员。

4 月 30 日下午，焦一星接到停车场工会转达的公安局的通知，让他即时前往外三分局去一趟。两名侦查员已经在一间空屋里等着他了，一看，进来的是一个身高不过 1.6 米的瘦弱小老头，一张皱纹斑斑的脸上显出一种肺结核患者特有的苍白。侦查员让他坐下，还给他倒了一杯开水，然后要他谈谈 4 月 24 日晚上的行踪。

焦一星的脸上显出惊异的神色："4 月 24 日？晚上？您二位说的就是厂里失火的那个晚上？我在医院啊！"

"看病时留下病史记录了吗？"

"留了，还在我身上呢。"焦一星说着，从怀里取出了病史卡。

侦查员看了看，上面果然写着病人自 4 月 24 日上午 10 点半入院，挂了葡萄糖盐水，留院观察 24 小时，于次日中午出院。

就在侦查员着手对上述情况进行调查的时候，案情侦查出现了意想不到的突破——有人来向专案组自首！

自首者作了如下交待——

此人名叫牛言斌，36 岁，北平人，1946 年，牛言斌经一位朋友的介绍，参加了"中统"在平津地区的外围组织，一年后又正式成为"中统"特务。

由于牛言斌参加"中统"活动属于秘密性质，所以北平解放前夕"中统"安排潜伏特务时，他就理所当然名列其中。"中统"潜伏特务采用的是"单线联系"，牛言斌的上家也就是领导，是一个中年妇女，自称姓喻，究竟姓什么他就不清楚了，他称对方"喻小姐"。1949 年 4 月 9 日，喻小姐突然来电约牛言斌去前门"仿膳斋"吃饭。席间，喻小姐向牛言斌传达了上峰的命令：于月内在北平电车公司南厂停车场制造一起纵火事件，要求必须"伤筋动骨"，即要造成实质性的损失，越大越好。喻小姐又拿出两根金条，说是给牛言斌的行动经费及预付的赏金。行动成功后，将根据停车场所受损失的大小发给相应数额的赏金。

牛言斌接受任务后，曾先后 4 次潜入停车场去窥察地形；还在夜间多次去停车场围墙外观察值夜人的巡逻路线和时间规律。当一切都准备妥当后，牛言斌便于 4 月 24 日晚上潜入停车场纵火。

牛言斌没想到这起案件竟会在社会上引起极其强烈的反响，心中不禁恐慌至极，决定走"坦白从宽"的路，于是便来自首了。

侦查员在随后所作的讯问中，着重要求牛言斌详细交待作案的具体过程。据牛言斌交待，他是以点燃的棒香裹在从鞭炮中取出的火药棉条中，然后又把火药棉条放在浇过柴油的棉纱上引燃明火的。事先已经多次计算过提前量，所以能在点燃棒香后从容逃离现场。他是在大火燃起前大约三刻钟潜入现场的，先在那里洒上火药和柴油，然后根据预定的提前量点燃了棒香。

按照办案规矩，是可以结案了。专案组长马及时出于对该案的重视，决定亲自书写结案报告。在写结案报告前，马及时还要对牛言斌提审一次。这次提审竟然否定了牛言斌是作案嫌疑人这一可能性，从而使这起案件的侦查又一次陷入了迷惘之中！

专案组认定：牛言斌是假自首者，作案人不是他，而是有人指使他冒充作案者前来自首的。哪知，从看守所传来消息：牛言斌上吊自尽了！

牛言斌的自杀，对于专案侦查而言，是断了线索，但是同时也是证明了线索：他是假自首，在其背后指使的人便是作案嫌疑人。

5月5日中午，专案组举行紧急会议，就牛言斌自杀一事进行了分析，最后研究出了下一步的侦查方向——对牛言斌生前的社会关系进行全方位的调查，侦查员便从牛妻口中捕捉到了一个消息：不久前，曾有一个气度不凡的南方人，到她家来找过牛言斌，还吃了一顿饭。

牛妻边想边说："他叫什么我不清楚，我就听牛言斌称他'莫先生'。莫先生是一个大胖子，又高又胖，脸色白净，嘴唇上留着八字胡子，穿黑色毛葛长衫，戴一顶黑色礼帽。"

侦查员还发现好几人都提到了"顺兴米行"的贾老板，于是，侦查员便对贾老板进行了秘密调查，了解到此人虽是做生意的，却一向喜欢广泛结交三教九流的朋友，不过未见他有过与共产党和人民政府为敌的行为，1946年，他还利用朋友关系，营救过一位被捕的中共地下党北平市委委员。

专案组发现贾老板结交的朋友中，有一位现在北平市公安局二处工作，此人是中共地下党员，与贾拜过兄弟。于是，经市局领导批准，专案组找了那位党员刑警，让他去做贾老板的工作。

原来，那位"莫先生"确实姓莫，名叫大竭，是贾老板在上海的一位朋友介绍过来的。莫大竭是 3 月 19 日来北平的，住了 3 天就离开了。在北平期间，曾在贾老板开的米行里请过客，一共来了两位客人，贾老板作陪。那两位客人，一是牛言斌，另一人是焦一星。专案组一听这两个名字，各个惊喜不已。即使是从来没搞过侦查工作的人，也会对此巧合产生联想了，别说是专案组诸君了。侦查员几乎用不到分析，马上得出结论：牛言斌的假自首是为了掩护已经被我方注意了的焦一星！

专案组当即派员前往博爱医院再次对焦一星所说的 4 月 24 日"住院"的情况进行调查，终于查明那是焦一星玩的障眼法，他在进医院挂上盐水后，不久就溜了出来，为了让人给他做证明，他还塞给了护士一枚金戒指。

焦一星再次被传到了外三分局。老家伙还是一副痨病腔，和侦查员玩弄"去医院看病"那一套把戏，但很快就被侦查员抛出的证据压得软瘫在地上，哀求让他自己坦白。

原来，焦一星是中统潜伏特务，北平解放前夕，他受上司指令"长期潜伏"。

正好这时有人托焦一星营救那位被捕的地下党员，他考虑到要取得共产党的好感，便向上司提出把那人释放，获得了许可，于是，他便成了有功人员，逃过了北平解放后的那次审查。今年 3 月，焦一星接受上司（就是那个莫先生莫大竭）的秘密指令，要求给共产党政权制造障碍，于是他想到了纵火烧毁电车。上司很是器重焦一星，考虑到他身负"长期潜伏"的任务，担心纵火案后会被公安机关怀疑，于是就向另一潜伏特务牛言斌下达指令，要其届时如果

北京，有多少疑问，就有多少故事

公安局真的怀疑上了焦一星，就由他出面去"自首"顶替。

4月24日夜间，焦一星带着也在停车场工作的一名同伙潜入该厂，两人分别在多处放置了棒香、火药和浇过柴油的棉纱，点燃棒香后顺原路逃遁。案件发生后，我侦查员果然怀疑上了焦一星，于是他就指令牛言斌实施"假自首方案"。然而，令他万万没有料到的是，尽管他事先对此进行了精心详密的策划，但是在我机智的侦查员面前还是露出了破绽，阴谋终于败露了。

至此，这起惊动周恩来的特大纵火案的侦查，画上了一个圆满的句号。

为了追踪其源，保证志书记述的严肃性，接着我开始寻觅记述此事件的文章，2005年第5期《北京档案》登载了王晓芳的文章《神秘的北京电车公司火灾》，此文的结尾是"根据周副主席指示精神，市公安局作了相应的规定，以后再发生重大事故，市局、有关业务处、分局领导必须亲自到现场了解情况，指挥工作。这个制度作为永久性规定一直延用至今"。只字未提到案件是否破获。2002年12月1日老北京网佚名发布《电车厂火灾发生在1949年》，2003年第12期《浙江消防》登载了何京的文章《电车厂火灾发生在1949年》，没有明确谈到案件破获的情况，但又似乎有了结论："彭真说：电车公司是被特务放火烧的。必须提高我们的警惕性，加强各方面的保卫工作。要清查特务，要在各工厂组织工人纠察队，还要建立可靠的武装警察，对现已逮捕的特务嫌疑，要着重继续追究指使者。对指使者要枪毙，不应宽容，以镇压反革命。"

1949年6月9日，中共北平市委再次就电车公司失火向中央并华北局报告：根据厂内工会负责人和工友们反映，以及公安局收集的材料，电车公司情况很复杂，有两个"中统"组织都没有打垮。在起火的前一天，电车公司重要特务分子高某某曾夹着一个白包袱来电厂，走时只剩空包袱。失火当晚负责巡逻的焦某等6人中有5人是国民党员。同时发觉起火的董某，是高某某的"腿子"，他值早班而在夜里一时还没睡觉，他说他看见有电线搭在车上，车已经起火。焦某说听见枪声即将电灯熄灭，见有火光从车头着起。但后来证明，起火时，电车停车场的电灯还点着，且不是电线起火。根据以上情况，显系特务有计划地纵火。

2019 年 12 月，我就此案专门致信给有关领导：

> 在一轮志书的编修中，涉及北平解放后的第一大案——电车厂失火案。……周总理对北平市公安局领导同志存在的官僚主义作风进行了批评，定下了发生重大事故，领导必须亲临现场指挥的规矩，成为各级政府和相关部门的领导严格执行的规矩，一直延续到今天。而这个案子也自然一直引起关注，在一轮志书审订直至出版时，是人为纵火还是普通的失火案一直没有确切的结论，所以为了保持志书的严肃性，只记述了这件案件，而没有结案的结论。2016 年北京电视台"档案"节目播放了《1949 年北平电车厂纵火案始末》，完整反映了案件破获的过程，近来又看到了不同媒体相应的内容，反映此案明确已经侦破，不知道根据是否属实，是不是权威部门的正式结论？我又问询了市公安局有关领导，告知不了解，使我深感困惑。建议请正式证实此案的最后结论，如果没有破案，需要进行相应的工作，不宜以讹传讹，以正视听；如果破案了，根据志书编修传统和二轮志书的编修文件，在二轮《公安志》设"补遗篇"，增补此内容。以上意见不知妥否，请您关注为盼。

这就是这个案件我所追踪的情况，具体的答案，也许在第二轮的北京《公安志》中。[①]

085

北京，有多少疑问，就有多少故事

---

① 附言：因《公安志》尚未出版，无法核实此事件，不能增加志补。

"样式雷"怎么成了野鬼

　　我给大家展示的照片是一个不大的工厂，像是一个电缆厂，杂乱的电线摆放一地，周边是盖得不久的红砖房子，谁也不会想到，就是这里曾经是名噪一时的"样式雷"的祖坟遗址，现在只有一棵白皮松是当年的遗物。

□ 样式雷祖坟现状

"样式雷"是我国清代著名的建筑世家。从第一代样式雷——雷发达在康熙年间由江宁（今南京）来到北京，到第七代样式雷——雷廷昌在光绪末年逝世，雷氏家族有长达 200 多年的时间为皇家进行宫殿、园囿、陵寝以及衙署、庙宇等的设计和修建工程。如今故宫、天坛、颐和园、圆明园、十三陵、北海、中海、南海这些名扬四海的人类文化遗产都和雷氏家族连在了一起，因为雷家几代都是清廷样式房的掌案头目人，即被世人称为"样式雷"。

　　有据可查：雷发达，字明所，生于明万历四十七年二月二十一日（1619 年 4 月 5 日），卒于清康熙三十二年八月十一日（1693 年 9 月 29 日）。祖籍江西南康府建昌县（今永修县）。他的曾祖在明代末年迁居金陵（今南京）。清康熙二十二年（1683 年），发达和堂弟发宣以工艺应募来到北京，参加皇宫的修建工程。当时康熙皇帝正在重修太和殿，雷发达以其卓越的技术，为皇家宫殿工程做出了贡献，得到康熙皇帝的赏赐，获得了官职。

　　朱启钤先生在《样式雷考》这篇文献中，曾写下了一段生动的传闻："明太和殿缺大木，仓促拆取明陵楠木梁柱充用。上梁之日，圣祖亲临行礼。金梁举起，卯榫悬而不下。工部从官相视愕然，惶恐失措。所司私畀发达冠服袖斧猱升，斧落榫合。礼成，上大悦，而敕授工部营造所长班。时人为之语曰：'上有鲁班，下有长班。紫薇照命，金殿封官。'"

　　尽管样式雷研究者对这段传闻还有不同看法，但雷发达参与了皇家宫殿修建并得以在皇家建筑工程中立足则是不争的事实。因而雷发达便成为"样式雷"家发祥的始祖。

　　雷廷昌是最后一代样式雷。清代灭亡后不久，清廷的工部和内务府随之消亡，样式房也从历史上消逝了。但是，对样式雷家族的研究始终没有停止，几代样式雷所创造的建筑技艺，是我国传统文化的一个重要组成部分。现在妥善地保存在国家图书馆等处的"样式雷建筑图文档案"，在 2003 年入选《中国档案文献遗产名录》，2006 年联合国教科文组织讨论通过进入《世界记忆名录》。我们应当对其开展进一步发掘、

北京，有多少疑问，就有多少故事

整理和继承工作，以有助于我国现代建筑科学的发展，使祖国的优秀传统文化进一步发扬光大。

　　就是这样的传奇家族，却遭到了坟茔被挖毁的厄运。2004年3月16日《北京晚报》专门报道了《皇家园林设计者样式雷墓被挖毁》："故宫、天坛、颐和园、圆明园、北海、中海、南海……这一家七代人在清朝200多年间，设计修建的皇家建筑件件精品，有的还被列为世界文化遗产。他们就是'样式雷'家族。可昨天，当雷家第十二代后人前往位于海淀区巨山村为先辈扫墓时，眼前的情景却让她心痛难忍。'平了！全平了！一个墓都不见了！'前来扫墓的雷女士发现，原先建构在一棵古白皮松前的三座坟已被夷为平地，在相隔白皮松不到50米的距离，还有十几名工人和一辆推土机正在热火朝天地挖着什么。等雷女士走近一看，这才看到在原本属于坟地的一隅被挖出了一个大坑。雷女士说去年她来这里扫墓时，还可以站在白皮松下的三座坟头前缅怀先人。而现在，这里空空如也，令人心如刀绞。"

　　如今任何坟墓的痕迹都没有了，被一家公司租用，建起了大院，只有一棵白皮松可以确认这里曾经是"样式雷"的祖坟。

　　我在百度搜到，对于此事，天津大学建筑学院的王其亨教授感到痛心疾首。他说："从建筑学的角度来看，雷氏一族贯穿了中国整个清朝建筑史，是一个对建筑史起着决定性作用的家族。虽然'样式雷'已经成为一个历史的名词，但对于中国古代建筑史以及相关文物建筑保护、复原等多方面的研究，具有无法替代的作用。"不仅如此，"样式雷"流传下来的图档中，还能找到西方国家20世纪80年代建筑领域中所研究的数字高层模型的精粹。在中国几千年的文明史中，曾经出现过那么多有名的工匠，而像"样式雷"这样的家族却少之又少，如果我们不去保护老祖宗的遗迹，那么"样式雷"只能空留一个历史名词以及我们现在所保存的图档，再没有什么遗迹让后人去瞻仰，这令人遗憾。

　　值得庆幸的是，在国家图书馆、中国第一历史档案馆和故宫博物院留存有"样式雷"建筑样图，涵盖了古建筑中的投影图、正立面、侧立面、旋转图、等高线图等，工程的每一个细节，每一个结构的尺寸，全部有所记载。此外，"样式雷"还画了"现场活计图"，即施工现场的进展图，从这批图样中，可以清楚看到皇家陵寝从选地到基础开挖，再到基础施工，从地宫、地面、立柱直到最后屋面完成，体现了样式雷在建筑施工程序上的过程。

□ 颐和园佛香阁立样

海淀区老领导、《海淀区志》主编张宝章先生完成了《建筑世家样式雷》专著，张宝章先生在古稀之年翻阅文献、实地考察，捋清了"样式雷"家族的脉络，不仅系统研究了"样式雷"对北京古建的贡献，而且对于"样式雷"的这个祖坟也有详尽的介绍。

为什么在此建祖坟，张宝章先生访得巨山村程若富老人，他讲道，因为雷家有门姓范的亲戚家住巨山村，便托范家帮忙购得了土地和房产，修建了雷氏祖茔。这座茔地是第五代"样式雷"——雷景修在同治四年（1865 年）重修。这有雷景修手撰"雷金玉及妻张氏德政碑"碑志为证。志文写道："大清同治四年岁次己丑二月初一日元孙景修重修雷氏合族祖茔墓顶，燕序一堂，以光千载，并修如意围屏。恭撰曾祖考妣实政，是为碑志也。"

"样式雷"的祖茔位于巨山村东两道小河之间的平地上，占地195亩。靠村庄这头是西祖茔，占地43亩，四周有松墙环绕，北、东、西三面栽种四排白杨共242株。阴宅里31株白果树和50株马尾松中间，有排成八字形的8座坟墓。其中3座较大的宝顶，埋葬着雷家先祖。其中一座是第二代"样式雷"雷金玉的衣冠冢，葬有其妻张氏，竖一通雷金玉墓碑，额题"圣旨"，末署"诰授奉政大夫元孙景修敬书立"。另一座宝顶埋葬着第四代样式雷雷家玺及其妻张氏。墓碑额题"遗训常昭"，还有一座较大的宝顶埋葬着第五代"样式雷"雷景修。墓碑为"雷景修及妻尹氏诰封碑"，额题"奉天诰命"，末署"大清同治二年七月初八日敕书"。在西祖茔南边隔河修建了一座阳宅。大门北向，门前建一道影壁，栽一排槐树。有人见到这片墓地，说颇像一条大船，"船头"向西，那时，村里传说不能在那一片打井，因为那样会把"船"凿漏，不好。阳宅占地5亩，修建南北两排平房共10间，供看坟人居住和停灵使用。雷氏祖茔南、西、北三面环水，修建了3条1米多高、总长100多米的石砌泊岸，岸边和堤外栽种柳树468株。坟茔四周栽植一道长长的松墙。还植有榆树、槐树、垂柳等。总共栽种大小树木3415株，被称为"松墙杨柳城"。

　　随着雷氏家族的败落，那两道泊岸在几十年后被他的子孙拆出来200方石料，全给卖光了。祖坟上那葱郁成林的杨柳和松柏树，先是被日本侵略军伐倒几百株，剩下的也被雷家后代砍尽卖光了。再后来，巨山村周围的上述所有坟茔，在20世纪后半叶全都铲平毁掉，只剩下雷氏祖茔的一株白果松，作为编号"08094"的二级古树名木，孤零零地挺立在村东久已干涸的河沟旁，使人还能辨认出样式雷祖茔的方位。

曹雪芹故居纪念馆为什么筹建了 20 年

2019 年 1 月 23 日，对于北京而言是一个值得记住的日子——曹雪芹故居及纪念馆开始复建，计划于 2020 年 3 月正式落成，一个 20 年的等待也许会成为现实。

一、曹雪芹故居的发现

1982 年 10 月，中国第一历史档案馆研究员张书才在馆藏清代内务府档案中，发现一件雍正年间的《刑部致内务府移会》(以下简称"刑部移会")，具文时间是雍正七年（1729 年）七月二十九日。详载：

> 今于雍正七年五月初七日准总管内务府咨称：原任江宁织造员外郎曹頫，系包衣佐领下人，准正白旗满洲都统咨查到府。查曹頫因骚扰驿站获罪，现今枷号。曹頫之京城家产人口及江省家产人口俱奉旨赏给隋赫德。后因隋赫德见曹寅之妻孀妇无力，不能度日，将赏伊之家产人口内，于京城崇文门外蒜市口地方房十七间半、家仆三对，给予曹寅之妻孀妇度命。除此，京城、江省再无着落催追之人。相应咨部。等因前来。
>
> 据此，应将内务府所咨曹寅之子曹頫京城及江省家产人口，俱经奉旨赏给隋赫德缘由，知会办理赵世显事务之王大人等可也。

这个发现在红学界引起轰动，这是第一次以文献的形式，确凿证明曹雪芹一家由南京回到北京后，住在崇文门外蒜市口。为进一步找到确切的位置，张书才结合乾隆《京城全图》，实地考察，得出的结论是：蒜市口街位于崇文门外大街南端东侧，是一条东西走向的小街。街道路南为七个并排的大院，除临街有一二排房屋外，院内空旷，应是车马客栈之类，路北中间四个院落均是二进或三进，房屋布局规整。从东往西数蒜市口16号院（广渠门内大街207号）有房（包括大门）18间，与"刑部移会"中记载的17间半基本相符，规模最为接近。乾隆《京城全图》中所绘，该院为刀把形，有临街房6间，前院西部南房3间，中院北房3间，东西厢房各3间，后院空旷，共计18间。现状临街有铺面房，进大门后有狭长夹道左通前院，往北直通后面院落，进夹道约几十米处有四扇屏门，上有"端方正直"四个大字。房主马允升介绍：其太祖马曜东大约在嘉庆道光年间买下此院，由曾祖马仲衡这一支居住，到1980年代已有180年。这院是坐北朝南的三进院落。前院比较宽阔，中院为内宅，建有门楼，竖屏门四扇（1926年屏门移至东侧夹道），院内有正房3间，东西厢房各3间。正房中间是过厅，可通往后院。马家

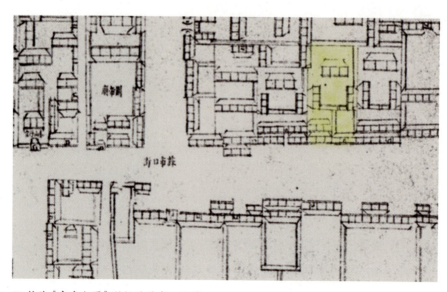

　　□ 乾隆《京城全图》所标的蒜市口院落

搬进此院时，前院临街为洗染坊，后院东侧有水井。中院正房梁上中间挂有"韫玉怀珠"横匾一方，院内各屋门上端有大小不一的各种匾额。这个院中最突出的是后院的北房，没有翻修和改动过。下边是四扇屏门，房子在正中落地罩上面挂有横匾"富贵荣华"，两边有对联，上联"继世允贤承祖训"，下联"传家维厚启孙谋"。①

　　20世纪80年代，红学专家周汝昌、冯其庸、端木蕻良等来此勘察，一系列的研究文章相继发表，几乎一致认定蒜市口是曹氏故居所在地。(1)蒜市口16号院，与乾隆《京城全图》所绘的蒜市口街路北东数第三个院落形状和大小规模一致，该院西北墙角院墙有一段向院内凹进，与《京城全图》所标完全吻合。原图所绘临街房六间，按中华习俗"双数为阴，四六不成格局"的造房风水忌讳，因此，称为"五间半"，大门算作半间，故曹宅整个院子称十七间半。此院既是马家太祖在清嘉庆年间买下，极有可能是雍乾年间的建筑（后来清理出来的房基证明了这一点）；(2)根据"刑部移会"档案，曹雪芹祖上住在蒜市口旧宅，曹雪芹当时年仅十来岁，入京后只能跟随祖母住在蒜市口；(3)根据《康熙会典》中旗人在外城居住的典规，曹氏为正白旗包衣汉军佐领下人，可以在外城居住。而《八旗通志》《八旗文经》《八旗满洲姓氏族谱》等档案材料表明曹寅历任江南织造，久居南京，原在旗内房屋已有族人居住。所以，曹氏一家披罪回京也不可能在城内居住；(4)宅院内留有曹家旧居特征的遗物"端方正直"四扇屏门，以及周围环境，也可以在《红楼梦》中有迹可寻的。《红楼梦》第二回"冷子兴演说荣国府"中写到：贾政"自幼酷喜读书，为人端方正直，祖父钟爱"。(5)曹寅所留下的遗文诗作也可以找到周边环境的影子，等等。20世纪90年代，相继有许多红学家和红学爱好者，以及文物、古建、历史等方面的专家、学者来这里考察，普遍认为，蒜市口16号应是曹雪芹回京后的第一个住所。

---

① 马允升：《曹雪芹故居变迁之回忆》，北京市政协文史资料委员会编：《北京文史资料精选·崇文卷》，北京出版社，2006年，第49页。

二、遗址拆迁与准备复建的过程

20世纪末，广安大街扩建工程启动。曹雪芹故居遗址在此路打通的红线范围内，房屋将要拆除，其保护利用问题提上紧迫的议事日程。1995年10月24日，崇文区政协副主席王金钟率文史委员会委员考察蒜市口曹雪芹故居遗址，并提交考察报告《保护利用好文化遗产，丰富两个文明建设内容》。报告指出："原蒜市口16号，现广渠门内大街207号，据考证是曹雪芹由南京回到北京后的第一住址。因此，各有关部门领导在处理建设和保护的关系时应慎之又慎。崇文区保留下来的文化遗迹比较少，如果再放过了，那将是永久的遗憾。""此处是唯一有史可证的曹氏故居，可否于道路北侧按照清初民居式样复建'曹雪芹故居'，还可考虑设立《红楼梦》研究机构，并于附近建具有经济效益的文化设施。"

1999年6月8日，崇文区政协会同北京市政协文史委、中国红学会在龙潭公园龙吟阁召开曹雪芹旧居遗址研讨会。形成《关于曹雪芹旧居遗址研讨会纪要》，建议有关部门在广安大街道路扩建工程中对此院落的处置予以高度重视。接着，7月16日崇文区政协会同北京市政协文史委、中国红学会召开第二次曹雪芹旧居遗址研讨会。会议形成《关于建立曹雪芹旧居遗址博物馆的建议》：1.市区两级政府和有关主管部门应对曹雪芹旧居遗址的保护和利用予以高度重视；2.做好规划和文物勘察；3.建立曹雪芹旧居遗址博物馆；4.把曹雪芹旧居遗址博物馆建成"传统文化教育基地"，报送中共北京市委、市政府。市委副书记李志坚，市委常委、宣传部长龙新民，副市长刘敬民先后做了批示，基本同意上述意见。至此，呼吁保留北京唯一有据可查的曹雪芹故居，引起海内外新闻界和红学界关注。

2000年2月22日崇文区文化文物局向区政府报送《关于修建曹雪芹纪念馆的报告》。3月22日，北京市委书记贾庆林、副书记张福森、副市长汪光焘等到广安大街、磁器口和广渠门内大街 207 号院察看。4月 6 日市长刘淇到此察看。市、区文物部门负责人和专业人员更是多次到此勘察。8 月 1 日，北京市政协主席陈广文受市委书记贾庆林、副市长汪光焘委托，到崇文区与区政府商讨有关曹雪芹遗址事宜后，留文给市领导："关于部分政协委员要求保留蒜市口曹雪芹家族故居问题，我受委托与崇文区领导商量，一致同意：现在红线上的十七间半旧房拆除（因为扩建两广路已成事实），在蒜市口附近另建。由区里与开发商商量或由区里出资修建并立碑，形成一处人文景观。"8 月 2 日—3 日，贾庆林、刘淇、汪光焘均在文函上批示同意。8 月 10 日，崇文区委召开书记办公会议，研究曹雪芹故居迁建问题。当日区委、区政府向市委、市政府报送《关于曹雪芹故居有关问题的紧急请示》："鉴于红学专家和文物专家对广渠门内大街 207 号院是否为曹雪芹故居未有明确论断，本着实事求是、对历史负责的原则，我们意见对该院予以拆除，然后在原址附近按 1:1 的比例进行复建。"9 月 12 日，副市长汪光焘到崇文区召集市政协、市规划局、崇文区政府及中国红学会等单位 60 位有关人员就"曹雪芹旧居"问题进行研讨。针对意见，汪光焘强调：207 号院的问题是红学研究深入的结果，也体现了对研究北京的文化和历史的重视；广安大街的规划建设为"曹学"研究创造了机遇，起到了积极的促进作用。会后，他同意市规划委会同崇文区政府研究提出的将广渠门内大街 207 号院移出广安大街规划红线，在蒜市口附近复建曹雪芹故居的方案；由崇文区政府负责组织实施复建曹雪芹旧居并在工作过程中征求中国红学会和专家意见，并向市委、市政府进行报告。9 月 20 日和 10月 2 日，市委书记贾庆林和市长刘淇对此报告批示同意。随后市政府作出拆除广渠门内大街 207 号房屋，在其附近复建曹雪芹故居纪念馆的决定。并指示："市规委对此院现状进行测绘后即可拆除，以不影响广安大街工程。拆除时请市文物局邀请中国红学会现场监督并同时进行地上建筑和地下考证。由崇文区政府负责组织实施复建曹雪芹旧居并在工作过程中征求中国红学会和专家意见。"

095

北京，有多少疑问，就有多少故事

三、复建曹雪芹故居的漫长之路

2000 年 11 月 9 日，207 号院开始拆除。在拆除过程中浮现出来的地基竟与乾隆《京城全图》上的十七间半房一模一样。经考古人员两个月的发掘证实：1. 中期建筑堆积是乾隆《京城全图》所绘院落的残迹；2. 现有建筑（即清末、民国初年）前院的格局与乾隆时期无大的改变。在院内还发掘出祭天杆石础，井圈、碎瓷片等物。

遗址拆除以后，从 2002 年起，崇文区政协就曹雪芹纪念馆的名称、设计、功能定位与展陈内容等广泛听取意见，形成《以展示生活原貌为主，以再现历史为主》的建议，崇文区委书记李晓光在登载此建议的《议政参考》上批示："'曹雪芹故居纪念馆'的问题，称号要早定下来，工程项目尽早落实，建好后定能成为崇文的一个窗口。"4 月 17 日，区政协会同有关部门召开建设曹雪芹旧居纪念馆协商办案会，政协副主席王文竹、王金钟出席会议。接着，区政协副主席王金钟等两次走访著名红学家周汝昌，征求对建设纪念馆设计、功能定位与展陈内容等方面的意见。周汝昌认为，建馆要以展示生活原貌、再现历史为主，并对纪念馆的名称、设计与定位、展陈等提出建议，希望崇文区争取在 2003 年底曹雪芹逝世 240 周年时把纪念馆建成。[1]

2003 年 2 月 26 日，崇文区政协文史资料委员会召开曹氏故居纪念馆规划设计研讨会，政协主席王再云、副主席王金钟出席会议。红学家蔡义江、顾平旦、杜春耕、张书才，古建专家杨乃济及部分政协委员、人大代表参加会议。会上，区建委、新世界开发公司主要负责人通报曹雪芹故居纪念馆工程进展情况。专家们围绕纪念馆的名称定位、规划设计、展陈内容等提出意见和建议。3 月 18 日，区委书记李晓光在磁器

---

[1] 周汝昌：《以展示生活原貌为主，以史为主》，崇文区政协：《文史选刊》，2002 年 11 月第 17 期。

口就曹雪芹故居纪念馆选址、工程建设等问题召开现场办公会，李晓光强调，建设曹雪芹故居纪念馆的决心决不能变，要本着对人民负责，对历史负责的精神，把建设纪念馆的好事办好。他还指出，要组织一个小的工作班子，从现在开始着手做好纪念馆的建筑设计及展陈设计工作。会上确定，纪念馆工程建设用地在磁器口东北角临街一侧，总占地 800 平方米。该工程需于 2005 年上半年地铁五号线磁器口站竣工后进行。

□ 曹雪芹故居复建启动仪式，左三为宋慰祖

北京，有多少疑问，就有多少故事

□ 复建后的曹雪芹故居

3月20日，区文化委向区政府提出《关于建设曹雪芹故居纪念馆的请示》。4月2日，第110次区长办公会研究同意文化委的请示，并决定纪念馆由新世界房地产发展有限公司（简称"新世界"）负责出资建设，文化委负责展陈资料的收集和纪念馆的设计，会议要求有关部门通力合作，共同做好各项准备工作。6月10日，区建委、规划分局、区文化委等相关部门联合"新世界"、地铁五号线承建公司召开纪念馆建筑设计协调会，中国建筑设计集团建筑历史研究所的古建设计师参加研讨。6月11日，副区长周榕召开协调会，就地铁五号线磁器口站通气孔占用曹雪芹故居纪念馆规划用地问题进行协商。区建委、规划分局、"新世界"、地铁五号线承建公司、区政协等有关方面负责人共同进行协商并取得谅解，地铁站项目设计负责人同意修改原设计方案。6月19日，区文化委和纪念馆产权单位与设计单位签订设计委托书及合同。2003年底，"新世界"委托中国建筑设计研究院历史所，对曹雪芹故居纪念馆工程进行设计。2004年，工程方案基本确定。

2006年，区政府将"建设曹雪芹故居纪念馆"写入政府工作报告，并于2006年、2007年两次将项目列入折子工程。2006年5月26日、2007年6月6日、2008年11月20日、2009年11月8日，区政协主管副主席分别带领文史资料委员会成员连续4次到"新世界"就曹雪芹故居纪念馆建设问题进行专题调研，督促检查纪念馆工程进度。还先后4次向区政府提交报告。2007年6月12日，区委书记李晓光在区政协送交的视察报告上批示："政协这项工作抓得很好，故居纪念馆将会成为崇文的新亮点，望你们一定要督促有关单位按时完成。"

2008年"新世界"称：故居纪念馆占用A、B两个地块，因政策变化，B地块需要上市摘牌才能取得使用权，故影响工程启动。2009年4月，取得B地块规划意见书；5月，按市有关部门要求，办理土地入市前的相关准备工作。之后，逐步完成B地块所需水、电、气、热等规划咨询方案和报告。但规划部门有了新的规定，公建项目虽不像住宅项目对采光遮挡有严格规定，但邻里之间如果存在遮挡，要相互达成协议，新景商务楼与纪念馆工程因遮挡其北部的"京文廖氏"楼房（市属单位）36个窗户，按新规定须征求对方同意盖章。因此，"新世界"与"京文廖氏"及其主管部门洽谈后，双方初步达成项目合作共建、实现互利共赢的共识。2009年"新世界"表示：年底前进行交通影响评估和地价评估，完成B地块土地入市全部准备工作，并报送市土地整理储备中心。2010年第一季度，市国土资源局组织低价审定会后摘牌取得B地块土地使用权，同年第二季度，开展项目报规工作；另一方面，继续与"京文廖氏"研究确定改扩建方案，"新世界"较为乐观地表示：2010年底前破土动工。

2010年撤销东城区、崇文区，设立新的东城区，崇文区不复存在，曹雪芹故居复建事宜又被搁置起来。北京市政协委员、民盟北京市委会专职副主委宋慰祖从崇文区政协委员到北京市人大代表，再到北京市政协委员，每年都在北京两会上呼吁此事，连续呼吁了12年，在2018年的提案中发出肺腑之言："时间飞逝，人将逝去。丢失的历史会被世人遗忘。一个民族、一个城市怎忍心让自己的子孙迷失在茫茫世界之中，任其忘记历史、忘记祖先、忘记文化。今天的不作为，就是明天的历史罪人。"崇文区政协副主席王文竹一直也在呼吁，作为《崇文区志》主编并将此事的来龙去脉在《崇文区志》中记录在案，对历史有个交代。直至2019年东城区召开的两会上，政协委员王立真，仍提交《关于尽快重新启动曹雪芹故居纪念馆建设的建议》提案。

自1982年10月发现曹雪芹故居遗址，至2019年已达38年；自2000年11月曹雪芹故居被拆除，已有19年；自2003年4月区政府明确曹雪芹故居纪念馆由"新世界"负责建设，也已17年有余。在此期间，积极参与研究并关注曹雪芹故居纪念馆建设的红学家周汝昌、冯其庸、端木蕻良均已过世，张书才等一批学者均年事已高，庆幸的是，终于在苦苦等待中有了结果。①

北京，有多少疑问，就有多少故事

---

① 本文王文竹主任、宋慰祖主任提供了资料并进行了审阅，引用了二轮《北京市崇文区志》资料。

三

北京，有多少热点，
就有多少故事

引　言

　　北京在历史发展进程中，常常有一些留下重要印记的大事件，或者说，这些大事件直接影响了历史的发展进程，这些事件都是经历了一段时间以后才引起一定的重视。在北京的发展历程中，这样的事件可以用热点来概括；地方志不担负探索历史发展规律的任务，只是将这些事件如实记述，为探索其规律提供依据。

　　什么是热点？如今"一城三带"就是。一城，是指北京这个历史文化名城；三带，是指"大运河文化带、长城文化带、西山永定河文化带"。在"一城"中，北京城市中轴线"申遗"是热点中的热点。

　　我特别关注了如何利用与保护密云水库这个热点。时过境迁，保护的过程有存史价值；其实，我更钦佩的是那代人的责任担当、使命担当。我私下也会想，如果放在如今的人身上，他们还会这样做吗？

　　北京是一个缺水的城市，我在这一部分选择了《北京历史上的水灾记录》。北京的水患不绝于史，我们都曾经历过一场不大的雨，居然造成了大面积的城市积水，甚至有人员罹难发生，所以北京不仅要解决缺水补水的建设，还应该关注水患对城市的危害。

　　光鲜亮丽是现代城市的标志，"方便"与否也是其标志，当一个城市只有5个方便之处的时候，设想人们要如何度过"煎熬"？一点也不要怀疑，厕所就是城市发展的一面镜子。

北京中轴线对称格局的继承与创新

　　北京的中轴线记录着北京的历史变迁。明清时期的北京城有长约7.8千米的中轴线，北起钟鼓楼南到永定门，红墙金瓦的紫禁城由建筑面积超过15万平方米的近万间房屋和屹立在中轴线上的太和、中和、保和三大殿以及高耸的门楼构成，它们衬托出封建皇权至高无上的地位，可让人感受到以紫禁城为重心、"左祖右社"的设计理念。所谓"左祖"即如今的劳动人民文化宫，当初是太庙，是皇帝祭祖的地方；"右社"即如今的中山公园，当初是社稷坛，是皇帝祭祀社、稷神祇的祭坛。这是一个起点，可以领略北京现在的城市格局。

□ 太庙

□ 故宫（原载《北京志·建筑卷·建筑志》）

　　新中国成立以后，原来以紫禁城为中心的格局在改造后发生了重大的变化——北京中轴线的重心开始南移至天安门广场。面积达 40 余万平方米的广场以及一系列的建筑可谓神来之笔：在中轴线上天安门、国旗杆、人民英雄纪念碑成为核心；在社稷坛南 200 米建设了人民大会堂，古代有"民为重，社稷次之，君为轻"之说，人民大会堂是人民代表参政议政的地方，有着深刻的寓意；在皇家祭祖的太庙以南 200 米建设了历史博物馆、革命博物馆（现更名为国家博物馆），也有传承历史的意思。

　　进入 21 世纪，将中轴线北端从钟鼓楼推到了奥运公园，不仅使中轴线的长度发生了变化，而且在这个端点上集中建设了一批规模宏大的体育设施，占地面积达到了 80 余万平方米，使中轴线的节奏发生了变化。在奥运公园这些设施中，最具代表性的是国家体育场——鸟巢和国家游泳中心——水立方，它们分列于中轴线北端的两侧，也形成了对称的格局。

鸟巢建筑面积 25.8 万平方米，外形结构主要由巨大的钢架组成，建筑顶面呈鞍形，长轴为 332.3 米，短轴为 296.4 米，最高点高度为 68.5 米，最低点高度为 42.8 米。水立方总建筑面积近 8 万平方米，由外围形似水泡的透明膜构成，据说是"天圆地方"的设计思想催生了"水立方"。入夜以后，水立方散发着水珠一般清澈的光芒，它与椭圆形的"鸟巢"——国家体育场相互呼应；一个体现了钢架结构的阳刚之气，一个流露出水一样的阴柔之美，有人说这体现了一文一武，二者相得益彰。

如果说这组建筑体现了一文一武，那么按照传统的理念来看，它也暗合了北京中轴线的对称格局。从历史的发展来看，北京的中轴线完整体现了北京的历史发展脉络，有对传统的继承，在继承中有创新，而这种创新又兼顾到传统，有些真可谓别具匠心。

以中轴线构成东西对称的格局是北京城的重要特征。北京城市的主体是坐北朝南，它的左侧即是东，右侧即是西，其中最有意思的是中轴线以东以"文"冠名，如崇文门、文华殿，以西则以"武"冠名，如宣武门、武英殿等。就是明清时期衙门，也以文武来分布。明代天安门（明时称为承天门）前是千步廊，东侧是掌管全国礼仪、祭祀、宴享、贡举等事务的礼部和掌管全国官吏选授、考课、勋封之政的吏部，负责全国户口、土地、赋税、财政收支等事务的户部以及宗人府、兵部、工部、鸿胪寺、钦天监等；西侧有全国最高统军机构左、中、右、前、后五军都督府和掌管祭祀礼乐的太常寺及受理内外章疏、收臣民密封申诉之件的机构通政使司，以及掌管侍卫、缉捕、刑狱之事的锦衣卫等。《洪武京城图志·序》称："六卿居左，经纬以文；五府处西，镇静以武。"说的就是这种布局。清代，广场东侧大部分沿用明朝旧制，仍为各部所在，有刑部、大理寺、都察院等衙署，"东掌生、西掌死"，文职衙门像吏部、户部、礼部等也分设在中轴线以东，武职衙门分设在中轴线以

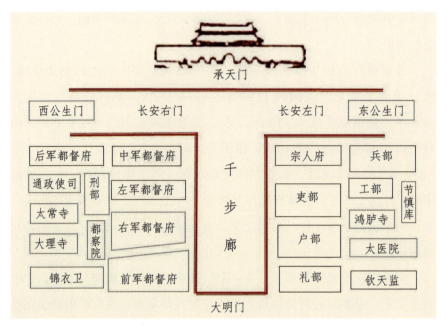

承天门

西公生门　　长安右门　　　　长安左门　　东公生门

后军都督府　中军都督府　　　　宗人府　　兵部

通政使司　刑部　左军都督府　　　吏部　　工部　节慎库

太常寺　　　右军都督府　　　户部　　鸿胪寺

大理寺　都察院　　　　礼部　　太医院

锦衣卫　　前军都督府　　　　　　　钦天监

千步廊

大明门

□ 明代千步廊两侧衙署示意图

西。据说文官、武官上朝的时候也是东西分列。

这左文右武究竟源于何处解释不一，有的说是源于青龙、白虎、朱雀、玄武四大星宿。在上古时代，古人把天分为东西南北四宫，分别以青龙（苍龙）、白虎、朱雀、玄武（一种龟形之神）为名。实际上是把天空分为四部分，以每部分中的七个主要星宿连线成形，以其形状命名。东方的形状如龙，所以称东宫为青龙或苍龙；西方七星形状如虎，称西宫为白虎。青龙为东方之神，白虎为西方之神，就是道教常说的"左青龙，右白虎"。如道教胜地青城山古常道观（天师洞），在巍峨的山门前边，左右各建有一座神殿，左殿塑威武的青龙神像，名孟章神君，右殿塑勇猛的白虎神像，名监兵神君。但是解释起来又有些牵强附会之感。至于为什么左文右武，也许这牵扯到中国的传统礼仪。在古代，左为上的礼仪很通行。古人对几乎所有物质都进行了阴阳的分类，其中，大、长、上、左为阳，小、短、下、右为阴。而"文"与"武"在分类中，文属于阳，武则属于阴，就国家的统治而言，文治武功决定着国家的统治秩序和国家的安宁，是不可偏废的两个方面。就其地位的重要程度来看，以礼治国也好、以德治国也好，封建礼教占有不可替代的地位。这些也就决定了"文"为上的特点，所以在封建社会中，文武百官入朝，文官居左，武官居右。还有意思的是，传说中华始祖盘古化仙后，他的身体器官化为日月星辰，日神是盘古的左眼所化，月神是盘古的右眼所化，日神伏羲，月神女娲，也代表着两位不同性别的中华祖先。左右也可以分为阴阳和男女。如果这样来看鸟巢和水立方的位置是合适的，是暗合这些讲究的。

其实风水的理论是仁者见仁、智者见智的，如果把奥运公园作为一个整体来看，引入星宿来解释，可能又会有新的理解。如果是左青龙右白虎，那么最好将水立方和鸟巢的位置互换，水立方放在左方青龙的位置上，正好使青龙得水，使吉位更吉，鸟巢放在右侧的白虎位可以筑巢锁虎，逢凶化吉。

在中国的传统建筑中，引入风水学说的也很多，大多是利用金、木、水、火、土这五行，来解释建筑的规制、方位、形状，甚至决定它们的位置。就五行而言，西方属金，而在五行的相生相克中金生水，而水立方的位置最好不过；东方属木，而木的功用又是筑巢，一座雄伟的鸟巢矗立在奥运公园的西部，在方位的选择上也恰到好处。

中轴线在北京的城市规划中一直都是规划重点，历次城市总体规划都十分重视保护和发展这条传统的城市中轴线。明确城市中轴线的主要地段，其景观要着重保护，两侧一定范围内，建筑高度严加限制，保持中轴线两侧开阔空间。景山南望故宫，是显示古都传统建筑天际轮廓的重要景观线，其南侧不宜有高层建筑插入，因此南部地区至今没有建超高层建筑。2017年《北京城市总体规划》中关于"空间布局"的规划，提出中轴线及其延长线为传统中轴线及其南北向延伸，传统中轴线南起永定门，北至钟鼓楼，长约7.8千米，向北延伸至燕山山脉，向南延伸至北京新机场、永定河水系。中轴线及其延长线以文化功能为主，是体现大国首都文化自信的代表地区，既要延续历史文脉，展示传统文化精

北京，有多少热点，就有多少故事

髓，又要做好有机更新，体现现代文明魅力。《规划》强调"中轴线既是历史轴线，也是发展轴线。注重保护与有机更新相衔接，完善传统轴线空间秩序，全面展示传统文化精髓"。

古往今来祖国的历史文化需要传承，需要复兴，其实更应该有创新，与时俱进，在传承与复兴中创造出新的中华文明。

志书如何记述天安门广场

如果是地方志的记述，应该强调资料的真实性、完整性。其实，限于字数的要求，更需要在简洁记述中保证规范的重要要素不遗漏。

一、天安门广场的古往今来

天安门广场位于北京城的南北中轴线上，北起天安门，南到正阳门，地处北京的中心位置。天安门是原明清皇城的前大门，亦是明清两代封建帝王颁发诏令的地方。原天安门广场是皇城的前院（又称"外郭"），呈"T"形，原面积约 11 万平方米，围之以红墙；南为大明门（清顺治元年改称大清门，民国初年改称中华门），东为长安左门，西为长安右门，是一个封闭的庭院。乾隆十九年（1754 年），在长安右门和长安左门外，各增建围墙并增建"三座门"。1912 年，拆除了长安右门和长安左门的石槛及部分红墙，从此打通了东西长安街。到 1949 年北平解放时，天安门广场已年久失修，坑洼不平。北京一解放，即开始整修天安门广场，修缮了天安门城楼，建造了广场上第一座国旗旗杆。1949 年 10 月 1 日，中华人民共和国开国大典在这里隆重举行，中央人民政府主席毛泽东在天安门城楼上向全世界宣告中华人民共和国中央人民政府成立，广场上升起了第一面新中国国旗——五星红旗。1950—1958 年，先后拆除了广场中原有的明清建筑：东西"三座门"、中华门和东南西三面的红墙等。1958 年 12 月，中共中央政治局讨论庆祝中华

二 北京，有多少热点，就有多少故事

人民共和国建国十周年十大建筑方案，一致同意天安门广场的规划和建设方案。天安门广场，从天安门到正阳门之间相距 880 米，人民大会堂与中国革命博物馆、中国历史博物馆东西相距 500 米，广场总面积约 44 万平方米。天安门广场是北京的中心广场，也是迄今世界上最大的城市广场。

二、天安门广场的建筑群

天安门广场建筑群包括：北面正中是天安门，正南方是正阳门和箭楼，西侧是人民大会堂，东侧是国家博物馆（曾称中国历史博物馆和中国革命博物馆），广场正中是人民英雄纪念碑，纪念碑和正阳门之间是毛主席纪念堂，纪念碑与天安门之间矗立着国旗旗杆和汉白玉基座；天安门前为金水河上的五座汉白玉石拱金水桥和劳动人民文化宫及中山公园门前的东西公生桥（又称东西便桥），以及天安门前两侧的华表、石狮；还包括原皇城城墙的一部分，从天安门向东，顺东长安街延伸经南池子至贵宾楼饭店门前，向西顺西长安街延伸经南长街、新华门至府右街南口北折。

三、天安门广场规划

天安门广场的规划引起了各个方面的高度重视，毕竟它是一个国家的代表，因此争论始终没有停止过。

1.广场的性质。一种意见认为天安门象征我们国家，广场周围应以国家主要领导机关为主，同时建立革命博物馆，使它成为政治中心。另一种意见认为广场周围应以博物馆、图书馆等建筑为主，使它成为文化中心。

2.广场周围的建筑规模。一种意见认为天安门广场代表我国社会主义建设的伟大成就，在它周围甚至在它前边或广场中间应当有些高大雄伟的建筑，使它成为全市建筑的中心和高点。另一种意见认为，天安门和人民英雄纪念碑都不高，其周围建筑在高度上不应超过它们。

3. 对旧有建筑的处理。一种意见认为旧有建筑（正阳门、箭楼、中华门）与新时代的伟大建设比较起来是渺小的，在相当时期内，必要时它们应当让位给新的、高大的，足以代表社会主义、共产主义思想的新建筑。另一种意见认为旧有的建筑是我国的历史遗产，应当保留。

4. 广场大小问题。一种意见认为天安门广场是我国人民政治活动和游行集会的中心广场，应当比较大，比较开阔（30 公顷至 40 公顷）。另一种意见认为从建筑比例上看广场不宜过大（20 公顷至 25 公顷即可）。

最后，毛泽东指示：改建天安门广场，要反映出我国历史悠久、地大物博、人口众多的特点，气魄要大，要使天安门广场成为庄严宏伟、能容纳 100 万人集会的世界上最大的广场。周恩来强调，广场面貌一定要体现出"人民当家做主"的主题思想和时代精神。1958 年 8 月，中

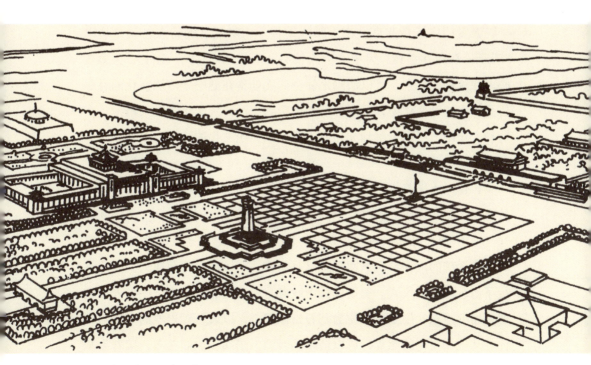

□ 天安门广场设计示意图

共中央政治局扩大会议，决定为庆祝中华人民共和国成立十周年，在北京建设包括万人大礼堂在内的重大建筑工程。万人大礼堂的地点选在天安门前，同时改建天安门广场，还包括中国革命博物馆和中国革命历史博物馆在内的十大建筑，确定广场尺度要大，天安门广场宽度定为500米。

1959年9月，古老的天安门经过重修，三面红墙连同东、西长安门一并拆除。广场西侧是象征着人民至高无上的政治权力的人民大会堂，它是国庆十大工程中规模最大的一个，东侧是意味着"人民——只有人民才是创造世界历史的动力"的中国革命博物馆和中国历史博物馆，连同广场先已建成的人民英雄纪念碑，形成全国各族人民共同向往的政治活动中心；一个规模雄伟、气势磅礴的人民广场呈现在人们面前。

四、天安门广场的故事

天安门广场在北京城市中轴线的传承中最显著的特点，就是从以"天子——封建皇帝"为中心、为核心，变成以"人民"为中心、为核心。在这种变化中，可以清晰地体会到无处不在的中华传统文化的有序传承；在这种变化中，可以深切地体会到中国传统文化的博大精深；在这种变化中，可以了解到文化巨人对中国传统文化的认知水平是如此令人敬仰。

1. 建立人民英雄纪念碑是整修天安门广场的第一件事。而这件事的故事是，举行奠基的地方，不是纪念碑建设矗立的地方。1949年9月30日，中国人民政治协商会议第一届全体会议通过了在首都建立人民英雄纪念碑的决议，决议通过时已是傍晚，全体代表立即在天安门前举行了纪念碑奠基仪式。奠基仪式由政务院总理周恩来主持，中央人民政府主席毛泽东、副主席朱德为基石持锹铲土，以表示对先烈的崇敬与缅怀。从现在留存的照片，可以清晰地看到，陪同在他们左右，接着为基石培土的是贺龙、粟裕、刘伯承。当时，确定纪念碑建在广场北半部的五星红旗旗座之南，它在天安门与原中华门门洞的中轴线上，与天安门和正阳门的距离大致相当。由于当时还没有广场的整体设计，未顾及整个广场的布局，待到深化设计时发现奠基的位置离天安门和旗杆太近，当时还在酝酿加高碑身，如此就更会觉得空间局促。后来经过数次方案设计，最终敲定放在绒线胡同东路口，即现在的位置。这个位置无论从当时还是现在来看，都是非常合适的，它处于中轴线上略微偏南的位置，为新中国成立 10 周年规划人民大会堂和革命历史博物馆的设计选址留有余地，使得这 3 个建筑物与天安门之间形成菱形关系，不同的位置都有非常好的视角。

人民英雄纪念碑的设计方案备受关注。1952 年 5 月 10 日，首都人民英雄纪念碑兴建委员会正式成立。该委员会主任由当时北京市委书记彭真担任，副主任由著名建筑学家梁思成担任。随即发出征选纪念碑规划设计的通知。到 1951 年，收到 140 多件各种形式的设计方案和设计修改方案（截至最后定案时共收到 240 多件）。海外华侨也积极献计献策，陈嘉庚组织华侨绘制了图纸，并制作了水泥柱头模型，寄给人民英雄纪念碑建造工程处。最后归纳为高耸塔形碑体和低矮影壁形碑体两种。经审议决定选用塔形碑体方案，由梁思成主持定稿。至于碑顶造型仍有争论，最后决定暂定四角攒尖顶形式，顶部不设宝瓶，如果建成后觉得不好，以后还可更改。纪念碑于 1952 年 8 月 1 日开工，1958 年 5 月 1 日落成揭幕。

纪念碑总高 37.94 米，碑身是一块长 14.7 米、宽 2.9 米、厚 1 米、重达 60 多吨的巨石。碑身正面（北面）镌刻毛泽东题词"人民英雄永垂不朽" 8 个镏金大字；背面是毛泽东起草、周恩来题写的碑文："三年以来，在人民解放战争和人民革命中牺牲的人民英雄们永垂不朽！三十年以来，在人民解放战争和人民革命中牺牲的人民英雄们永垂不朽！由此上溯到一千八百四十年，从那时起，为了反对内外敌人，争取民族独立和人民自由幸福，在历次斗争中牺牲的人民英雄们永垂不朽！"

碑身两侧装饰着用五星、松柏和旗帜组成的浮雕花环，象征人民英雄的伟大精神万古长存。纪念碑台座上是大小两层须弥座，上层小须弥座四周镌刻着以牡丹、荷花、菊花、垂幔等组成的8个花环，象征着高贵、纯洁和坚忍，表示全国人民对英雄们永远的怀念和敬仰。

需要指出的是，这种先建碑、再根据它来规划天安门广场和周围建筑的建设方式，在世界广场建筑史上是没有先例的；纪念碑碑身的朝向也曾进行过调整，决定一反传统，调转方向，正面面对北面的天安门。

2. 国旗杆的故事。中华人民共和国的第一根国旗旗杆是1949年10月1日开国大典时毛泽东在天安门广场亲自按下电钮升旗时所用的旗杆。当时，北京刚刚解放，正是百废待兴之时，要找出适合做旗杆的材料绝非易事。最后决定用市自来水公司的水管，选用了4根直径不同的自来水管一节一节地套起来焊接。焊完之后，长度为22.5米。杆下有4平方米的方形基座，围以汉白玉石雕栏杆。中华人民共和国的第一面国旗即从此杆升起，此后这根旗杆一直使用了42年之久。

这根旗杆也是有故事的。1949年在开国大典即将举行的时候，人们经过反复试验，可以在天安门上按动电动按钮升起五星红旗，旗杆周围的脚手架也顺利地拆除了。可就在9月30日，工作人员用一幅红绸子布进行最后一次演练的时候，绸子搅进了旗杆顶端滑轮中，进退不能。这引起了所有相关人员的恐慌，大家立即调来消防车，想利用消防队的云梯让人爬到旗杆顶卸下红绸布，可消防云梯的高度不够，再搭脚手架时间已经来不及了。在这时有人想到了棚匠并找来一位，让他爬到旗杆顶，把布卸下来，工作人员赶快重新修理和安装电机操作系统，并反复试验，一直到10月1日的凌晨才修好。为了以防万一，领导安排人守候在旗杆下，在升旗时，一旦出现故障，旗升到顶端马达如果还不停，就立刻切断电源，以保证升旗的效果。1949年下午3时的升旗仪式上，五星红旗冉冉升起，顺利升到旗杆顶便戛然而止，以后再也没有发生过故障。

1991年，天安门广场扩建为40万平方米（1949年时约11万平方米），原旗杆在广场中已明显偏低，并且也有老化的趋势。经过专家的计算与论证，于 1992 年 2 月对国旗杆和基座进行了改造。新旗杆仍位于广场南北中轴线上，但比第一座旗杆南移了 7 米。旗杆由原来的 22.5 米增加到 32.6 米，地面以上高 30 米，比第一座旗杆地面以上高 8 米，使升旗、降旗仪式更加神圣、庄严。新旗杆总重量约 7 吨，由无缝钢管焊接而成。基座占地 400 平方米，内层为 6 米见方的旗杆基座，座高 45 厘米，四周围以 90 厘米高的汉白玉石雕栏杆，中层为赭色花岗岩地面带，外层为草坪绿化带。

3. 天安门是如何成为核心地位和中华人民共和国标志的。天安门（明代称承天门），始建于明永乐十五年（1417 年），是皇城的正门，永乐十八年（1420 年）建成。建成后的承天门为黄瓦飞檐三层楼式五座木牌坊，因其完全仿照南京的承天门而得名，被视为皇帝承天命和敬天之地，取"承天启运，受命于天"之意，这就是最早的天安门。明英宗天顺元年（1457 年），承天门被烧毁。宪宗成化元年（1465 年），重新修复了承天门，由原来的五间扩大为九间，并且将牌坊式改为宫殿式结构，基本具备了现在天安门的规模。清朝把"承天门"改称为"天安门"。顺治帝将紫禁城前朝三大殿分别改名为"太和殿""中和殿""保和殿"，都带有一个"和"字，而将皇城的 4 个门分别命名为"天安门""地安门""东安门""西安门"，都带有一个"安"字。"天安门"取"受命于天，安邦治国"之意，寓有"外安内和，长治久安"的含义，以"和""安"为策，以求达到统治的长治久安。

天安门这个名称沿用至今，明清两代，天安门是皇帝进行重要活动的地方之一。每逢冬至祭天、夏至祭地、孟春祈谷、仲夏亲耕以及皇帝大婚、出兵等隆重的典礼，皇帝及随从人员都要从天安门出入。另外，皇帝登基、册立皇后和皇太子等也都要在天安门城楼上举行颁诏仪式，这个仪式称为"金凤颁诏"。

进入近代以后，在天安门前发生了一系列影响深远的大事，其中 1919 年"五四运动"在这里举行了集会，成为中国历史上具有深远影响的大事件。"五四运动"是彻底的反帝、反封建运动，标志着中国新民

北京，有多少热点，就有多少故事

主主义革命的开端。中华人民共和国举行开国大典前，天安门城楼经过修整，焕然一新。除了毛主席画像，城楼上还有两条巨幅标语，一条是"中华人民共和国万岁"，另一条是"中央人民政府万岁"。1950年国庆时天安门城楼东侧的"中央人民政府万岁"改为"世界人民大团结万岁"，这条标语的修改绝不简单。这两条标语表达了人民共和国缔造者的初心和奋斗目标。

　　1950年6月20日，周恩来主持审议国徽设计方案的会议，经过讨论和比较，会议确定了清华大学营建系设计组的方案。图案以国旗上的金色五星和天安门为主要内容。五星象征中国共产党的领导与全国人民的大团结；天安门象征新民主主义革命的发源地与在此宣告诞生的新中国。以代表革命的红色作为天空，象征无数先烈的流血牺牲。底下正中为一个完整的齿轮，两旁饰以稻麦，象征以工人阶级为领导、工农联盟

□ 1954年的天安门广场

为基础的人民民主专政。过齿轮中心的大红丝结象征全国人民空前统一地团结在中国工人阶级的周围。从此，天安门从皇城的正门成为中华人民共和国的标志。6 月 23 日，全国政协一届二次全体会议通过了国徽设计方案，天安门城楼作为中国人民反帝反封建的民族精神象征，成为新中国的象征，正式出现在中华人民共和国国徽中。

天安门进行了多次的修复与改建。1969 年 12 月，为彻底解决天安门城楼几百年来积存下的种种问题和安全隐患，国务院和北京市委决定将旧城楼拆除，按原规模和建筑形制重建天安门城楼。当时，对图案和彩画的处理出现了两种意见：一种意见认为，古建筑应当按照传统的方式修建；另一种意见是，传统的都是"四旧"，属于封建内容，新中国的天安门应具有革命意义，要用葵花向阳和延安宝塔等图案代替金龙和玺。两种意见相持不下。周总理看完报告后说："龙是中华民族的象征，

北京，有多少热点，就有多少故事

□ 天安门广场和人民大会堂

原主体部分不要改。"

4. 人民大会堂要体现人民。1959年9月9日深夜两点半，毛泽东到大会堂工地视察，从万人大礼堂走到宴会厅，然后在北京厅坐下，问起建设情况，并夸奖了建设者努力工作，不为名、不为利的共产主义精神。当时在场的万里同志提出："这座建筑到现在还没有命名，过去周总理曾讲过，需要请毛主席命名。"毛主席问："你们现在怎么叫这座建筑？"万里同志答："我们一般叫'大会堂'或'人大会堂'。"毛主席和大家议论了一会儿就说："那就叫人民大会堂吧！因为这座建筑是属于人民的。"

人民大会堂的建设体现了"人民"的作用，建设中遇到的无数困难，都是依靠"人民"的聪明才智来克服的。如：大会堂工程使用的全部钢结构重约4000吨，其中国宴厅的钢梁就重1100多吨。在当时的条件下，怎么把这么重的钢梁吊上去，是一个难题。从苏联请来的专家想出了种种方案，可惜都失败了。最后还是工人们根据经验创造出的"桅杆式起重机"解决了难题。

人民大会堂的设计也要体现人民的要求。人民大会堂大厅是议论国家大事的地方，应该庄严、朴素、明朗、大方，不能按歌舞剧院的形式处理，在形式和内容上也应以人为主。周总理联想到名句"落霞与孤鹜齐飞"，提出从"水天一色"的思路出发去作抽象的处理，确实达到了这样的效果。扁圆卵形的观众厅，后面的圆角大，前边浅弧形夹角小，都没有平直的硬线，有点类似自然环境的无边无缘；上边的顶棚可以做成大穹窿形，象征天体的空间；顶棚与墙身交接之处做成大圆角形，就可以把顶棚的大弧线与墙身连成一体，产生上下浑然一体的效果，从而冲淡一般长、宽、高同在而产生的生硬、庞大的印象。

这些故事都是我们在修志过程中所了解到的，有些记录在志书当中，有些限于志书的体量要求只能存留在我们的记忆中。

对北京历史名园特点的认识

北京 3000 多年的建城史为我们留下了丰富的历史宝藏，历史名园是其中最精华的部分。以天坛、颐和园、北海为代表的 20 余家历史名园，几乎包容了中国古代文化艺术、科学技术的各个门类，蕴含了丰富的哲学、美学、文学、环境学、景观学、工程学、历史学等内涵，是北京建设世界城市的宝贵资源。在北京建设世界城市的征程中，它们以其独特的文化传播力和影响力，发挥着独特作用。

一、北京历史名园充分体现了和谐理念

北京历史名园充分体现了人与自然、人与社会的和谐关系，归根结底体现了人与人的和谐关系。

1.人与自然的和谐是历史名园基础。中国传统园林所追求的是"虽由人作，宛自天开"的理念，体现的是人与自然的和谐一致，其特征是"自然"。诸如"有若自然"、"妙在自然"，是对园林艺术的评价。

自然中的山与水是造园的基础，有道是仁者乐山、智者乐水，历史名园把这种自然的山与水与人的智慧和情感紧紧地联系在了一起。"三山五园"是北京西郊一带皇家行宫苑囿的总称，它包括了香山静宜园、玉泉山静明园、万寿山清漪园、圆明园、畅春园五座大型皇家园林，是从清代康熙朝至乾隆朝陆续修建起来的。这一地区，依托于西山风景区，有层峦叠嶂、湖泊罗列、泉水充沛的自然环境，再加上自辽、金以

来开始进行的一系列的山水治理，使人与自然的关系更加亲密。元代建大都后，为沟通南北漕运，由郭守敬主持，从昌平神山引入白浮泉之水，瓮山泊（今昆明湖）从此成为京城的一座水库。颐和园的造园主题，是以自然美为核心的风景式园林，它选址在风景如画的北京西北郊，用瓮山（今万寿山）、瓮山泊撑起园林骨架，在大自然湖光山色的基础上经过潜心规划、细致加工，建成一座有着如诗如画般的自然境界和金碧辉煌的宫殿景致的大型山水园。清漪园的第一位主人乾隆皇帝在《静宜园记》中有一段对风景园林的论述："若夫崇山峻岭，水态林姿，鹤鹿之游，鸢鱼之乐；加之岩崖溪涧，芳草古木。物有天然之趣，人忘尘世之怀，较之汉唐之离宫别苑有过之而无不及也。"此为清王朝继承

□《京畿水利图》中的清漪园万寿山、昆明湖

□ 颐和园苏州街

并发展了汉唐时期皇家天然山水园林高超的造园艺术后，形成的独特园林自然观。颐和园精湛的山水布局，正是汇集了中国园林三千年的优秀传统和其他园林的精粹所获得的造园真髓。利用自然而又超越自然，创造并再现山水空间，将人造景观与大自然和谐地融为一体，是颐和园对中国风景园林造园的一种杰出体现①。

　　如今的颐和园，我们所能体会到的，是集皇家议政、休憩于一身的园林。园中山、水、桥、亭、院、园各成一景，相映成趣，尽显和谐。园中有园，园中有院，层层相套。万寿山中耸翠林立，古树遍植，为全园中心。昆明湖水弥漫山前，调全园湿度，滋养其中动物、植物，滋润人文环境。古典园林因水而活，一湾碧水为园中增添无限情趣。湖中有岛三座，寓意三座仙山，水中映山、山傍水盘，成为山水相映的典范。西堤六桥，移西湖景，两岸垂柳夹道、花草相间，与十七孔桥遥相呼

121

二 北京，有多少热点，就有多少故事

---

① 北京市地方志编纂委员会编:《北京志·世界文化遗产卷·颐和园志》，北京出版社，2004年，第83页。

□ 万寿山昆明湖全景（原载《北京志·世界文化遗产卷·颐和园志》）

应，是"缩天移地于方圆"的典范。山水交融，令人垂涎，更能体会人
与自然的亲密关系。

2. 人与神的和谐得到了继承。园林艺术的最高境界是人们用艺术手
段来模仿理想中的仙境，这体现了人与神和谐的理念。北京作为东方园
林艺术的集大成之地，其中的皇家园林充分地体现了这一点。

北海的园林建筑其特点就是非常明确地体现了"一池三山"的布
局。"一池三山"源自中国道家关于东海之东有"蓬莱、瀛洲、方丈"三
座仙山的传说，居住于三座仙山上的人们拥有能够使人长生不老的药
物。这一传说致使渴望万寿无疆的历代帝王竭力寻找蓬莱仙境。秦始皇
是较早以实际行动探寻仙山的帝王，他曾派遣徐福率领五百童男童女东
渡寻找蓬莱仙境，并"引渭水为池，筑为蓬、瀛"营造仙境。其后的帝
王如汉武帝延续了这一活动。刘彻扩建上林苑，地跨五县，周围三百

里，建章宫是其中最大宫城，"其北治大池，渐台高二十余丈，名曰太液池，中有蓬莱、方丈、瀛洲、壶梁，像海中神山、龟鱼之属"。这种"一池三山"的形式，为中国园林山水体系的确定奠定了基础。山体与水体之间的关系由过去长期的一水环一山、一池环一台的格式变成了辽阔水体环绕三座山体的格式，大大地丰富和发展了园林空间艺术，促进了园林艺术的发展，成为后世宫苑中池山修筑的范例。北海的"一池三山"正是仿照了传说的仙境中瑶池与蓬莱、瀛洲、方丈三座仙山的布局，琼华岛寓意蓬莱，团城（原在水中）模仿瀛洲，中海东岸的犀山台（原来亦在水中）象征方丈，太液池环绕琼华岛、团城、犀山台，绘制出一幅东海仙境图。尽管封建帝王兴建园林的初衷是为了让自己长生不老，但这些举措客观上为我们留下了神话般的人与神和谐的园林艺术。

3. 不同文化间的和谐相处令人折服。圆明园的建造吸收了中国传统文化的全部精髓，是中国传统文化的集大成者。圆明园把各种先进的文化理念和谐地反映出来，不仅儒家、道家、佛教观念的不同建筑分列其中，而且还把本土与外来文化融合在一起，使之共处与互补。

儒家倡导君王施仁政，仁政必先做到勤政。位于圆明园南部东路的勤政亲贤（包括勤政殿、怀清芬、芳碧丛等）这一组建筑就是标榜君王勤政的。儒学提倡忠孝节义，长春仙馆是皇帝为太后建的除了畅春园春晖堂外的第二寝宫，也在标榜着皇帝的孝道。儒学提倡尊师重教，园内不仅有皇子学习的场所，还供奉先师孔夫子。

再有，就是由以佛教与道教为主题的宗教建筑。在圆明园供奉着观音（慈云普护）、文殊菩萨、水月观音（方壶胜境）、南海洛迦（曲院风荷）、欢喜佛（慈云普护）、三世佛、弥勒佛、无量寿佛、释迦佛、旃檀佛、开花献佛（月地云居）、三宝佛（静莲斋）等等，所涉及的主要建筑群有后湖北岸的慈云普护，御园西北的月地云居（清净地），日天琳宇（佛楼），濂溪乐处南部的汇万总春之庙（花神庙），同乐园北侧的舍卫城（仿自古代印度憍萨罗国都城，俗称佛城），福海东北的方壶胜境。长春园有法慧寺与宝相寺、含经堂梵香楼，绮春园有延寿寺（竹林院）、

北京，有多少热点，就有多少故事

庄严法界、正觉寺等。此外独立于建筑群之外的单一庙宇也有许多。这些地方大多都有僧徒（或为太监充任）念经。再加上各处建筑内部的佛堂，一时间园内梵音袅袅，庙塔林立，整个圆明园就是一座名副其实的佛学博物馆。

道教以修身养性、长生不老的玄妙观念迎合了皇帝的需要，受到历代统治者的推崇。雍正皇帝曾在圆明园内设置道场，炼造仙丹，以求长生。圆明园中日天琳宇（佛楼）西前楼处供奉玉皇大帝，在福海南岸的广育宫供奉碧霞元君。圆明园最为主要的景观是福海中心的蓬岛瑶台，是皇家园林建筑的代表之作。

儒、释、道三家文化虽然各有差异，但是在圆明园中大量反映儒、释、道三家主题的不同建筑却和谐共存，充实着圆明园的文化内涵，提高了这座皇家园林的艺术品位。

此外，在圆明园的长春园建有一组园林化的欧洲式宫苑——"西洋楼"，包括 6 幢洋楼、3 组大型喷泉和若干园林小品。建筑用料大多是精雕细刻的石材，主要景区装置了机关喷泉。园路铺饰、绿篱修剪，以及围墙、石雕、铜像等都具有西方特色，但楼顶却盖上了中国特有的琉璃瓦，墙壁上镶嵌着琉璃砖，同时采用了中国传统的叠石技术和砖雕工艺。这在当时，可算是世界上唯一的一处兼有东西方风格的园林建筑群。

4. 人与社会环境的和谐是历史名园的精华。北京名园的一个重要特征，是为体现统治者的夙愿与需求做足了功课，使我们在惊叹的同时，体会到这里的精神需求和智慧。同时，北京的皇家园林又集中代表了各种文化，使之和谐共处，融于一体。

北海一个突出的特点，就是为人与社会环境的和谐所做出的贡献。清顺治八年（1651 年），建造了高 35.9 米的藏式白塔，其建筑风格源自尼泊尔，由西藏传到北京，佛塔下面建有喇嘛寺庙。它与北海原来的蓬莱仙岛神话景观，属于截然不同的建筑风格，但是白塔的建造非但没有破坏北海原有的整体格局，反而与北海原有的建筑一起创造了一种和谐、

□ 北海白塔

完美的整体美感。这也是不同文化之间相互交流、融合达成的效果，如果没有异域文化间的交流，是不可能创造出这种特殊的效果来的。

另外，清王朝将喇嘛教建筑放在一个如此显赫的位置上，足以反映当时统治者对基本国情的清醒认识，足以反映文化包容对于东方大国维系与发展的意义。清定鼎中原以后，若要以自己的几十万人口来统治一个疆域如此辽阔、文化如此厚重的汉民族，依靠强弓硬弩是根本做不到的，而利用文化来维持统治是最佳的选择。清代统治者对北海的改造就是这种统治思想的集中体现。

清军入关以后，与历朝统治者所不同的是对前朝的宫殿、陵墓不仅没有改朝换代的毁坏，而且将其皇宫完整地保留继承下来为己所用。北海也就成为清皇宫的御苑，明朝留下来的亭、台、楼、阁都完整地保留下来，而且还修建了大批汉民族的江南式建筑。这不单是乾隆皇帝因喜欢江南式园林建筑而建造的，它实际上是清对汉民族文化的接受和利用，以实现缓和满汉民族矛盾、最终统治汉民族的目的。再者，清朝对北海建筑进行改造，在原广寒殿旧址上建造起藏式佛教建筑——白塔和喇嘛教寺院，显示了对喇嘛教的崇信和对崇信喇嘛教的藏、蒙等少数民族的尊重和笼络，从这个意义上说，白塔及相关喇嘛教建筑的建造，是清王朝一举数得的举措。从这一角度来看，清代统治者对北海建筑的改造体现了人与社会环境和谐的理念。

颐和园作为世界文化遗产名录中东方园林的代表，全园建筑多仿中原名景，建筑形式一律是北方的样式，色彩浓烈、沉稳庄重。同时还有具江南水乡风韵的苏州街，以及反映高原风貌的四大部洲。身处颐和园中不仅可以领略道教理念的返璞归真、自然无为，而且还可以领略儒家积极进取的精神世界。构筑于万寿山顶处的一组组宗教建筑，又显示了祈求佛陀庇护的祝愿。在造园艺术上，昆明湖上也设置了"三山"，即龙王庙、治镜阁、藻鉴堂三个小岛，以象征蓬莱、方丈、瀛洲三座仙山神岛。它还采用借景的方法把园外的自然景色都收入到景观之内，从万寿山上看，近处一汪碧水，远处万顷良田，再远处玉泉山宝塔与湖光山色交相辉映。

上述历史名园的景致所体现的中国传统文化中的和谐理念，是任何一个国家和民族都难以企及的，也正因如此，以颐和园为代表的北京历史名园在世界文化遗产名录中被视为东方园林的典范。

二、北京名园体现了对大自然、对祖先的敬畏

在北京的历史名园中，以天坛为代表的祭祀建筑占有极其重要的地位。北京的"九坛八庙"代表着国家最高政治，"国之大事，在祀与戎"，国家的祭祀活动甚至超过战争。九坛，即天坛、地坛、祈谷坛、朝日坛、夕月坛、太岁坛、先农坛、先蚕坛和社稷坛诸坛，这些都是明清帝后进行各种祭祀活动的地方；八庙系指太庙、奉先殿、传心殿、寿皇殿、雍和宫、堂子、文庙和历代帝王庙。

从它的发展演变来看，祭坛体现了历代统治者对大自然的敬畏。这种敬畏不能简单地把它说成是由科学的落后、蒙昧造成的，它所反映的是人们对"天人合一""师法自然"的美好期望。

就如今保留的这些祭祀性的名园来看，明永乐十八年（1420 年），在正阳门南侧建起天地坛，配有日月、星辰、云雨、风雷四从坛，当时是天地日月等一起祭祀的。到了嘉靖九年（1530 年），才对诸神分郊祭祀。在天地坛（今祈年殿，又名祈谷坛）的南端建起圜丘坛（天坛），又有祭天台之称，于每年冬至日供皇帝祭天之用；方泽坛（地坛）建在安定门外，是明清皇帝每年夏至日祭祀土地神的场所；在朝阳门外建有朝日坛（日坛），用于春分日祭日；阜成门外所建夕月坛（月坛），为秋分日祭月。这些都是封建帝王代表国家对大自然进行祭祀的地方，所传递的信息是皇帝对大自然的敬畏。

这些祭坛中，规格最高的当属天坛。祈年殿是天坛主要建筑群落的中心建筑，整个建筑不用大梁长檩及铁钉，完全依靠柱、枋、桷、闩支撑和榫接起来，俗称无梁殿，是中国古典木结构建筑中的一大奇观。殿

内托起三层巨大屋顶重量的，是环列而立的 28 根大柱。中央四根鎏金缠枝莲花柱是"龙井柱"，象征一年四季；中层十二根朱红漆柱是"金柱"，象征一年 12 个月；外层十二根是"檐柱"，象征一日 12 个时辰。金柱檐柱相加成 24，象征一年 24 节气；金柱檐柱龙井柱相加成 28，象征天宇 28 星宿；龙井柱上端的藻井周围有八根铜柱环立，称"雷公柱"，如专司惩恶遏恶主正义之神的雷公高高在上，金柱檐柱龙井柱雷公柱相加成 36，代表 36 天罡，象征天帝的"一统天下"。整个建筑以圆形表达，年月日时，循环往复，周而复始。这里构架出一幅浑然一体的宇宙时空观。在这样一个往复无限的大殿里祈谷，蕴意着天地自然、春生夏长秋收冬藏的律动，正是合于人类社会五谷丰登息息相关的律动，昭示着对大自然的认同与敬畏。

当然有些是不是皇帝本人真的敬畏，也难说，有些应该是让"子民"们看到后敬畏，是天之骄子对"天"的崇敬，也有的是象征性的意义，而具体到一些建筑形式上，会领略得更清晰。从天坛的声学现象来看，天坛具有良好声学特性的建筑物有三个：回音壁、三音石和圜丘。回音壁为一圆形围墙，高约 6 米，半径约 32.5 米。它具有良好的声音反射效果，两个人在靠近围墙相距比较远的两个地方小声说话时，对方还可以清楚

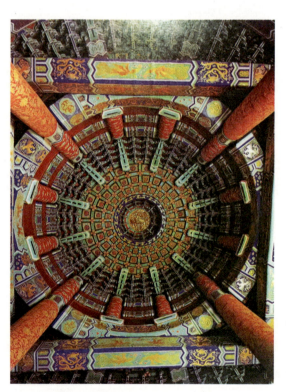

□ 祈年殿龙井柱和藻井

地听到，并不受围墙内皇穹宇的阻挡。皇穹宇的南面道路是由若干石块铺成，其中的第三块石头也具有奇妙的声学效应：在这里拍一下掌，可以听到三声回音，故而这第三块石头又叫"三音石"，其实在这里听到的回音不止三声，而是有五六声。圜丘半径为 11.5 米，最高层距地面约 5 米，除东南西北四个出入口外，四周都围有青石栏杆。当人站在圜丘中心石上发出声音，听到的声音要响得多，并且觉得听到的声音是从地下发出的。其原因是人听到反射声音的时间和发出声音时相差很短，反射声与自己发出的声音几乎重合，从而加强了自己发出的声音，故而人听到的声音比平时听到的声音大。这些现象都可以用现代科学来解释，但是，其当时所产生的效果却有更深层次的意义，即强调了对大自然的敬畏。这些声音似乎也在昭示世人：人间的窃窃私语，天上是听得清清楚楚的，也就是"人间私语，天闻若雷"，以警示人们不要说和

北京，有多少热点，就有多少故事

□ 皇穹宇

做违反天意的事情。通过这些声学建筑，寓示在浩浩苍穹、渺渺宇宙之中，与天和者，天亦与之相和，君子言行"之所以动天地也"。

中国的礼制思想还有一项重要内容，则是崇敬祖先。对历史的继承、对先祖的崇拜，其主要的核心内容首先是传承正统，其次是希望得到祖上的保佑。这在坛庙园林的建设和一系列的祭祀活动中反映得十分充分。八庙系列中的太庙、奉先殿、传心殿、寿皇殿、雍和宫、堂子、文庙和历代帝王庙的修建，大多是基于对祖先的崇敬。太庙建于明永乐十八年（1420 年），是明清两代封建帝王供奉祖先的场所，即皇帝的家庙。奉先殿在故宫内，殿内原安有神龛，以祭祀皇帝的先祖。传心殿，位于故宫文华殿东侧，原为供奉帝王、先师牌位的地方。寿皇殿在景山公园内北侧，是供奉清代帝后、祖先神像之处，同时也是帝后死后入葬前的停灵之所。雍和宫，原为清雍正皇帝胤禛即位前的府邸，乾隆皇帝出生于此，后改为喇嘛教的庙宇。文庙，又称孔庙，在雍和宫西侧的国子监街内（成贤街），建于元大德十年（1306 年），是元明清三代祭祀孔夫子的地方。历代帝王庙，坐落于阜成门内大街，明嘉靖十年（1531 年）兴建，主要祭祀我国历代的 164 位皇帝和

□ 国子监辟雍

□ 历代帝王庙的牌楼，现移建在首都博物馆大厅

79 位名臣。以太庙为例，明清两代，每逢新皇帝登极，或有亲政、大婚、上尊号与徽号、万寿、册立、凯旋、献俘、奉安梓宫，每年四孟及岁暮大祫等等，均需告祭太庙。历代帝王庙的价值更突显其特点，它始建于明代嘉靖九年（1530 年），是明清两代皇帝祭祀先祖的地方，其政治地位与太庙和孔庙相齐，合称为"明清北京三大皇家庙宇"。封建统治者自古以来就敬奉祖先，三皇一直被视为中国人的祖先，为历代帝王所景仰；而先代帝王，则是后代借鉴和效法的榜样，所以也要祭祀。最初，明朝开国皇帝朱元璋确定祭祀的帝王是 18 位，清朝顺治皇帝定都北京后定为 25 位。乾隆皇帝更是提出了"中华统绪，不绝如线"的观点，把庙中没有涉及的朝代，也选出皇帝入祀。乾隆几经调整，最后才将祭祀的

帝王确定为 188 位。从明嘉靖十一年（1532 年）至清末的 380 年间，在历代帝王庙共举行过 662 次祭祀大典。

三、北京名园体现了中国传统孝道观

百善孝为先，漫长的封建社会所推崇的君为臣纲、父为子纲、夫为妻纲即所谓的"三纲"，以及仁、义、礼、智、信这"五常"，其消极的作用不说，其积极的意义是十分明显的。比如它对塑造中华民族的民族性格起了积极作用，如注重气节、品德，自我节制、发奋立志，强调人的社会责任和历史使命等。其中很重要的一个特点是强调一个"孝"字，提倡孝道。在北京历史名园中，这点体现得尤为突出。

颐和园前身的清漪园万寿山因孝得名。清漪园的造园工程从清乾隆十五年（1750 年）开始，至乾隆二十九年（1764 年）全部竣工，历时 15 年。兴建园林的一个重要原因是乾隆皇帝为母祝寿。乾隆十六年（1751 年）适逢皇太后钮祜禄氏 60 整寿，一向标榜"以孝治天下"的弘历于乾隆十五年特选择瓮山圆静寺旧址兴建大型佛寺"大报恩延寿寺"为母祝寿，并将瓮山改称万寿山。与建设佛寺同时，万寿山南麓一带的厅、堂、亭、榭、廊、桥等园林建筑也相继破土动工。按照园林的要求，重新设计湖山，并将西湖更名为昆明湖。万寿山、昆明湖的名称，一直沿用至今。清漪园建成后，乾隆皇帝在位的 60 年，共到过清漪园 147 次，留下了 1500 余首吟咏清漪园的诗篇，其中不乏与孝道有关的诗句。乾隆十六年（1751 年）所作的《万寿山》诗，有序表明"岁辛未，喜值皇太后六旬初度大庆，敬祝南山之寿，兼资西竺之慈，因就瓮山建延寿寺而易今名，并志以诗"。诗曰："选胜廓精蓝，延禧资释昙。山名扬万寿，峰势压千岚。……载赓天保什，长愿祝如南。"

四、北京名园体现了"以耕织为本"的农耕社会特征

先农坛、先蚕坛以及天坛的祈谷坛都与我们这个东方古国的国情紧密相连，都在倡导着国家提倡的"以耕织为本"。中国在历史上一直是人口最多的国家，解决吃饭穿衣的问题，没有哪个朝代可以掉以轻心！设坛来昭示国之大政，是不难理解的，每年的祭先农，皇帝还要亲耕来昭示天下。正是由于国情所在和统治者的清醒认识，国家才能不断发展，中华民族才能不断地繁衍。在历史名园中，体现耕织为本的是位于北海公园的先蚕坛和颐和园重新恢复的耕织图景区，当然也包括先农坛。

北京先蚕坛曾经有多处。明嘉靖九年（1530 年）正月，在安定门外建坛。后礼部上言，皇后出郊亲蚕不便，嘉靖皇帝认为，惟农桑重务，欲于宫前建土谷坛，宫后为蚕坛，以时省观，于是在次年十月，筑先蚕坛于西苑。现所存先蚕坛建于清乾隆七年（1742 年），乾隆十三年（1748 年）、道光十七年（1837 年）及同治、宣统年间均有修缮。

先蚕坛位于北海公园东北隅，是后妃们亲蚕的地方，为祭祀蚕神之所。蚕坛为一碧瓦红墙大院，东北面为亲蚕台，西北面有桑园，正北为亲蚕门，门内即亲蚕殿。亲蚕殿广五楹，东西配殿各三楹。殿后为浴蚕池，池北为后殿。东面有一条用方条石砌成的小河，贯通南北，名洗蚕河。蚕坛东另有一座小院，内有先坛殿、打牲亭、井亭、神厨、蚕署等建筑。在浴蚕河东面还有一排房舍，共 27 间，是蚕妇工作的地方。蚕坛的主要殿宇全部为绿琉璃砖瓦，构造精美，色彩艳丽。先蚕坛建立之初，据内务府奏案，"……窃惟古制，天子亲耕以供粢盛，后亲蚕以供祭服。自昔亲蚕大典，原与亲耕之礼并重"[①]。

颐和园昆明湖畔的铜牛和耕织图及蚕桑庙，反映了男耕女织的传统

① 北海景山公园管理处编：《北海景山公园志》，中国林业出版社，2000 年，第 82 页。

农业社会的劳作模式。耕织图是原清漪园中一处具有江南水乡耕织情调的景区，有蚕神庙、织染局。织染局内前为织局，后为络丝局，北为染局，西为蚕户房。织染局是专门负责宫廷所用丝织布匹的生产机构。为了使耕织图的内容与景观名实相符，乾隆皇帝命隶属于圆明园的13家蚕户迁移到织染局内，并在其四周种植了大量的桑树。织染局总共安设织机16架，安置织匠、染匠等役人116名。耕织图取代织染局后，成为一所名副其实的织染作坊，除按例向宫内上缴一定数量的丝织品外，清宫还规定，织染局负责每年清明节在水村居、九月在蚕神庙祭祀蚕神。乾隆三十四年（1769年），皇帝命人将元朝画家程棨所绘的耕作图21幅、蚕织图24幅，用双钩法印刻上石，每图长53厘米，高34厘米，加上乾隆皇帝御题识跋共48幅，镶嵌于耕织图景区内玉河斋左右游廊的墙壁上。

其实最能体现皇帝以耕织为本的，是他所举行的祭祀先农和社稷

□ 观耕台（原载《旧都文物略》）

的活动。祭祀先农和亲耕的传统，可以追溯到周朝，明清两代成为国家重要的祭祀典礼。每年仲春亥日，皇帝率百官到先农坛祭祀先农神并亲耕（称为藉田礼）。在先农神坛祭拜过先农神后，到俱服殿更换亲耕礼服，随后到亲耕田举行亲耕礼。亲耕礼毕后，在观耕台观看王公大臣耕作。

北京历史名园的特点还体现了中国封建社会的统治思想，反映了中国封建社会的统治智慧，这些无论是从造园思想还是造园工艺都可以领略到，都值得大书特书。北京历史名园文化含量丰富、文化品位高，其蕴含的独特的东方文化神韵，不仅展示着中国古代历史名园卓越的造园艺术与成就，同时又是某些特定的政治和宗教活动场所，映射着一个个朝代的历史轨迹。

历史名园具有深厚的历史文化积淀，具有直观形象性、历史真实性和不可再生性等基本特征，具有历史价值、科学价值、文化价值和艺术

二 北京，有多少热点，就有多少故事

□《皇帝亲耕图》（纪清远绘）

价值，这些都为我们如何保护和利用好它们提出了更高的要求。北京历史名园的灵魂是博大精深的中国历史文化，挖掘和弘扬历史名园自身特有的历史文化内涵，其实就是弘扬中国文化的精髓。

对"三山五园"修缮保护的思考

"三山五园"在北京历史上具有不可替代的地位和影响，不仅因为它是"东方园林的经典"，更重要的是它成为北京历史乃至中国历史的缩影，围绕它演绎了无数的历史事件，这些事件影响着中国历史特别是中国近代史的走向。研究"三山五园"与保护它同样重要，有的园林失而复建与保留目前的现状同样重要，这主要是从其现有的价值而言，没有掺杂其他潜在的因素。

一、"三山五园"修缮保护的基础

1. "三山五园"的形成经历了一段历史过程

从文字的记载来看，北京的西山风景秀丽，自然生态适于休闲，自辽、金以来，行宫别苑多有建设。金在这里修建了号称"八大水院"的离宫。清乾隆帝在乾隆十五年（1750年）御制诗《题耶律楚材墓》序中有"墓在瓮山好山园之东，昔年营园时，以其逼近园门"句[1]。颐和园的前身有好山园、明朝时李伟所建的清华园和米万钟的勺园。清朝入关后，康熙开始经营西山园林，开启了在西山大规模建园的序幕。康熙十九年（1680年）将玉泉山南麓改为行宫，在香山寺旁建行宫。康熙二十三年（1684年），在清华园废址上修建畅春园，使之成为北京西郊

---

① 此诗镌刻于耶律楚材墓前的石碑之上。

□ 清《圆明园四十景图》之武陵春色

第一处常年居住的离宫。雍正三年（1725年），将圆明园升为离宫，开始大规模扩建，将其面积由300亩扩大至约3000亩，并命名了"圆明园二十八景"。乾隆帝即位后，开始了大规模的园林兴建。同年在香山修建静宜园，建成二十八景。乾隆十四年（1749年），为向其母祝寿，在瓮山（后改名万寿山）兴建清漪园，历时十五年建成。同一时期对太后居住的畅春园进行大修，在其西部增建西花园。乾隆十五年（1750年）扩建玉泉山静明园（康熙三十一年即1692年由澄心园改名），将玉泉山全部圈占，并修建了静明园十六景。到乾隆三十四年（1769年），"三山五园"工程基本完成。与此同时，还大规模整治了西山水系，形成了别具特色的山水相间的山水园，以山为主的山地园，以水为主的水乡园。仁者乐山，智者乐水，融山水一色，自然与人文交相辉映的西郊风景名胜完整地体现出来，基本汇集了传统园林的各类创作及各种园林构思。

2. 经过劫掠和焚毁的"三山五园"已面目全非

北京的西郊园林，主要是"三山五园"，1860年经英法联军的疯狂劫掠和野蛮破坏，已经面目全非，尽管有些园林经历了复建，但是，此园已非彼园。

□ 清《圆明园四十景图》之长春仙馆

以主要园林为例。清漪园经过 1860 年英法联军的劫掠，园内的大报恩延寿寺（今颐和园排云殿一带）、田字殿五百罗汉堂、惠山园内八景建筑群及后山苏州河两岸市井式建筑皆被焚毁。劫后尚存的建筑，前山仅有勤政殿、乐寿堂等 25 处建筑群，后山有绘芳堂、清可轩等 14 座建筑。昆明湖仅有广润祠、畅观堂等 9 座建筑尚存，但均残破不堪。静明园有大小 30 余处建筑群被焚毁。静宜园内有 80 景、宗镜大昭之庙等 80 余座建筑群全被烧光，仅存残破的正凝堂和位于山腰隐于林中未被发现的梯云山馆。古刹香山寺一带的古松柏至今仍留有燃烧过的痕迹。英法侵略军在北京城郊抢劫、焚烧、骚扰近 50 天，西郊的五座皇家园林遭受了毁灭性的灾难。至于五园中被抢走的文物财宝数量之大，已无法统计，仅三山御园有史可查，损失陈设之物的粗略数字为 124568 件。收藏在圆明园内的《四库全书》也随同文源阁建筑一起化为一堆灰烬。[1]

到咸丰十一年（1861 年），古典园林面积减少到 200 平方千米，比例为 3.02%，濒临消失；林地面积有所增加，水系则基本保全，劫难后山水地形和林泉植被的基本面貌变化不大；农田比例为 15.05%，反映了村落规模扩张和人类活动增多；建筑比例为 5.35%，与许多村落、衙署遭到焚毁有关，集贤院、成府村、海淀镇等皆遭战火破坏。主要景观类型的面积差异逐渐显现，反映了"三山五园"地区古典园林逐渐衰败、衙署村落规模有所缩减、政治功能转移、田野风光凸现的图景。[2]

二、清同治、光绪年间的修复

1860 年以后，没过多久就开始对"三山五园"进行修复和复建。主要采用的是三种形式。

---

[1] 徐德权、袁长平：《帝国主义对北京皇家园林的劫掠》，《北京党史研究》1995 年第 1 期。

[2] 刘剑、胡立辉、李树华：《北京"三山五园"地区景观历史性变迁分析》，《中国园林》2011 年第 2 期。

其一是保持原有布局，有所取舍，更具特色。主要是以清漪园改建为颐和园为代表。光绪十二年（1886 年）至二十一年（1895 年），掌握清朝实际政权的慈禧挪用大量海军经费和其他款项，在清漪园的废墟上按原规模重建，并更园名为颐和园。颐和园沿用了清漪园的山水、建筑和植物规划，再现了清漪园的景观风貌。根据至今保留相当完整的清代《颐和园工程清单》分析，颐和园忠实地复建了清漪园最主要和最精彩的部分，在局部使用功能上，做了较大改动。佛香阁下的大报恩延寿寺改建为排云殿，使用功能的改变没有影响建筑外形的形态与布局，万寿山上建筑群所形成的轮廓仍然层次清晰、蔚为壮观。无论是从佛香阁顶层俯瞰，还是从湖边的云辉玉宇牌楼下仰视，都能感受到建筑群宏伟气势所生发的艺术感染力。另外，为满足宫廷观戏的需要，在东宫门内仁寿殿（原勤政殿）北侧的怡春堂遗址兴建了高 21 米、三层的德和园大戏楼。

重建后的颐和园，建筑格局的分布呈现：北实南虚、东实西虚。颐和园的修建不但忠实于清漪园的原有规划布局，而且在充分理解原有规划设计思想方面更具特色，全园的整体布局错落有致，虚实结合，特点鲜明。

其二是原样复建，几乎照搬原来的建筑形式，原样保留原有的建筑群和建筑格局。典型的是静明园。同治和光绪年间，集中进行了 2 次涉及静明园的重修工程。首先关系到清廷用水的玉泉山水系于同治六年（1867 年）进行了大规模水利建设工程，从北京西郊到城内西苑的水道进行了疏通建设，

□ 颐和园德和楼

其中包括了对静明园内水道、龙王庙和寝宫的重修和修缮，使其基本功能得到了恢复。据杨菁、王其亨研究认为[①]，主要的7组建筑得到了修复：①云外钟声和香云法雨均位于玉泉山的南坡上，是除了玉泉山上定光和妙高二塔外最能突出玉泉山形象的建筑群。它们连同附近的3座山洞——资生洞、伏魔洞和水月洞，成为静明园重修的第一批工程。云外钟声和香云法雨的重修基本依照乾隆时期的格局。②华滋馆是静明园寝宫所在地，劫掠破坏不大，光绪十七年（1891年）主要是对华滋馆建筑地面、室内、屋面的修缮，以及对周围宇墙、船坞、桥梁、道路的整修。清音斋是静明园中最早的一组建筑，康熙时始建，是清帝从连接清漪园和静明园的玉河坐船进园后小憩之处。光绪十九年至二十年（1893年—1894年）之间，对清音斋及其与华滋馆之间的道路进行修整。③真武庙位于玉泉湖南坡上，东西向正殿一座三楹，额为"辰居资佑"，左右配殿均三楹，殿前有幡杆2根，于光绪十九年（1893年）重修，庙东的龙王庙南码头也得到了重修。④山顶上的峡雪琴音也得到了全面的重修。⑤除了对建筑群的重修和修缮外，对静明园的桥梁、船只、宇墙的修缮也是这次重修的内容。南部的垂虹桥于光绪十九年修缮；竹制仙舫一艘重新油饰；云外钟声到清音斋、水月洞至坚固林的宇墙也进行了重砌。

总之，一是与清帝临幸玉泉山关系密切的组群——龙王庙、华滋馆、清音斋、裂帛湖光4处得到了修复。其中玉泉山关系到北京城市供水，其上的龙王庙是清帝郊外求雨的重要场所，也是玉泉泉水的精神象征，因此同治年间它成为静明园最早重修项目之一；华滋馆是静明园皇帝寝宫，其建筑保存相对完好，并在同治年间完成修缮；清音斋和裂帛湖光靠近清帝临幸的主要出入口小东门，光绪年间随着颐和园的重修，静明园和颐和园的关系更加紧密，因此对主要入口处的组群进行修缮和重修

---

① 杨菁、王其亨：《解读光绪重修静明园工程——基于样式雷图档和历史照片的研究》，《中国园林》2012年11期。

是十分实际的考虑。

二是和水道关系密切的组群——垂虹桥和写琴廊得到了修复：垂虹桥是沟通静明园南北水道的重要交通节点；写琴廊则是玉泉山水向东进入玉河前的水闸，直接关系到对颐和园及北京城的供水。

三是重要的景观建筑得到了修复，它们是山脊上的三座宝塔、云外钟声、香云法雨、峡雪琴音、城关和东岳庙。城关和东岳庙是西麓的视觉焦点；玉峰塔影、云外钟声、香云法雨和峡雪琴音构成东南部主要景观轮廓线。

玉泉山静明园的景观得以完整地保存下来。

其三是无法整体复建，只能恢复重点建筑。主要是以圆明园为代表。同治十二年（1873 年），时值慈禧 40 岁整寿，遂以奉养两宫太后为借口，由穆宗特谕择要兴修圆明园。同年十月初五日，恭亲王筹备纹银二万两，为捐助圆明园工程之用，随即着手起运各处渣土。十二月十六日，安佑宫、正大光明殿、奉三无私中路、慎德堂、清夏堂、天

□ 玉泉山（20 世纪老图片，原载《旧都文物略》）

地一家春等处共 27 座殿宇择吉日安供正梁。同治十三年（1874 年）正月十四日，按去岁呈准烫样各处应修殿宇房间约 3000 间。随后，行文两广、两湖、川、闽、浙等省，采办大件楠、柏、黄松等木料各 3000 件。以后在一个月内修齐双鹤斋殿宇、游廊并拟修同乐园、恒春堂等戏台。圆明园兴工期间，穆宗五次至圆明园阅视工程。圆明三园经粘修、揭瓦、补盖、添修基本成型之殿宇，约 100 座 600 间。计有圆明园大宫门、出入贤良门、东西内朝房、转角朝房、勤政殿、圆明园殿、同顺堂、七间殿、春雨轩、涧壑余清、万方安和十字亭、安佑宫宫门、东西朝房、紫碧山房、乐在人和、慎修思永、知过堂、课农轩、藏舟坞、双鹤斋、廓然大公、福园门门罩、西南门门楼；长春园海岳开襟、林渊锦镜；万春园大宫门、东门朝房、二宫门、内宫门、蔚藻堂、两卷殿、八角亭、清夏堂宫门、值房、茶膳房、西爽村门门楼值房等。同治十三年（1874 年）九月终因经费无法筹集而降旨停工。光绪四年（1878 年）至光绪二十四年（1898 年）间，内务府奉懿旨对圆明园内九州清晏、奉三无私、福寿仁恩殿及长春园内殿宇不断进行粘补修理。光绪二十二年（1896 年）二月二十六日奉懿旨，九州清晏、奉三无私、福寿仁恩殿、七间殿河泡东侧改关防院，将天地一家春与承恩堂互易其位，在天地一家春东院改建后照房、腰房、南房各五间，宫门一座。同年，慈禧五次、德宗四次至圆明园阅视慎德堂、安佑宫、紫碧山房、春雨轩、双鹤斋、黄花阵、狮子林等处。光绪二十六年（1900 年）八国联军入侵北京后，经同治、光绪两朝修复的少数建筑，也荡然无存。至宣统末年，圆明园已麦陇相望，如同田野。①

其四是遭劫掠后难以恢复，只能任其荒废。主要以香山静宜园和畅春园为代表。英法联军于咸丰十年（1860 年）八月二十四日（10 月 8 日）洗劫了香山静宜园，园内的文物、珍宝被掠夺一空。九月六日（10

① 北京市地方志编委会编：《北京志·市政卷·园林绿化志》第一篇《园林》，北京出版社，2000 年，第 74 页。

月 19 日）又放火焚烧香山静宜园，园内建筑几乎全被焚毁，仅存残破的正凝堂和位于山腰隐于林中未被侵略军发现的梯云山馆。光绪二十六年（1900 年）香山静宜园又一次遭到八国联军的洗劫。清代末年，香山静宜园已是遍山瓦砾，破败不堪。

道光年间，道光帝开始将恭慈皇太后（孝和睿皇后）接往圆明园绮春园居住，皇家将重点放在了圆明园，畅春园因而遭到了冷落，这也是财力、物力捉襟见肘的结果。咸丰十年（1860 年），英法联军攻入北京焚烧圆明园时将其一并烧毁。此后，畅春园内残存建筑被拆用于圆明园复建工程。光绪二十六年（1900 年）八国联军进犯北京时，畅春园再次遭到附近居民及八旗驻军的洗劫，园内树木山石均被私分殆尽。至民国时期，畅春园遗址已成荒野，仅有恩佑寺及恩慕寺两座琉璃山门残存。

三、新中国的修复

北京和平解放以后，百废待兴，人民政府在不太长的时间内，就开始关注人民公园的建设，其后主要经历了四个阶段。

第一个阶段是北京解放以后，对残破的园林进行临时管理，主要任务是政府接收，将残破的、荒废的园林设置机构管理起来。颐和园于1949 年 4 月成立了管理处，是这些园林中最先开始运行的，接着是香山公园，最后是圆明园。

第二阶段是 20 世纪 50 年代中叶以后，开始进入人民公园阶段。政府用有限的财力开始进行公园的运转，对残破尚存的建筑进行小修小补，更多的资金投入需要依赖于大环境背景，在"三个服务"[①] 的前提下，强调的是公园的建设突出绿化的要求和生产的要求，大量种树，并开始在公园种植果树，使原有的山水园林的肌理受到了一定的破坏。而值得一说的是，玉泉山及静明园由于其特殊的功用，相对破坏较少。

---

① 即为中央服务，为生产服务，为人民服务。

第三阶段是十年浩劫的"文化大革命"时期，在"革命"的旗帜下，经历了 1860 年和 1900 年两次洗劫得以保存的建筑，又被无情地劫掠一次，颐和园的古建彩画被涂盖，装修被毁，佛像被拆毁，并大量进行"红化工程"，文物遭到很大破坏。

第四阶段是中共十一届三中全会以后，特别是 20 世纪 80 年代以后，开始对西山园林进行逐步扩大修复和复建，以恢复这座古典皇家园林的本来面貌。进入 21 世纪后，特别是 2008 年在北京举办奥运会的大环境下，迎来了古建修复的高潮。当然，也应该看到在急功近利的心态驱使下，有些人打着修复的旗号，对历史名园带来新的破坏。

"三山五园"的恢复有以下这些特点。

一是重点景观得到恢复。颐和园先后复建了畅观堂、澹宁堂等重点建筑和苏州街、耕织图等重点景区。苏州街位于颐和园后山，在 1983 年开始酝酿复建，直到 1986 年经过专家学者充分论证之后，由清华大学设计，工程分为三期进行，经过四年的建设于 1990 年 9 月 16 日（英法联军火烧清漪园 130 周年之际）竣工。耕织图景区始建于清王朝鼎盛的乾隆时期，当时乾隆皇帝特意将宫廷内务府织染局迁到园内，以体现中国传统"男耕女织"的意境。1860 年，遭到英法联军毁灭性的破坏，景区内建筑无存，只留下一块乾隆皇帝御笔亲题的"耕织图"石碑。1886 年，慈禧以恢复昆明湖水操的名义，动用当时的海军经费，在耕织图景区的废墟上兴建了水操学堂，

□ "耕织图"石碑

使此处成为专门培养海军人才的高等学府。1998 年底，开始对颐和园耕织图景区进行修复。修复后的耕织图景区占地面积 25 公顷，核心景区 4 公顷，水面 8 公顷。它包括两个不同时期的历史建筑，一部分是体现乾隆盛世时期耕织文化的园林式建筑，包括延赏斋、蚕神庙、耕织图石刻长廊等，一部分则是复原后的水师学堂。

二是渐进式整体恢复。以香山静宜园为代表。以当年静宜园的建筑为目标，逐步推进，在不知不觉中开始展现当年的胜景。1956 年 2 月 27 日和 29 日，市人民委员会两次召开会议决定，由各驻园单位与市园林局、西山风景区管理处、派出所各出一名代表组成"香山开放筹备委员会"。经过整修，香山公园于 1957 年 5 月 1 日正式对外开放。1958 年 5 月 9 日香山管理处成立，当年修建了栖月山庄、眼镜湖，扩大修缮双清、森玉笏、香山北宫门，修缮香山大墙。1960 年对昭庙 50 间房屋进行挑顶翻修。1965 年香山管理处投资整修了碧云寺至香山的水系、香山公园内双清的水道和昭庙的琉璃塔。20 世纪 70 年代，整修了东

147

北京，有多少热点，就有多少故事

□ 香山静宜园琉璃塔

宫门、多云亭、阆风亭、松林别墅、香山寺遗址、双清别墅、芙蓉馆、勤政殿遗址、雨香馆、玉华三院、半山亭、白松亭、见心斋、昭庙台阶、梯云山馆、栖月山庄。改革开放以后，先后整修了香山寺遗址、昭庙、枫林村、兄弟楼等处房屋。2002年7月开始进行香山勤政殿复建。勤政殿为静宜园二十八景之首，是具有皇家园林特色的标志性建筑，曾是乾隆皇帝来园驻跸临时处理政务、接见王公大臣之所，取意勤政务本、勤于思政。其景区由正殿、南北配殿、朝房、假山、月河、牌楼等组成。2003年7月竣工并正式对游人开放。建筑面积1000多平方米，景区占地面积8000平方米，成为新中国成立以来修复等级最高、单体建筑最大的一组宫殿型建筑。

□ 修复后的香山寺

从2008年开始，昭庙修复工程分为三期实施。一期是清理周边的遗迹，拆除民国等各个时期在昭庙上建起的建筑物。二期是修缮琉璃塔、琉璃牌楼、月河、红白台裙房和清净法智殿。三期是修复红台上的四智殿。2010年5月开始动工。2012年9月，昭庙修缮（一、二期）工程完工，向游客开放庙前、白台等部分景区。

2012年香山永安寺（也称香山寺）修复工程正式启动。主要建设内容包括：一是在寺庙院落原址修复建构筑物，包括文物建筑22座，建筑面积3021平方米，台阶、甬道、院墙、假山、幡杆等文物构筑物占地面积6603平方米及挡土墙砌筑、跨沟小桥整治、渣土外运等历史环境恢复整治工程；二是进行岩土加固（含护坡墙修复）；三是进行配套道路、绿化、给排水、电力、消防、安防、市政管线等相关基础设施建设；四是恢复造像和陈设。香山寺修复工程于2014年底完工，修复后的香山寺再现鼎盛时期（清乾隆）宏伟、独特的历史原貌，同时，以香山寺为代表的静宜园乾隆二十八景修复工程也将陆续启动。

三是遗址原样保护，待有条件时加以恢复。主要围绕圆明园的保护而展开。1951年3月至4月间，市人民政府曾两次指令公园管理委员会，严肃查处砸运圆明园太湖石、墙石的事件，确保遗址的完整。1959年底，市规划部门将圆明园遗址划定为公园用地，规划范围约为423公顷，开始在公园内种植树木。到1961年秋季，圆明园遗址内已栽种各种树木72万株，绿化面积达到87公顷。20世纪60年代初，根据中央有关支援农业生产的指示精神，园林部门将圆明园遗址内征用后未绿化的200余亩旱地，暂借给当地生产队使用。以后，又将遗址内已征用并绿化的土地连同所植树木，全部交由当地生产队管理使用。1976年，圆明园管理处成立，连续组织人力在遗址内进行了植树绿化，种植了白皮松、油松和桧柏等大批常绿树。主要是做了绿化工作，绿化之余配合西洋楼遗址的清理和整理。1981年8月，市人大常委会部分委员在视察圆明园遗址后，提出了迅速采取措施、开辟圆明园遗址公园的建议。1983年7月，北京市成立了圆明园遗址公园筹建委员会。市规划院在1995年规划的基础上制定了新的圆明园遗址公园保护规划。规划原则以保护圆明园遗址地形地貌、河湖水系、绿化为主，古建恢复为辅，妥善处理园内景观风貌、遗址特色与园外环境的关系。

四、修复的得与失

综合"三山五园"的变迁，可以清楚地看到，清末和新中国成立以后，都对损毁的园林进行了一定程度的复建，其结果不尽相同，有些特点是值得重视的。

1. 所有的修复都鲜明地打上了主宰者的烙印。审视清末和新中国成立以后对"三山五园"的修复，可以明显地感觉到，不管是主宰复建的帝王，还是新生的人民政权的主管者，都是根据自己的好恶和对园林的理解，对园林的建设施展权力，或多或少带有主宰者的痕迹。封建帝王将园林直接赋予"御苑"的称谓，后人称之为皇家园林，基本是皇家独享，牢牢打上御用的烙印；而新中国成立以后对园林的修复，长期赋予它们人民公园的职责，更多地是在恢复原有面貌的基础上，体现其服务人民大众的特点。两者性质的不同在服务普通大众的设施上就体现出来，后者主要考虑的是是否适合群体的活动，并且开辟了大小不等的活动空间和服务设施。

2. 所有的修复都体现了当时时代的特点。清末对损毁园林的修复，是在国力衰败的基础上勉强而为，甚至不惜动用海军建设的军费来填补复建经费的不足，已经很难达到鼎盛时期对园林的认识和理解，也不可能达到原来的水平；新中国成立初期，也是百废待兴，不可能有财力和物力进行大规模的复建，再加上当时对古典园林的认识有一定的局限性，也不可能有大的作为；改革开放以后，随着国力的增强，加上对文化事业的重视、文化强国战略的提出，使皇家园林的保护和利用，特别是损毁园林的复建得以大有作为。

历史条件的不同，修复的结果也不同，除了经济实力的制约以外，对古典园林的认识水平也打上时代的烙印，技术手段和技术水平也直接制约和影响园林复建的结果。也许各方面的条件和能力达到了，但是，急功近利和浮躁的社会状态也会在复建中毁掉原本还残存的历史信息，这也是当今时代值得注意的现象。

3. 所有的修复都具有一定的目的性。清末的复建更多体现在封建帝王、帝后所追求的寄生性享受上，也通过复建原有的园林，来展示封建帝国的形象和地位。一方面满足养尊处优，一方面体现皇权的唯我独尊和至高无上的权力与地位，从某种意义而言，形象大于实际的作用。

北京，有多少热点，就有多少故事

新中国成立以后，特别是改革开放以后进行的大量的修复工程，一方面是进一步促进文化发展和繁荣的需要，另一方面也在继承和弘扬祖国的优秀传统文化。有些修复工程也体现了一定历史时期党的方针政策，如近几年对涉藏建筑的复建与修复，就是很好的例子。北京市的涉藏文物有100多处，这充分体现了作为统一的多民族的人民共和国首都——北京的地位和特点。北京加大了对涉及西藏和藏传佛教文物古建的修复工作，颐和园的四大部洲是一组藏式建筑喇嘛庙，得到了全面修复，同时复建了颐和园的须弥灵境，还修缮了香山的宗镜大昭之庙，仅用于这两组建筑的修缮与复建投入的资金就以亿计。

4.所有的修复都受到当时财力的限制。修复工程对于财力的依赖颇为明显，所有工程的建设和修复都彰显着当时的国力。清乾隆时期是中国封建社会发展的鼎盛时期之一，才得以建成"三山五园"。清末，慈禧垂帘听政时期也想将万园之园的圆明园进行复建，可捉襟见肘的财力就连建个清漪园的石舫也颇费周折。新中国成立以后，关于修复西郊园林的计划也不绝于档案记录，但是直到20世纪70年代以后，古典园林维修资金才被正式列入城市维护费，每年才有固定的资金来源，古典园林开始有计划地全面整修。进入21世纪，财力的投入达到前所未有的程度。仅从圆明园遗址的情况来看，从2004年起，在北京市政府的人文奥运文物抢险计划中，投入1000多万元用于圆明园遗址考古、遗址保护。到2005年为止，在保护文物专项经费上的投入将近4000万元，这在历史上是空前的。2006年底，颐和园佛香阁修缮工程总投资达5000万元，昔日灰暗的佛香阁经过清洗、贴金再现神韵。这一时期，不仅国家的财力雄厚，仅北京市2005年的地方财政收入增长就达1010919.2亿元，十几年来均呈现两位数的增长。

五、简单的结论

北京西郊园林的保护与修复，经历了不同历史时期、历史环境的考验，如何继承和弘扬好这些国人引以为傲的遗产，需要审慎对待。这些古迹不仅属于我们的祖先，不仅属于今人更属于未来，不仅属于中国，更是属于全人类的共同财富，因此在保护，特别是在修复中应有科学的态度和长远的眼光。

一是应以科学的态度对待祖先留下的文化遗产。过去一句老话"土木工程不可擅动"，祖先留给我们的遗产传递了多方面的信息，我们不应该因为财力充裕了就为所欲为，一切措施都应该建立在科学基础之上，复建需要科学技术，做决策也应该建立在科学之上，任何违背科学的态度和方法都必将带来难以弥补的损失。在浮躁的环境下，不会制造出精品；个人的长官意志、好大喜功，毁坏的不仅是历史，还有未来。

二是对待古典园林的修复应以求实的态度，扎实做好基础工作。"三山五园"所包含的内容，囊括了历史学、建筑学、数学、物理学、美学等多方面的学科成就，我们不可能完全掌握，但是，对其基本资料和基本情况要深入了解。没有扎实的调查研究，没有理论和资料的雄厚基础，对建筑的复建，甚至只是一般的修复都会使原本残存的美好丧失殆尽。

三是以敬畏之心面对一草一木、一砖一石。历史的遗产是不可再生的资源，是我们祖先智慧的体现，是文化的接力与传承，我们应怀着一种敬畏之心来对待，把园林的一切都视为整体的一部分，把一草一木甚至一砖一石都视为一种生命体的存在，不可有任何的忽视与不恭；其实，也正是这一草一木、一砖一石构成了中国古典园林的价值所在。

四是各美其美，发挥各自特色。有些园林已经纳入了复建的计划，有些也许保留目前的现状更能体现它的价值，有些是需要复建有代表性的建筑个体。其实从历史发展的角度来看，从世界各国对文物的保护来审视，应该允许各得其所，使我们的"三山五园"保持各自的特点，各美其美，也许这是不错的选择。

总之，我们引以为傲的"三山五园"、整个北京的古典园林、整个祖国的传统文化都是我们的精神家园，都要认真地保护好、建设好。

北京地区的运河概貌

　　早期运河多称"沟"或"渠"，汉代"漕渠"的名称出现，它特指汉武帝时在关中开凿的西起长安、东通黄河的运河工程。东汉时成书的《说文解字》解释"漕"为"水转谷也"，即通过水路转运粮食。以后具有漕运功能的人工河多被称为漕渠。到宋代"漕河"这个名称得到广泛使用，但同时"运河"一词开始出现，已然成为特有名词，专指称某段人工河，前面一般加地名指代。其实运河的界定历来不一，按人们约定俗成的提法，运河是人工开凿的通航河道。从广义上讲，运河是用以沟通地区或水域间水运的人工水道，以及经过人工渠化用于航运的天然水道。除航运外，运河还可用于灌溉、分洪、排涝、给水等。运河上的建筑物包括：克服水位落差的船闸和升船机等通航建筑物；用以解决运河水源的供水建筑物；担负防洪和排灌任务时的泄水建筑物和输水建筑物；船舶停靠的码头；通过河道和道路的桥梁；进出城市城墙的水关；与天然河道的交叉建筑物，如渡槽和隧道等。

　　1.北京地区运河的发掘与使用可以追溯到秦汉时期。秦建立统一的王朝，为大规模漕运提供了条件。秦始皇北征匈奴时，从山东黄、腄、琅邪出发，通过海运往北运粮草，然后利用北河转运。史载："(秦) 又使天下蜚刍挽粟，起于黄、腄、琅邪负海之郡，转输北河，率三十钟而致一石。"①

---

① (西汉) 司马迁：《史记》卷一百一十二《平津侯主父列传》。

明清以来的学者考证，"北河"即"白河"。^①据《后汉书》记载，建武十三年（37年），上谷郡（现北京市区域内）太守王霸，"数上书，言宜与匈奴结和亲，又陈委输可从温水漕，以省陆转输之劳，事皆施行"。^②这是有关北京地区漕运的清晰记载。

东汉末年，曹操为了消灭占据辽东地区的乌丸（乌桓）政权，于建安十一年（206年）开凿了平虏渠和泉州渠，"凿渠，自呼沱（即今滹沱河）入泒水（今河北的大沙河），名平虏渠，又从沟河口凿入潞河（今潮白河下游之北运河，古称笥沟），名泉州渠，以通海"。^③从而使军粮可以从南向北用船运送，这是有记载的北京地区第一条真正意义上的人工运河。

2. 隋唐运河的北端。隋朝建立后，隋炀帝时期，为了防卫北方疆土，发动辽东战役而开通了永济渠，使渭水、洛水、黄河、汴水、淮河、长江诸水系相连贯通，北达涿郡（治蓟城，今北京地区）。这条运河最北端大体上利用桑干河（永定河）一支，由今天津西至信安镇，转西北经永清县城西、安次县（唐代县在今旧州镇），更北利用一段桑干河北支（又称清泉河），至蓟城东南。它利用洗马沟水（即今莲花河，发源于蓟城西的大湖，今莲花池前身）连接蓟城西大湖的水，漕船应该可以到达蓟城南门。^④《水经注》记载：（洗马沟）"水上承蓟城西之大湖，湖有二源，水俱出县西北平地导泉。流结西湖，湖东西二里，南北三里，盖燕之旧池也。……湖水东流为洗马沟，侧城南门东注，昔钧期奋戟处也。"^⑤

3. 辽金时期的运河工程。辽南京时期，曾利用永定河故道疏浚、开挖了一条"萧太后运粮河"通向南京（今北京城）。现萧太后河起始于

① 杨家毅：《浅析大运河（北京段）文化带的内涵》，《北京联合大学学报（人文社会科学版）》，2017年10月。
② （南朝·宋）范晔：《后汉书》卷二十《王霸传》，中华书局，1997年。
③ （西晋）陈寿《三国志》卷一《魏书·武帝纪》，中华书局，1997年。
④ 蔡蕃：《历史上京杭运河进入北京的路线》，《2013年中国水利学会水利史研究会学术年会暨中国大运河水利遗产》，2013年11月。
⑤ （北魏）郦道元：《水经注》卷十三下。

北京城的东南护城河，从小武基往东南方向流淌，穿过翠城小区，穿过王村路、康华路，从东南五环的化工桥开始，河道逐渐变宽，最终在通州张家湾汇入凉水河。至于是不是始于辽代，由于文献缺失，相关记载很少，不过，从清代的《（光绪）顺天府志》我们可以寻觅到一些记载："饮马河在通州城南，与牧羊台近，或曰即萧后运粮河，久枯，惟地注，河形犹存，夏则积潦成流。按窝头河即萧太后运粮河也，然则，饮羊河亦即窝头河故道。"虽然相关记载不多，但它无疑是直接连通北京城和南北大运河工程的壮举。[1]

金修建运河最早的记载是大定四年（1164年），金世宗到密云狩猎，走到近郊，看见旧运河淤塞荒废，第二年（1165年）春天，命令进行疏浚，这就是金漕渠。它是由白莲潭北出口至通州的运河，可是因白莲潭水量不足及河道过陡，不久运河便淤塞不通。这是明确记载通州至北京运河的路线。

金世宗大定十二年（1172年），为使漕粮可直抵中都城，导引卢沟河（永定河）沟通中都漕运，开凿自金口（今石景山北麓）导至中都城北入壕，而东至通州之北，入潞水，这就是历史上有名的金口河。这条河自金口向东南至今玉渊潭，转南由今木樨地附近东南入金中都北护城河，再由此直达通州（因沿河建闸以节水流，故此段河道又名闸河）。但由于没能处理好卢沟河季节流量不均、泥沙含量过大和运河坡度过陡的问题，不能通航，不过可以灌溉农田。开通没多久，于大定二十七年（1187年）将金口堵塞弃用。

泰和五年（1205年）正月，金章宗到霸州，看见运河淤塞不通，于是令"尚书省发山东、河北、中都等地军夫六千人，改凿之"[2]，重新开凿一条新的运河，工程负责人是韩玉。文献记载，他在泰和年间建议开凿通州潞水漕渠，使漕船运至都城，因此官升两级。漕船运至都城，走

① 吴文涛：《运河在北京历史文化中的地位与作用》，张妙弟主编《北京学研究2011·北京线性文化遗产保护与传承》，同心出版社，2011年。
② （元）脱脱等：《金史·韩玉传》，中华书局，1975年。

的是通州至中都金口河下游的路线，由于增加了几座闸，又称之为闸河，正式名称是通济河。闸河的水源改引高粱河、白莲潭水后，又在五十里的河道建了五六座闸，终因水源不足，漕船经常受阻，也只用十来年，到金贞祐二年（1214 年）漕运即停止。

4. 元大都城市规模空前，运河相伴而生。元至元三年（1266 年）重新开凿金口河，引卢沟水（永定河）来运输西山木材和建筑石料，供建设大都使用。重开金口河在设计上有重大改进：在取水口前面增加了减水河，可以使洪水及时排泄回永定河，而不会淹京城。开通这条运河，既可从上游将西山的建材运到京师，又可以在下游补充运河水量，扩大京畿的漕运，起到一举两得的作用。新开金口河的路线基本是沿用金代的路线，河道出金口后，向东南经今北辛安南、古城北，转向东北经杨家庄南，又向东，经龚村南、田村南、老山北、梁公庵北；再东经铁家坟北、金沟河路、定慧寺南，东至今玉渊潭；再往东南经金中都北护城河，沿金代的闸河道，最后到达通州入白河。

元代在开凿通惠河以前，修建了双塔漕渠，从白河沿榆河（今温榆河）至北沙河上游（今双塔村），供应驻军的粮饷。

元中统三年（1262 年）八月，郭守敬第一次见忽必烈奏议："中都旧漕河东至通州，权以玉泉水引入行舟，岁可省僦车费六万缗。"[1] 玉泉水入中都漕河后，水源有了保证，促进了漕运发展。至元十六年（1279 年）开凿了金水河后，玉泉水大部分专供皇宫使用，入漕河水量减少，漕运受到影响，于是在河道筑拦河坝 7 座，改造成坝河，西起元大都光熙门，东至温榆河，分成梯级水面，分段行船，改行驳运。至元三十年（1293 年），通惠河竣工后，漕运大部分由通惠河承担，坝河还发挥着重要作用。大德三年（1299 年）罗璧疏浚坝河并展宽河道，使之与通惠河共同承担大都漕运。以后，京畿漕运司对坝河的"河堤浅涩低薄去处"[2] 全

157

北京，有多少热点，就有多少故事

---

① （明）宋濂：《元史·世祖本纪》卷五，中华书局，1975 年。
② （明）宋濂：《元史·河渠志》卷六四，中华书局，1975 年。

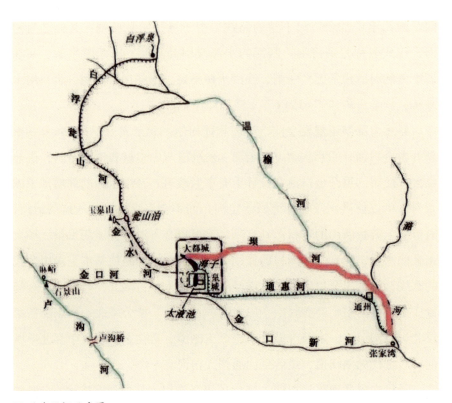

□ 元代运河示意图

部加以修理，漕运量增至110万石。元末，坝河水源锐减，河道淤积严重。至正九年（1349年）春，以军士、民夫各一万人进行疏浚。但这时坝河问题很多，到至正十二年（1352年）漕船无法至京师。以后虽偶有通航，但日益衰落。明、清建都北京，玉泉水难以济坝河漕运，坝河逐渐变成城区东北郊的一条排水河道，起自北护城河与东护城河相接处，经东坝、西三岔河入温榆河，全长27.8公里，流域面积148平方公里。

至元二十九年（1292年），都水监郭守敬主持开挖通惠河，当年八月开工，至元三十年（1293年）秋完工，元世祖将此河命名为"通惠河"。河自昌平白浮引水，西流折南，沿途接引王家山泉、昌平西虎眼泉、孟村一亩泉、西来马眼泉、侯家庄石河泉、灌石村南泉、榆河、汤泉、龙泉、冷水泉、玉泉等诸泉后入瓮山泊（今昆明湖）。在沿线水渠与河流（山溪）交叉处，修建了"笆口"12处，以解决引水与防洪的矛盾，经长河引水至大都城积水潭，再从积水潭东岸后门桥引出，经东不压桥、南河沿，过今正义路东南行，经船板胡同、今北京站，出东便门接闸河故道，至通州东南高丽庄李二寺入白河（今北运河）。由于北京地面坡降过陡，水流湍急，为"节（截）水行舟"，沿途上下每10里设闸一处，每处置上下两座闸，相距一里许。共建船闸11处24座，从上游至北运河口顺序是：广源闸2座（至元二十六年修，建通惠河前即有此闸）、西城闸2座、朝宗闸2座、澄清闸3座、文明闸2座、魏村闸2座、庆丰闸2座、平津闸3座、普济闸2座、通州闸2座、广利闸2座。竣工后，漕船可自通州直抵大都城内积水潭，从而实现京杭大运河全线

□ 白浮泉

贯通。积水潭，包括现今的什刹海、后海一带，成为大运河的终点。

通惠河初建，均为木闸，运行二十几年后木多朽坏，漏水严重，影响节水行舟。至大四年（1311年），开始将木闸陆续改建为砖石闸，泰定四年（1327年）基本改建完成。

□ 弘旿《都畿水利图》中的永通桥与运河

□ 庆丰闸遗址

5. 明清时期运河的兴废。明初，白浮引水工程湮废，通惠河只剩玉泉水汇入西湖（瓮山泊）水源，又因北京城垣的改建，御河（通惠河的一段）被圈入皇城内，致城内不复通航。正统三年（1438年）新建大通桥，修复通惠河，改由东便门外大通桥为起点，因此又称大通河。到嘉靖七年（1528年），吴仲重建通惠河，按照郭守敬的引水路线加以疏通，取得了成功。据《通惠河志》载："寻元人故迹，以凿以疏，导神仙、马眼二泉，决榆、沙二河之脉，汇一亩众泉而为七里泊（瓮山泊），东贯

□ 清代江萱绘《潞河督运图》（局部）

都城。由大通桥下直至通州高丽庄与白河通。凡一百六十里，为闸二十有四。"其下游将其河口自张家湾北移至通州城北门外，同时将大运河北端码头自张家湾北移至通州城东的土坝码头和石坝码头，由大运河运来的粮食在通州土坝码头或用驳船转运至通州入仓，或由石坝码头换载至通惠河，逐闸转运直至北京东便门外大通桥岸，漕船通过五闸二坝可达朝阳门、东直门。其后，又在大通桥北岸开支河，漕粮可以运至北京粮仓。通惠河复航后，给京城带来新的经济繁荣。

明代自通州经温榆河至昌平东南 20 里的巩华城（今沙河镇），可用漕运供应守卫十三陵的军夫粮饷。河道长约 145 余华里，商船可以直驶至巩华城外安济桥。蒋一葵所撰《长安客话》记载："沙河东注与潞河合。每雨集水泛，商队往往从潞河直抵安济桥下贸易，土人便之。"嘉靖四十三年（1564 年）刘焘任总督，"发卒疏通潮河川水，达于通州，转粟抵（密云）镇，大为便利，且省傭运费什七"[1]，岁漕粮十余万石。隆庆五年（1571 年）蓟辽总督刘应节和杨兆建议，疏通潮白二河、陵泉诸水（温榆河），六年七月运道畅通。

清代，修建通过温榆河入清河的会清河，建闸七座，运送八旗军粮饷至水磨沟。

随着"三山五园"的兴建，南长河成为帝后通往西郊各行宫、御苑乘舟游览的御用河道。南长河又名长河，为古高梁河的一段河道，是向城区输水和向皇家园林供水的渠道，一般认为至迟于金代开挖，元代加以扩建并完善，成为通惠河的引水河段。南长河起点为颐和园绣漪桥，终点为北护城河的三岔口，长 10.8 公里，中途汇金（水）河和紫竹院泉水。河道上有长春桥、麦钟桥、万寿寺码头、广源闸、白石桥（闸）、高梁闸桥等著名文物遗存。

为保持大通河（通惠河）航运畅通，康熙二十二年（1683 年）在玉泉建新闸，康熙二十五年（1686 年）引水至瓮山泊诸湖。康熙二十七年

---

① 《明世宗实录》卷五百三十八。

□ 高粱桥闸

（1688年）、康熙三十一年（1692年）两次疏淘积水潭，扩大容量。康熙三十五年（1696年）加固大通河（即通惠河）堤、闸坝，截断坝河水源，增大大通河水源。翌年，在庆丰闸以上增建"新建闸"，漕船溯航逐闸盘运至大通桥下，可续航转卸于安定门、德胜门外粮仓。此后，继续不遗余力，大加修护，使通州至京城几十里水运通畅，一直保持到清亡以后。

为了扩大上源来水的供给，乾隆三十八年（1773年），开香山引河（又称东南泄水河或南旱河），注沥水于玉渊潭，沿三里河入西护城河。同时，京城西山一带，有名泉30多眼。为汇集西山诸泉水入玉泉，以解决昆明湖扩挖后对水的需求，乾隆年间修建两条石槽（附引水石槽图），一条石槽从香山樱桃沟引水，引水石槽长约7公里，入四王府广润庙内方池，另一条石槽由碧云寺和双清别墅引水。碧云寺水泉有二，一在寺左水泉院，一在寺右。二泉合流入香山的见心斋，再南流经石槽东行汇入双清别墅泉水至广润庙内方池，然后通过土墙上大石槽再会合玉泉水。据《日下旧闻考》称，"皆凿石为槽以通水道，地势高则置

□ 香山引水石槽

槽于平地，覆以石瓦，地势下则于垣上置槽。"[1] 清末，八国联军入侵北京后，西山诸园被毁，石槽失于修治而渐毁废。

光绪二十七年（1901年），因现代海运和铁路兴起，京杭大运河停止漕运。此后这条河逐渐变为城区排水河道。

6. 运河的现状。北京地区大运河以清光绪二十七年（1901年）停漕为限，运河丧失了漕运功能，成为北京运河史上的重要节点。然而，在民国时期，尤其是新中国成立以后，运河发挥了新的功能，留下了新的遗产。在民国时期，北京地区大运河的主要功能是防洪，还承担了少部分的运输功能。民国政府为治理北运河也进行了不懈的努力，实施了北运河挽归故道工程。其重要的成果就是在1923年2月至1925年8月，在顺义县苏庄修建了苏庄闸。新中国成立以后，北运河的主要功能是在治理水患的前提下，保障农业灌溉。通过在北运河的上游修建十三陵水库、怀柔水库、密云水库等大型水库，消除了北运河水患。与此同时，通过开挖凤港减河、运潮减河，治理平原地区河道，建闸蓄水，开挖沟渠等手段，在北京的平原地区建成了十余个灌区，尤其是位于北京东部的大兴、通州、顺义，它们成为北京的主要粮食产区。位于通州的榆林庄灌区由潮县灌区、武窑扬水灌区和潮白河引水灌区组成，主要生产小麦、玉米，有"北京粮仓"之称。改革开放以后，北京地区运河的农业灌溉功能逐渐弱化，直至消

---

[1]（清）于敏忠等编纂：《日下旧闻考·郊坰》，北京古籍出版社，1983年。

失，但有了防洪排涝、城市景观、生态保护等新的功能。所以，大运河（北京段）文化带中的文化遗产的时间下限是一个动态概念，新中国成立以后，有代表性的闸坝、开挖的河道也应视为大运河历史遗产的重要部分，为加强河堤保护而采取的相关措施，如植树造林形成的绿化带也应视为运河遗产的一部分。[①] 随着北京副中心的建设、大运河文化带的建设，运河的遗产将更为丰富。

□ 香山泉水

北京市根据中央发布的《规划纲要》和本市城市建设总体规划，制定颁布了《北京市大运河文化保护传承利用实施规划》，按照科学规划、突出保护、古为今用、强化传承、优化布局、合理利用的基本原则，提出要以大运河文化遗产为载体，优先打造大运河文化带，充分展现遗产承载的文化，活化流淌伴生的文化，弘扬历史凝聚的文化。《规划》明确以大运河为轴线，以列入世界文化遗产名录的点段为重点，大尺度布局文化、生态空间，以线串珠、以珠带面，构建"一河、两道、三区"的大运河文化带发展格局。

---

① 杨家毅：《浅析大运河（北京段）文化带的内涵》，《北京联合大学学报（人文社会科学版）》，2017年10月。

大运河对北京的影响

千百年来，大运河作为文化和自然遗产资源的结合体，在政治、经济、文化等多方面都发挥着十分重要的作用，以政治国脉、历史文脉、经济动脉、社会命脉和生态水脉 ① 紧紧地与北京联系在了一起。

一、促进了北京地区地位的提升

北京经历了从北方重镇到陪都，进而成为全国的政治中心的历史变迁，而运河在这种变迁中发挥着重要的作用。

北京地区从秦汉以来一直是北方的军事重镇，两汉、魏、晋、唐代都曾设置幽州，均在今天的北京一带，它发挥着游牧民族与农耕民族的屏障作用。同时，它又处在北方民族与中原王朝拉锯交战的中间地带，政局纷乱，战争频繁，经济发展处于极不稳定的状态。隋唐运河的开通，大大缩短了南北交通的时间，增加了漕运的规模和运力。只需一个多月的时间，"发江、淮以南民夫及船运黎阳（今河南浚县西南）及洛口（今河南巩义东南）诸仓米至涿郡（今北京）。舳舻相次千余里" ②，庞大的船队，物资、人员都可以从隋唐时期政治经济的核心地带抵达北京地区。运河如同一只伸向北方的臂膀，不仅牢牢地维系着中原政权对这

---

① 张宝秀：《保护大运河的文化遗产 推进北京全国文化中心的建设》，《2017 年北京社会科学普及周暨西城区第六届社科普及周论文集》。

② （北宋）司马光：《资治通鉴》卷一百八十一《隋纪五》，中华书局，1978 年。

片地区的统治，将长安、洛阳等隋唐时期的政治、经济、文化中心与北方军事重镇幽州城联系在了一起，更重要的是促进了幽州地区经济文化的发展，人口不断增多，为北京城历史地位的提升及其后来发展成为全国首都起到了重要的推动作用。

二、"漂来的北京城"

本来这个概念是来自于现今的北京城是建立在永定河的冲积扇上这一说法，而现在所说的"漂来的北京城"是指在北京的城市建设中，大量的建设材料是从大运河输送而来。从金中都开始，城市的规模在不断扩大，元大都是一座重新规划建设的城市，城市建设所需的大量建筑物资是依靠引永定河的金口河来承担，明清两代的北京城，是以元大都城的中轴线为基准建设而成。紫禁城内建筑面积 15 万平方米，房屋 9000 余间，此外还有社稷坛、太庙、天坛等皇家古建，所用的大木、神木等名贵木材大多来自于南方。四川、湖广、贵州，都是木材的出产之地，

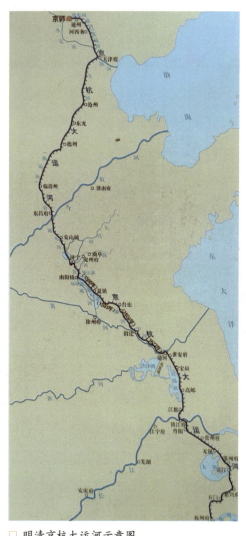

□ 明清京杭大运河示意图

北京，有多少热点，就有多少故事

历史文献记载，大木沿长江顺流而下，"出三峡，道江淮，涉淮泗，以输于北"[1]。紫禁城铺就的金砖也来自于南方，巨大的石材及砖瓦灰沙大部分是依靠京杭大运河运到这里。大运河流经的山东、河南、江苏等省还承担着烧造砖瓦的任务。明嘉靖三年（1524年）规定，大运河上的粮船每只带砖96块，民船每只带10块。嘉靖四年（1525年）以后，还屡次谕令临清、苏州砖厂，雇民船运砖[2]。大运河将大量的建设物资源源不断地运到北京来，所以才有了"漂来的北京城"之说。

三、京师运转仰哺于漕粮

城市的稳定和都城职能的正常发挥，是以强大的物资、特别是粮食的供给为可靠保障的。元明清的都城，生活着为数众多的官员及其奴仆

□ 南新仓

① 吕毖：《明朝小史》卷三，正中书局，1980年。
② 高寿仙：《明代北京营建事宜述略》，《历史档案》2006年第4期。

和拱卫京城的军队，还有来自全国各地的商贾，构成了庞大而密集的消费型人口规模，在物产并不丰富的周边地区无法满足物资供应的情况下，运河就是最重要的生命线。有了运河，川陕豪商、吴楚巨贾，飞帆一苇，径抵辇下。元代运河漕船每天川流不息地把来自江南的漕粮运到大都积水潭码头，漕运最多时，一年可运粮达二百万担。明清时期，运河承担着南粮北运的任务。嘉靖年间吴仲疏通通惠河后，一年从南方运粮可达四五百万担。清初学者孙承泽在所著《天府广记》就明确表述："京师百司庶府，卫士编氓，仰哺于漕粮。"①

四、运河使北京政治中心的地位更加巩固

从辽金以后，北京从军事重镇逐步成为大一统的首都。运河保持漕运畅通，为首都提供物资供应的同时，保障中央政令通达，控御全国，有利于维护多民族国家的政治统一。尤其京杭大运河开通后，国家再没有出现分裂，这是大运河的政治职责之所在，也凸显出北京大运河作为政治国脉的价值。

运河的开凿及其所承担的维护能力，也体现着国家对相关地区施加政治影响的过程。北京虽偏于国家版图的北方，但是由于有大运河，朝廷也就有了一条强化南北联系、可以及时掌控江南社会动态的通道。明成化七年（1471 年）十月，奉命视察疏浚通惠河事宜的官员杨鼎、乔毅向皇帝报告：运河水路的畅通不仅便于漕粮进京，"天下百官之朝觐，四方外夷之贡献，其行李方物皆得直抵都城下卸。此事举行，实天意畅快，人心欢悦，是以壮观我圣朝京师万万年太平之气象也"。②北京作为全国的首都，在地理位置和经济环境方面的弱势，通过陆路通道与运河系统构成的水陆交通网得到了有效弥补。漕运与交通的发达成为增强区

北京，有多少热点，就有多少故事

---

① （清）孙承泽：《天府广记》卷十二《仓场》，北京古籍出版社，1984 年。
② 《明宪宗实录》卷九十七。

域联系以及文化认同的纽带，也是历史上的北京城作为政治中心的优势所在，大运河在其中发挥了重要的作用。

五、运河架起文化沟通的桥梁

大运河在五大水系之间架起了一座文化沟通的桥梁。自江南以迄华北，大运河流域凝聚了底蕴深厚、风格鲜明的地域文化，最终积淀成以这条绵延三千五百多里的人工河道为象征的"运河文化带"。北京段是其中的精华地段之一，是北京历史文脉的重要地理标志。通过它，有了广泛的人员来往、书籍流通、生产技术的推广、艺术和思想的传播、生活方式和社会习俗的交流融汇等等，既能将京城文化传播到全国各地，也能使北京吸收各地文化元素，兼容并蓄集大成，从而成为引领文化潮流、对全国产生强大辐射作用的文化中心。借助运河，通过人员往来、书籍流通、信息传播等，全国各地的戏曲、曲艺、文学、艺术、美食、园林，以及与漕运有关的花会、庙会、河灯、舞龙、高跷、号子、民谣、习俗、信仰等荟萃于首善之区，首都文化也由此向四面八方辐射，经过相互吸收、彼此借鉴，积淀为既兼容并蓄又引领潮流的文化社会形态。大运河不仅仅促进了国内文化的沟通，还是连接海外文化沟通的桥梁，一批批来自海外的使团、客商也是通过运河来到北京的。

六、因运河而兴的特色街区

元代随着通惠河的开通，大都城"面朝后市"的特点更为突出，围绕水运特征出现了颇具南北交融特色的商业街市。地安门至鼓楼一带的传统商业格局、积水潭（什刹海）周边的码头水市风貌一直延续至今。漕运兴盛带动了大运河沿线一批城镇的发展，通州作为漕运枢纽和北京的门户，其运河文化表现尤为典型。明朝人蒋一葵所著《长安客话》中记载，明代"通州城北五里有黄船埠（即御用码头），黄船千艘常泊于此。河水萦回，官柳民田，阴森掩映，为八景之一"。明清以后渐有"一京二卫三通州"的美誉。明代扩建的通州新城外砖内土、高大坚固，将原本不在城里的大运西仓、西南仓也括入其中，并派兵戍守，显示了通州"左辅雄藩，京畿重镇"的特殊地位。清代通州城更加气派巍峨，城里官衙林立，有衙署如仓场总督衙门、通永道衙门、户部坐粮厅署等。通州南面的张家湾，位于潞河和浑河（今永定河）交汇处，水面辽阔，是京东第一大天然良港。城外的运河上就是一片船桅林立、舳舻连绵的景象：负责漕粮检验和收储的官员敲锣打鼓、乘船坐轿、前呼后拥地分批前往码头验收漕粮，各等小吏、经纪等穿梭吆喝，把头、扛夫、水脚等则像蚁群般忙碌地装卸、搬运、入仓……蒋一葵形容这里说："水势环曲，官船客舫，漕运舟航，骈集于此。弦唱相闻，最称繁盛。曹代萧诗：潞水东湾四十程，烟光无数紫云生。王孙驰马城边过，笑指红楼听玉筝。"[1] 这里显然已不仅仅是一个漕运码头，市井的繁华和文化气象展露无遗。明清时期，除常规地扩建和修缮河道、码头之类的设施外，还陆续建立起包括漕运总督（清代别称漕台）、漕运组织、漕粮制度和仓储制度在内的一套完整的漕运制度体系，使运河的功能得到进一步的完善和发挥。大通桥至庆丰闸（二闸）间，风光秀美，更是京城百姓消闲游赏的好地方。每当风和日丽，河畔游人荟萃，是当时京城人的游乐时尚。另外，高碑店娘娘庙的庙会更是当时著名的民俗盛会。[2]

七、留下了大量的运河遗产

2014 年 6 月在第 38 届世界文化遗产大会上，确定中国大运河项目成功入选世界文化遗产名录，共包括中国大运河河道遗产，以及运河水工遗存、运河附属遗存、运河相关遗产。北京市列入大运河世界文化遗

北京，有多少热点，就有多少故事

---

① （明）蒋一葵：《长安客话》卷六《畿辅杂记》"潞河"条，北京古籍出版社，1980 年。
② 吴文涛：《运河在北京历史文化中的地位与作用》，张妙弟主编《北京学研究 2011·北京线性文化遗产保护与传承》，同心出版社，2011 年。

产名录的有河道3段：西城区境内通惠河北京旧城段——什刹海、东城区境内通惠河北京旧城段——玉河故道、通州区境内通惠河通州段；遗产点2个：西城区境内澄清上闸（万宁桥）、东城区境内澄清中闸（东不压桥）。

什刹海（包括前海、后海、西海）　13世纪，元世祖忽必烈决定建新的大都城，什刹海是大都城规划设计的核心点，依托这一片水域在东岸确定了都城建设的中轴线。什刹海当时称为积水潭，又称海子，《元史·地理志》记载："海子在皇城之北、万寿山（即琼华岛）之阴，旧名积水潭，聚西北诸泉之水，流入都城而汇于此，汪洋如海，都人因名焉。"元时，将今北海、中海圈入皇城，把海子截断，一分为二。明代该处水域有积水潭、后湖、莲花池、什刹海等名称。按水流方向，分别称为积水潭、什刹海前海和什刹海后海。清代，什刹海前海筑堤，将什刹海前海分成两片水域。民国时，什刹海名称定型，按顺序称西海、后海、前海和西小海。

元代，作为运河的终点码头，往来的漕船带动了周边经济、文化的兴旺，积水潭以至鼓楼前大街成为繁华的商市。元推崇宗教，在积水

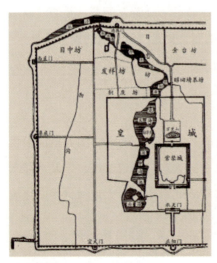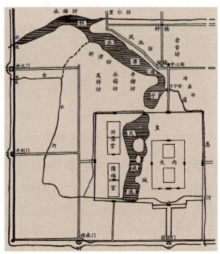

□ 明中后期什刹海及太液池示意图　　□ 元代积水潭示意图

潭周边增建护国寺、广化寺等寺观。入明，积水潭漕运停废，成为游览胜地。明成祖朱棣迁都北京后，对"靖难"功臣进行封赏，赐建宅园于风景宜人的什刹海水域一带，定国公园、莲花亭、虾菜亭、漫园、方公园、湜园、杨园、刘茂才园、刘百川别墅等一大批园囿应运而生。同时，又由于明廷对佛教、道教的尊崇，在什刹海周边修建了广福观、寿明寺、双寺、净业寺、普济寺、拈花寺、汇通祠、瑞应寺、什刹海寺、清虚观等一大批寺庙、道观。清军入关后，什刹海一带为皇帝的亲兵、上三旗之一的正黄旗驻守。什刹海周边建起了醇亲王府、恭亲王府、庆亲王府、涛贝勒府邸、棍贝子府邸、阿拉善王府、一等武毅谋勇公兆惠府邸等，同时继续修建了大藏龙华寺、天寿庵、三官庙、真武庙、永泉庵、丰泰庵、三元伏魔宫等数十座寺观。至清代，据粗略统计，什刹海周边共约有寺、庙、观、宫、庵、塔、禅林、堂、祠等建筑165处，其中基本保持原建格局的有29处，部分建筑尚存的有43处，今已无存的有93处；有王公府邸（含一府前后有二主的情况）共约20处；有故居名宅30多处；有名园20处，其中多数已不复存在；另有桥梁6座、门楼4座。[①]

通惠河北京旧城段——玉河故道　玉河最早是由郭守敬主持开挖的运河的一部分，后来成为通惠河河道的一部分，直接连接到元大都的"后市"。自明朝开始，玉河自什刹海前海东端出水口起，经万宁桥后，先后经过今东不压桥胡同、东板桥胡同、北河胡同、北河沿大街、南河沿大街、正义路，最后流入北京内城南护城河。北河沿附近有"沙滩后街""沙滩北街"等地名，也是得名于玉河冲出的一片沙滩。明朝之后，由于水源减少，玉河逐渐变为臭水沟。民国时，开始自南向北将玉河改为暗沟。自前三门护城河到东长安街的暗沟，便是现在的正义路。2007年启动了玉河复建工程，将南锣鼓巷西边的胡同拆除，恢复了从万宁桥到地安门东大街之间的玉河河道，共480多米。

173

北京，有多少热点，就有多少故事

---

① 赵林:《北京地方志·风物志丛书·什刹海》，北京出版社，2006年，第29页。

□ 玉河

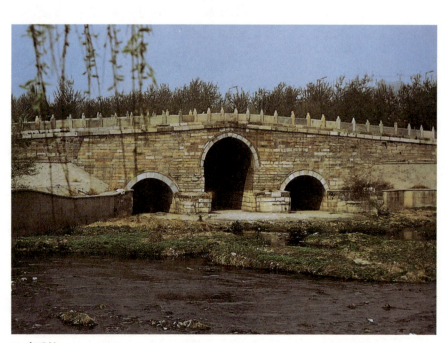

□ 永通桥

通惠河通州段 现在冠名的通惠河起于东便门，流经朝阳区八里桥，东入通州区，向东至北关闸上，与温榆河、小中河、运潮减河、北运河形成"五河交汇"。河道全长 20.1 公里，其中通州境内 4.3 公里，西起永通桥（八里桥）东，至通州北关闸（通惠河与北运河交汇处），北界、南界均以规划河道蓝线为界。西界为遗产区边界外扩 50 米，东界至通州区永顺地区街道与通州区新华街道乡镇界线止。缓冲区以紧邻遗产区边界的规划公共绿地与防护绿地为界。此段河道是北京城内排水行洪的水道，目前已改为北京城市景观河道，驳岸已完全硬化。作为世界文化遗产明确为：西起永通桥东至通州北关闸这段河道。

澄清上闸（万宁桥） 万宁桥始建于元代至元二十二年（1285年），又名"海子桥"，最初为木质结构，后改用石砌筑，单孔拱券，两侧设有简洁古朴的护栏，两端戗抱鼓石，拱券上雕刻有石兽头。桥为南北走向，坐落于北京城中轴线上，西是什刹海，东是玉河，因万宁桥在地安门之北，地安门为皇城的后门，与前门南北相对，因此万宁桥俗称为后门桥。元时澄清闸分上中下三闸，上闸紧靠万宁桥，中闸和下闸分别位于东不压桥和望云桥（位于水簸箕胡同北口）处。最初水闸皆用木闸，元武宗至大四年（1311年）换为石闸。

明清时期，积水潭失去了运河终点码头的

□ 万宁桥

作用，退出了漕运的舞台，澄清上闸也随之淡出了人们的视野。现在在万宁桥下的河堤南岸，有两个石头的残根，石根前的堤岸条石上有一个石槽，在河北岸的相对位置的堤岸条石上也有一个石槽，就是澄清上闸遗迹。

澄清中闸（东不压桥）　东不压桥始建于元代，原来叫丙寅桥[1]，俗称东步量桥，改为东不压桥是因为在其西边有座西压桥。西压桥位于北海后门东侧皇城墙下，因明朝修建皇城时，将皇城北墙压在桥上，所以叫西压桥。东步量桥没有被皇城压上，所以叫东不压桥，澄清中闸也在这个位置。经过近年的发掘工作，遗址状态显现东不压桥整体呈西南、东北向，中间窄、两头宽，桥侧面呈弧形。桥两侧的引桥保存相对完整，清理出的桥面石以黄白色花岗岩与豆青石相间。与运河直接相关、地上遗存可见的物质文化遗产达 40 项之多。其中重点是水利工程遗产，

□ 发掘后的澄清中闸

---

①（元）熊梦祥：《析津志辑佚·河闸桥梁》："丙寅桥，中闸，有记。"北京图书馆善本组
　　辑，北京出版社，1981 年，第 101 页。

共31项：河道5项，水源4项，水利工程设施（闸）7项，航运工程设施10项，古代运河设施和管理机构遗存（仓库）5项。其他运河物质文化遗产共9项：古遗址6项，古建筑2项，石刻1项。详见下表：

大运河（北京段）文化遗产一览表①

遗产编码	遗产类别			遗产名称	所处区县	始建朝代	现状保护级别
01	水利工程遗产	河道	运河河道	通惠河（包括今通惠河与通州一段故道）	朝阳区、通州区	元	通州故道为世遗
02				通惠河故道（今玉河故道）	东城区	元	世遗
03				白河（今北运河）	通州区	元	
04				坝河	朝阳区	元	
05			人工引河	南长河（今昆玉河北段与长河）	海淀区	元	
06		水源	泉	白浮泉（含九龙池与都龙王庙）	昌平区	元	国保
07				玉泉山诸泉	海淀区	金	玉泉山为国保
08			湖泊	瓮山泊（今颐和园昆明湖）	海淀区	元	颐和园为世界文化遗产、国保
09				积水潭（今什刹海）	西城区	元	世遗
10		水利工程设施	闸	广源闸（包括龙王庙）	海淀区	元	国保
11				万宁桥（包括澄清上闸遗址）	西城区	元	世遗
12				东不压桥遗址（包括澄清中闸遗址）	东城区	元	世遗
13				庆丰上闸遗址	朝阳区	元	
14				平津上闸遗址	朝阳区	元	国保
15				颐和园昆明湖绣漪闸	海淀区	清	国保
16				高粱（闸）桥	海淀区	元	国保

177

二

北京，有多少热点，就有多少故事

---

① 参见《大运河遗产保护规划（北京段）文本目录》。

遗产编码	遗产类别			遗产名称	所处区县	始建朝代	现状保护级别
17	水利工程遗产	航运工程设施	桥梁	德胜桥	西城区	明	区保
18				银锭桥	西城区	明	区保
19				永通桥（包括御制通州石道碑）	通州区	明	国保（与石道碑一起公布）
20				通济桥遗址	通州区	明	
21				广利桥（包括镇水兽）	通州区	明	区保
22				通运桥	通州区	明	国保（与张家湾城墙一起公布）
23				张家湾东门桥	通州区	明	
24				张家湾虹桥	通州区	明	
25			码头	张家湾码头遗址	通州区	辽	
26				里二泗码头遗址	通州区	元	
27		古代运河设施和管理机构遗存	仓库	北新仓	东城区	明	市保
28				南新仓	东城区	明	国保
29				禄米仓	东城区	明	市保
30				通州大运中仓遗址	通州区	明	仓墙为区保
31				通州西仓遗址	通州区	明	
32	其他运河物质文化遗产		古遗址	神木厂址（包括神木谣碑）	朝阳区	明	
33				通州城北垣遗址	通州区	元、明	区保
34				张家湾城墙遗迹	通州区	明	国保（与通运桥一起公布）
35				皇木厂遗址（包括古槐）	通州区	明	古槐为区保
36				花板石厂遗址（包括遗石若干）	通州区	明	
37				上、下盐厂遗址（包括下盐厂石权）	通州区	明	
38			古建筑	玉河庵（包括玉河庵碑额）	东城区	清	区保
39				燃灯佛舍利塔	通州区	北周	市保
40			石刻	王德常去思碑	东城区	元	

　　说明："世遗"即世界文化遗产；"国保"即全国重点文物保护单位；"市保"即北京市级文物保护单位；"区保"即北京市区级文物保护单位。

与大运河相关的非物质文化遗产也很丰富，如与运河相关的胡同名、街道名，通州区若干个村庄的村名，还有一些与运河相关的历史传说、民俗等。初步统计共 11 项，[①] 详见下表。

北京大运河非物质文化遗产名单

遗产编码	遗产类型	遗产名称
1	地名	海运仓
2		与运河相关的胡同名、街道名
3		通州区若干个村庄的村名
4	传说	宝塔镇河妖
5		铜帮铁底古运河
6		八里桥的故事——"扒拉桥"
7		不挽桅
8		乾隆游通州的奇闻逸事
9		萧太后河的来历
10	风俗	通州运河龙灯会
11	其他	通州运河船工号子

北京，有多少热点，就有多少故事

---

① 《北京市大运河文化保护传承利用实施规划》谈及为 43 项非物质文化遗产。

《通粮厅志》所说的通州之"通"

成书于明万历年间的《通粮厅志》，是了解通州历史的一部难得的志书。该志书由万历二十年（1592 年）进士、官至户部郎中的周之翰纂修，他曾任通州坐粮厅。《通粮厅志》所列卷为：仓庾志（库附）、秩官志、漕政志、河渠志、公署志、服役志、艺文志、备考志等。该志书在明天启、崇祯年间皆有补续，尽管其书主要是记述督理漕务的机构——坐粮厅，然而，也将这个机构所处的通州的情况做了较为细致的介绍，为我们了解明代以至更久远的通州历史提供了难得的资料。

一、通州的"通"，乃勾勒出通济京城之意

《通粮厅志》卷一为《左辅志》，它概括了通州命名的缘由，明确点出了通州"通"字的寓意，乃是"以'通'名郡，取漕运通济之意，故河曰通惠，闸曰通流，桥曰大通、永通。是'通'虽郡号，实为漕而得名也"。从此文记述来看，在通州，与其关联的河、闸、桥等都被冠以了"通"的称谓，而"通"则是通过漕运来体现的。自秦以来，历代利用古通州地区的自然河道开发水运。金贞元元年（1153 年），海陵王迁都燕京，称中都，急需从南方运来粮食维系政权。金章宗泰和五年（1205 年），翰林院应奉韩玉，"建言开通州潞水漕渠"，即自中都到通州的金闸河，此河于第二年动工完成。开凿后的金闸河获得成功，山东、河北等地的漕船"自通州入闸，十余日而后至于京师"，于是取

"漕运通济之义"，升潞县为通州。到了元代，北运河、通惠河既是滋养北京的动脉，又是北京以水路连接滨海各省，以至朝鲜半岛、印支半岛等各国各地区的出发地，特别是元代通惠河的开挖，使通济的广度和地位更加凸显。元代使通州的"通"，达到了新的高度。至元二十八年（1291年），督水监郭守敬上书元世祖忽必烈，提出开凿通惠河，绘制了一幅宏伟的水利图。通惠河工程自至元二十九年（1292年）春开始设计准备，当年八月开工。元世祖对这项工程十分重视，在动工之日下令，"丞相以下各官，皆亲操畚锸"，到工地参加劳动，并且听从郭守敬的指挥。[1] 河自白浮村至通州高丽庄，长一百六十四里。[2] 至元三十年（1293年）七月，工程完工，工期十一个月，动用劳动力共计285万人次。运河开通后，粮船可从通州高丽庄直抵大都城内积水潭码头。元

□ 元世祖忽必烈在万宁桥（苗再新画作）

北京，有多少热点，就有多少故事

①（明）宋濂等：《元史》卷一六四《郭守敬传》，中华书局，1976年，第3852页。
②（明）周之翰：《通粮厅志》卷五《河渠志》。

世祖从上都返回京师，路过积水潭时，看到"舳舻蔽水"的盛景十分喜悦，就将这条运河命名为"通惠河"，通济之"通"得以充分体现。

二、通州的"通"，乃体现其水陆之要会之意，成为"九重肘腋之上流，六国咽喉之雄镇"

元、明、清各朝，经京杭大运河每年运抵北京的漕粮有 300 万至 500 万石，通州和京城设多座仓群存储。北部边关守军粮饷，也依靠白河、温榆河从通州转运。通州成为漕运中枢、水陆的都会，这样的地位和作用使之成为中国的名城。《通粮厅志》称通州"上拱京阙，下控天津。潞、浑二水夹会于东南，幽燕诸山雄峙于西北，地博大而爽垲，势雄伟而广平，实水陆之要会，为畿辅之襟喉，舟车之所辐辏，冠盖之所往来"。① 雍正皇帝称"潞河为万国朝宗之地。四海九州，岁致百货，千樯万艘，辐辏云集……盖仓庾之都会而水陆之冲达也"。清《顺天府志》称通州为"九重肘腋之上流，六国咽喉之雄镇"。

自元代以后，河运、海运的重要集散地都设在通州。元初，至元十三年（1276 年），伯颜攻下临安（今浙江杭州）后，着手南北漕运。漕粮集于扬州沿运河入淮，由淮入黄河（其时黄河夺淮入海），溯流至中滦（今河南封丘西南），再陆运至淇门（今河南浚县西南）入御河运抵通州，再陆运至大都。其运程较长，十分艰苦。至元十九年（1282 年）开济州河，漕船从淮安北上，经过新开河折入大清河（今山东境），至利津入海，至直沽（今天津）直达通州，为海河连运。后由于利津海口淤塞，漕船至东阿（今山东东阿南），陆运至临清（今山东临清南），再经御河运抵通州。至元二十六年（1289）开会通河，南接济州河，北通御河。大运河全线贯通，全长 2000 余千米。南粮集于通州，再运到京城。这是在通惠河未疏通时的情况，已经显示了通州的地位与影响力。

---

① （明）周之翰：《通粮厅志》卷一《左辅志》。

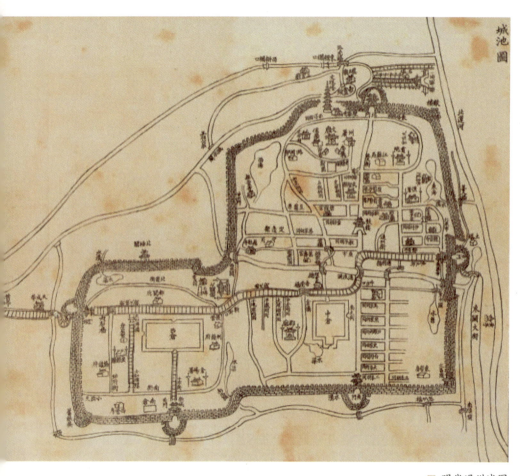

□ 明代通州城图

通惠河疏通以后，成为连接通州与大都城漕运的主要通道，此外坝河的疏浚也提升了通州的漕运功能，成为转运通州至大都物资的又一条水道。至元十六年（1279 年）、大德三年（1299 年）、大德五年（1301 年）三次大规模整修坝河，建坝 7 座，使其可以"岁（运）漕米百万（石）"。河、海通航，官船、商船络绎北上，"漕运粮储及南来诸物商贾舟楫，皆由直沽达通惠河"。通州成为巨大的商贸市场，"两岸旅店丛集，居积百货，为京东第一集"，举凡"天生地产，鬼宝神爱，人造物化，山奇海怪，不求而自至，不集而自萃"。

进入明代以后，河运得到了发展。洪武三年（1370 年），由失势的日本武士、浪人纠合而成的海盗船队，与张士诚余党相勾结，在浙闽沿海向北直至渤海湾肆行抄掠，终明之世未有断绝，明廷被迫转而经营内河运输。永乐九年（1411年）工部尚书宋礼疏治会通河，引汶入运，运河通运能力明显增强。永乐十三年（1415年）平江伯陈瑄沿宋代乔维岳所开沙河疏浚，由管家湖引水，更名清江浦。至此，大运河全线贯通。是年，朱棣"罢海运粮，命平江伯陈瑄于湖广、江西造平底船三千艘，以从河运，岁运三百余万石"。运河南起杭州，北迄通州，史称"京杭大运河"，明代称"漕河"。

清代，康熙七年（1668年）浑河决于石景山南，洪水冲入京城，漂没屋宇，出齐化门（朝阳门）淹没城东诸地。清廷深以为儆，于该河右岸筑数十里长堤。康熙三十七年（1698年）又加固长堤，改河名为"永定"，使之不再东注白河。为保持大通河（通惠河）航运畅通，康熙二十二年（1683年）在玉泉建新闸，康熙二十五年（1686年）引水至瓮山泊诸湖。康熙二十七年（1688年）、康熙三十一年（1692年）两次疏淘积水潭，扩大容量。康熙三十五年（1696年）加固大通河（即通惠河）堤、闸坝，截断坝河水源，增大大通河水源。翌年，在庆丰闸以上增建"新建闸"，漕船溯航逐闸盘运至大通桥下，可续航转卸于安定门、德胜门外粮仓。此后，继续不遗余力地大加修护，使通州至京城几十里水运畅通，一直保持到清亡以后。

□ 弘旿《都畿水利图卷》中的通州城

漕运使通州呈现"漕艇贾舶如云集，万国鹈航满潞川"的景象。也有谚语形容通州是"南通州北通州，南北通州通南北"。通州作为元、明、清重要的运河城市，其水陆交通都比较发达，到清朝初年呈现"自朝阳门至通州四十里为国东门孔道，凡正供输将、匪颁诏糈由通州达京师者悉遵是路。潞河为万国朝宗之地，四海九州岁致百货，千樯万艘辐辏云集，商贾行旅梯山航海而至者，车毂织络相望于道"[1]。文献有"一京（北京）二卫（天津卫）三通州"之说，足以显示通州的地位与影响力。

除此以外，通州的地理位置也决定了它拱卫京师的重要作用。其中《通粮厅志》的崇祯朝《补序》记述了崇祯二年（1629 年），后金兵劫掠通州、攻陷张家湾及潞县时的惨状："二年初冬，东奴直抵通城且薄帝都矣，戎马蹂躏、戈戟交加，而漕艘之焚者以千计，漕糈同归于烬焉。陆运之抢掠者以万计，运役咸死于锋焉。"

《通粮厅志》在《艺文志》中专收有左副都御史杨行中的《通防宜重论》，强调"通州距京四十里，西望紫荆关塞，东接密云以东边疆，远者不过二三日，近者朝发可夕至也，南控江淮襟喉所在"，"以拱护京城而与东、西、北诸边声援，可以相接掎角，可以为援者"这样的军事地位。在辽南京时期，这里的驻兵达一万一千人，金中都时期设防御户三万五千余人，明初镇守的兵丁两万五千有余[2]。通州对于北京的战略地位而言也非常重要。

三、通州的命脉乃在于仓，因仓而修固于城

《通粮厅志》在开篇的《序》中明确写到"岁额漕粟四百万石佐军国大计，通（州）为畿辅肘腋地，留漕粟三分之一入通（州）"。明朝每年通过运河运往京、通二仓的江南漕粮，不但用以供应皇室日需、百官俸

①（清）高天凤：乾隆《通州志》卷首《宸章》，清乾隆四十八年（1783 年）刻本。
②（明）周之翰：《通粮厅志》卷十《艺文志·通防宜重论》。

北京，有多少热点，就有多少故事

禄、军事开支，而且对于保障京畿地区粮价平衡、灾荒赈济、公共工程施建也具有重要的意义。通州是一座因漕运与仓储而兴起的城市，早在金代就已设丰备仓、通积仓、太仓。元代开凿会通河与通惠河后，将海运、河运、陆运相结合，通州更成为北方重要的仓储基地，当时有广储仓、有年仓、庆丰仓、延丰仓、乐岁仓、富衍仓等 13 仓，存储漕粮上百万石。《通粮厅志》详细记述了明代通州粮仓的情况，在《仓庾志》中分列仓址，记有：大运西仓、大运南仓、大运中仓、大运东仓。它也记述了永乐以来所建的通州粮仓数和对粮仓的整修情况，还有仓内廒座的具体数目，其中有"嘉靖二十八年数""万历十五年数""万历三十三年数"。按照志书的记述，具体情况可以列表反映：

仓名	位置	面积	仓门	仓厂情况
大运西仓（俗称太仓）	通州新城之中	周八百七十二丈五尺	西、南、北三门	廒九十七连三百九十三座，计二千零一十八间，囤基八百四十四个
大运南仓	通州新城南门里以西	周四百五十七丈三尺	东、北二门	盛粮廒五十七座，空廒三十座，废廒五座，囤基二百二十五个仓
大运中仓	通州旧城南门内以西	周四百一十二丈四尺	东、南、北三门	盛粮廒七十八座，空廒五十六座，废廒五座，囤基一百七十一个仓
大运东仓	通州旧城南门内以东	周四百七十八丈六尺		廒一十五连四十一座，计二百五十间，囤基一百零八个
河西务建仓				仓廒三百九十三座，屯一百六十间
通济仓	张家湾			仓廒七十五间

在所设的"修仓"专目，"凡修仓年例，每年通（州）仓旧该修一百一十余间，正德十五年题准量减三分之一，后定每年通（州）仓该修十五座，大约每座五间"。在通州，不可或缺的是备修仓之用的窑厂，志书记载的有晒米厂、东黑窑厂、西黑窑厂、土坯厂等。

《通粮厅志》所强调的是，通（州）于国家为重地，通（州）储国家为重计，有坚实巩固的州城是十分必要的。通州虽在金代就已是漕运重地、转运枢纽，但并没有城池；元代通惠河开凿后，通州政治地位提高，方"编篱为城"。明洪武二年（1369年）大将军徐达、常遇春、郭英北伐攻克通州，裨将孙兴祖筑城，城址在潞河西，外墙为砖甃，中实以土，周围九里十三步，连垛墙高三丈五尺，有四座城门，分别是东为通运、西为朝天、南为迎薰、北为凝翠。正统十四年（1449年）为保护在城池外的粮仓，粮储太监李德又建通州新城，新城周围七里，东连旧城，有城门两座。嘉靖四十三年（1564年），顺天府尹刘畿因边寇入侵筑张家湾城。这样，通州一地共有城池三座，分别为旧城、新城、张家湾城，其中新城与张家湾城都是为了护卫漕运与仓储而设，这也充分体现通州作为运河之城的特点。就通州的旧城与新城而言，两座城池连在了一起，呈连环之势，是别具特色的。《通粮厅志》纂修者周之翰曰："余登潞阳城，纵观其形胜，见两城交络如连环，而三大仓实其中者如鳞次，未尝不抚然叹曰：'壮哉！金汤之势，真足以雄三辅而卫国储矣。'"从以上的文字可以领略通州城的特点及其不同凡响的地位与作用。

□ 张家湾古城遗迹

四、通州乃有无数故事亟待认知与开发

《通粮厅志》对通州地理、沿革、漕务、防卫以及漕运制度的演变

情况做了悉心的考证，还记述了"通州八景"——古塔凌云、长桥映月、柳荫龙舟、波分凤沼、高台丛树、平野孤峰、二水会流、万舟骈集，并有注解，还配有诗赋，为我们认知和研究利用通州的历史文化提供了依据。其中，"通州八景"第一景是"古塔凌云"。志书中这样写到："塔在州治西北，为燃登（灯）佛舍利塔，唐贞观七年建，巍峨工巧，为一郡伟观，今通惠河入潞之处适当其会，石坝一带望之，宛若芙蓉持水际。堪舆家所谓'文峰插水口，华表捍天门'，皆是不唯有益于通州，而且为帝京之锁钥矣。"随文赋诗："天汉争夸砥柱雄，帝京水际出芙蓉，浪传海上金鳌胜，咫尺蓬莱踏可通。"这些记述对这座古塔的地位与影响做了精彩的描述：它既是通州的标志，又是都城门户的标志，还起到锁钥的作用。

当然，这部志书被命名为《通粮厅志》，其中大量的文字是在记述明代的坐粮厅，这个机构是由宦官督理漕务的机构——忠瑞馆演化而来，内设东、西、南、北四科，管理大运河全流域漕运 13 总 132 卫所的全部漕务。该志书在《仓庾志（库附）》中，记述了大运河西、南、中、东各仓，河西务仓，张家湾仓所建年份、位置、范围和各仓廒规模、厅（大督储官厅、监督厅、小官厅、挈斛厅）、房（筹房、巡风房）、门（仓门）、庙（增福庙、五圣庙、七圣庙）、水井、题名碑等，以及烧造修仓用砖瓦的黑窑厂、土坯厂、晒米厂。附记"通济库"，该库原为收储山东等处折盐、折布银两并向通州各卫官军支放而设，永乐年间始建于中仓，后在通州州署之西另设一库；还记载了各仓及土石二坝、昌密水道所配置的斗斛数量。志书还存有《总督仓场考》《漕运、兑运、改运、支运、拨运例折各名色考》《历朝漕运数目考》《近年漕运数目考》《耗、脚、轻赍全考》《闸坝各役脚价支扣考》《粮船带瓶（酒瓶，南方酿制的宫廷御用酒）带砖考》《金元有功通漕名臣考》《窑运考》《近京旧运河道考》《海道考》《仓斛考》等，共 37 篇考证文章。大量的文字资料和附图完整地勾画出通州地理位置的特殊性和它对京城的重要性及独特作用。

西山永定河文化带的遗产点

在北京"三个文化带"的概念提出之初,永定河是没有被纳入文化带的范围之内的,只提"西山文化带",它以"三山五园"为核心,范围一直划到西城区积水潭周边的区域。此后,在《北京城市总体规划(2016年—2035年)》的编制阶段,"三个文化带"的建设被提升到了城市总体规划的高度,在对《规划》征求各方意见的时候,以北京市地方志编纂委员会办公室为主,提出应把永定河流域也纳入文化带的建设中去。永定河是北京的母亲河,为北京地区的形成提供了最初的地势与地貌基础,也为北京的城市发展提供了重要的生产与生活资源,更重要的是它哺育与蕴藏了独具特色的文化。

北京7处联合国教科文组织认定的世界文化遗产,包括万里长城的北京段、大运河的北京段、清代皇家园林颐和园、北京周口店猿人遗址,皆在"西山永定河文化带"中。万里长城北京段穿越了京西的群山;大运河的北端发源于京北昌平白浮泉,经白浮堰(与今京密引水渠相近)流经西山到万寿山下的昆明湖(旧称瓮山泊);清颐和园建造于瓮山(今万寿山)与昆明湖一带;北京猿人遗址位于京西房山区周口店。除了这些属于全世界的物质文明遗产外,属于国家级的文物保护单位超过25项,市级文物保护单位则更多,有学者因此将西山永定河文化带定性为北京的文明之源、历史之根、城市之基、文化之魂。

一、溯北京历史之根：从房山周口店遗址说起

周口店遗址位于北京市西南房山区周口店镇西的矮山上，此处位于西山山脉向平原的过渡地带。在东边低山的山洞里埋藏着丰富的哺乳动物化石——"龙骨"，因此此山也称"龙骨山"。这里曾生活着距今70万年至20万年的北京人、距今10万年左右的新洞人、距今3万年左右的山顶洞人。

1929年12月2日，裴文中从洞中发现中国猿人第一个头盖骨，从堆积中找到当时疑为用火证据的有色碎骨和鹿角，由此揭开了中国猿人文化研究的序幕。周口店遗址出土遗物量非常之大，已采集到的石制品数量非常之多，用火遗迹非常之丰富，与人类生活休戚相关的哺乳动物化石多达100多种，数以十万计，其余遗址的文化遗物和遗迹也较丰富，是当之无愧的远古文化宝库。

山顶洞位于龙骨山山顶的东北部，1933年的发掘工作累计工作日为141天，取得了丰硕的成果，在世人面前展现了处于旧石器时代之末的山顶洞人生产生活的概貌，提供了诸多意识形态发展的信息，山顶洞也成为我国同时代遗址中提供史前信息最多的文化遗址。它因发现于北京市周口店龙骨山北京人遗址顶部的山顶洞而得名。在山顶洞遗址发现的人类化石和文化遗物表明，山顶洞人掌握了钻孔磨光技术，学会用骨针缝制衣服，懂得爱美，有采集、渔猎等生产活动，人死后还懂得埋葬，他们的群居生活是由血缘关系结合起来的氏族关系。

田园洞人是因其化石发现地位于北京市房山区周口店遗址以南约5千米的黄山店村田园林场内而得名。2001年，田园林场的工作人员在经理田秀梅的带领下寻找水源，发现了田园洞，从中挖掘出大量人类骨骸。获得的检验结果证实，该批化石的地质年代为3.85万—4.2万年前，这是迄今在欧亚大陆东部测出的最早的现代人类遗骸。因此，田园洞人是我国发现最早的现代人。

西山永定河文化带上，先人的足迹一直延续着。在北京市门头沟区斋堂镇东胡林村村西，发现了东胡林人遗址，在考古挖掘中，发现了我国最早的新石器早期完整人类骨架，填补了山顶洞人以来北京地区人类发展史上的一段空白，将旧石器晚期到新石器早期人类的链条连接了起来。

二、存北京建城之始：琉璃河遗址

公元前 1046 年，周武王灭商后，创建了"封诸侯、建藩卫"的分封制度。据《史记·周本纪》载，武王封帝尧之后于蓟，封召公奭于燕。一般认为，蓟在今西城区广安门附近，但无文物证实。燕遗址位于北京市房山区琉璃河镇东北 2.5 千米处，是迄今西周考古中发现的唯一一处城址、宫殿区和诸侯墓地同时并存的遗址，从中出土的大量带"匽侯"铭文的器物，证明了这里就是 3000 多年前燕国的都城所在地。我们通常说北京有 3000 多年的建城史，即是从此开始，既有文字记载，又有考古文物的佐证。

三、载北京文化之魂：古都文化、红色文化、京味文化、创新文化一应俱全

西山永定河文化带见证着北京古都历史变迁的清晰轨迹。

1. 皇家陵寝和皇家园林见证着源远流长的古都文化

金海陵王完颜亮于贞元元年三月二十六日（1153 年 4 月 21 日）正式迁都于现今的北京，改燕京为中都。海陵王完颜亮在谋弑熙宗、登上皇帝宝座之后，一方面担心上京的宗室、贵族威胁他的统治，另一方面考虑到上京僻处一隅，不利于对全国的统治及与中原地区的经济交流，而燕京则四通八达、物产丰富。与迁都同等重要的，就是金帝陵的选址与建设。金陵遗址位于房山区车厂村至龙门口一带的云峰山下，云峰山因有九条山脊如九龙奔腾又称九龙山。据《金史·礼志》载："大定

二十一年（1181 年），敕封山陵地大房山神为保陵公，……其册文云：'皇帝若曰：古之建邦设都，必有名山大川以为形胜。我国既定鼎于燕，西顾郊圻，巍然大房，秀拔浑厚，云雨之所出，万民之所瞻，祖宗陵寝于是焉依。'"[①] 金陵是北京地区年代最早、规模最大的帝王陵，经过金海陵王完颜亮、世宗、章宗、卫绍王、宣宗五世 60 年的营建，形成面积约 60 平方千米的大型皇家陵寝，是北京地区第一个皇陵，比赫赫有名的明十三陵还要早上二百年。陵区内有太祖、太宗陵等 10 个帝陵，还有葬有皇子及重要大臣的"诸王兆域"。1985 年，文物部门开始对金陵遗址调查和试发掘，已发现石雕、碑记、御路和建筑构件、遗址等大量宝贵文物。清乾隆十八年（1753 年），高宗弘历来大房山祭祀金陵，曾作过《望大防山歌》，起首四句说："太行连延西南来，千支万派纷纡回。房山于此独称峻，拔地秀拥金堂开。"

□ 大房山金陵所在地

---

① （元）脱脱：《金史》志第十六·礼八《诸神杂祠·大房山》。

以"三山五园"为代表的皇家园林凸显了北京古都文化的地位，尤以颐和园为代表。颐和园的前身——万寿山清漪园是清代分布在北京西北郊皇家园林区"三山五园"中最后兴建的一座皇家园林，成为"三山五园"的景物构图中心，是清王朝达到极盛时期其综合国力在皇家园林建设中的集中反映。乾隆皇帝在诗中写道："何处燕山最畅情，无双风月属昆明。"可见，清漪园是乾隆在"三山五园"中的压卷之作。

咸丰十年（1860 年），清漪园及"三山五园"的其他园林同被英法联军付之一炬。光绪十二年（1886 年）至光绪二十一年（1895 年），光绪朝掌握实政的慈禧太后，在清漪园的废墟上按原规模重建，万寿山和昆明湖构成了这座皇家园林的主体框架。全园 100 余处景观，分为宫廷区（包括生活区）和苑景区，整体建筑格局规整，显示出皇家宫殿的庄重与威严。青灰色的屋顶和庭院的花草树木又营造了园林活泼的氛围。生活区背山面湖，所有建筑均有游廊串联，东可通大戏楼，西可达长廊。庭院中叠石、假山及富有寓意的陈设、花木，构筑出中国皇家园林追求的理想居住环境。殿堂中珍藏着 4 万余件文物，都是帝后使用过的原物。1998 年，世界联合国教科文组织派出专家对颐和园进行了严格的考察认定：（1）北京的颐和园，是对中国风景造园艺术的一种杰出展现，将人造景观与大自然和谐地融为一体；（2）颐和园是中国造园思想和实践的集中体现，而这种思想和实践对整个东方园林艺术文化形成的发展起了关键性的作用；（3）以颐和园为代表的中国皇家园林，是世界几大文明的有力象征。鉴于园林丰富的历史文化遗存和珍贵的遗产价值，1998 年 12 月 2 日，颐和园被列入《世界遗产名录》。

2. 早期工人运动的发源地和平西的抗日烽火昭示着丰富厚重的红色文化

中国工人运动是从长辛店开始的。古镇长辛店位于北京市丰台区永定河西岸卢沟桥畔，这是一条具有近千年历史的老街。1920 年 10 月，北京共产主义小组成立后，李大钊派邓中夏、张国焘来长辛店开展工人运动，并筹办成立劳动补习学校。1921 年 5 月，长辛店京汉铁路工会成立，10月改称工人俱乐部。1922年4月9日，在这里召开了京汉铁路总工会第一次筹备会。在1922年8月的工人罢工和1923年的"二七"大罢工中，成为中共领导罢工斗争的指挥部。毛泽东曾对长辛店"二七"大罢工给予高度评价："中国工人运动是从长辛店开始的。"

北京门头沟的斋堂川是北京著名的革命老区，具有光荣的革命斗争历史。1938年中国共产党领导下的八路军，在斋堂地区开创了平西抗日根据地，成为北京郊区抗日的中心。1938年3月，八路军——五师一部由邓华率领，挺进北平西山，建立了平西抗日根据地。同年5月，八路军一二〇师一部由宋时轮率领，也进入平西抗日根据地，与邓华部在斋堂川会师，组成八路军第四纵队，在平西、冀北、冀东同日寇展开游击战。1939年初，萧克、马辉之又奉命率部进到斋堂川上、下清水村，并成立冀热察挺进军，进一步在北平周围山区开展敌后游击战，建立抗日根据地。今门头沟区斋堂、马栏、黄塔等地，都曾是八路军抗日挺进军司令部的驻地。

1938年，在北京地区，我党领导的第一个抗日民主政府在门头沟斋堂万源裕成立。万源裕曾是门头沟斋堂川著名的老商号，位于东斋堂路南，创建于清末，创始人是西胡林村的谭景照，主要经营山里的核桃、杏仁，其商品远销到北京、天津，一直出口到日本、欧洲，兴旺时商号有十几把儿牲口从事外销运输。抗战爆发以后，万源裕的家族全力投入到全民族的抗战中。1937年南口抗战的重要战事髻鬏山战役，万源裕把当时全部五把儿牲口都支援了前线。战事溃败以后，所有

□ 宛平县抗日民主政府所在地——万源裕

牲口都没有回来，故此，商号无法经营。1938年我党领导的抗日武装在斋堂川活跃起来，万源裕的族人大多参加了抗日工作，抗日民主政府就选择了万源裕商号作为政府办公地。抗日民主政府的牌子挂在了万源裕的大门口，标志着北京地区第一个抗日民主政府成立。第一任县长魏国元、第二任县长焦若愚都曾在这里办公，领导斋堂川的抗日斗争。《门头沟区志》记载：1938年3月下旬，宛平县抗日民主政府成立，县政府设在东斋堂村万源裕。此院坐西朝东，大门在东北角，院东西长10.3米，南北宽9.45米。西房六间，长16.2米，进深5米，硬山式，板瓦、台基高0.66米；东房形制与西房相同；南房3间；北房形制与南房相同。1938年9月，房屋被日军烧毁。后在原址新建南北房，东西房仅存地基。①

3. 具有地方特色又与北京城市融为一体的京味文化

妙峰山被称为中国民俗学的发祥地之一。妙峰山位于北京门头沟区，北接昌平，东与海淀相邻，西倚太行山脉，南有永定河大峡谷。妙峰山顶有闻名遐迩的娘娘庙（即惠济祠），主要建筑包括山门殿、正殿、地藏殿、药王殿、观音殿、月老殿、财神殿和王三奶奶殿。此外，还有庙外一大批建筑。妙峰山的民间宗教信仰紧密地与地方民俗相结合，并以庙会的形式将香火、集市贸易和民间戏曲及杂技演出融为一体，形成香会、善会、花会等独具地方特色的民俗文化活动之地，成为中国民俗学者心目中的一块宝地。1925年顾颉刚、孙伏园、容庚等到妙峰山考察香会，被认为是中国民俗学田野调查的开端。

门头沟独具民俗特点的建筑颇多，在永定河畔当推龙王庙，其中三家店村中的龙王庙影响最大。三家店位于永定河流出山中峡谷后进入北京平原地区的第一个、也是最重要的渡口。三家店龙王庙创建于明代，清代三次重修。龙王庙坐东朝西，是三合院形式，上镶有石额"古刹龙王庙"，正殿三间，左右配殿各三间，均为硬山式。大殿前出廊，廊下

---

① 北京市门头沟区地方志编纂委员会编：《门头沟区志》，北京出版社，2006年，第581页。

□ 龙王庙中的龙王

立顺治、乾隆、光绪时期三通石碑。殿内龛台上端坐着北京地区仅存的五尊乾隆时期的龙王神像，两旁有雷公、电母等塑像。大殿内两侧墙上有气势宏大的《龙君出行图》壁画，是十分珍贵的文物。

门头沟是北京城的重要燃料——煤炭的开采提供之地，旧时煤窑祭祀窑神是特有的习俗。窑神庙位于门头沟的圈门，据说门头沟就是以圈门前这条沟而得名，因此这座窑神庙也就不同凡响了。庙宇创建年代不详，清嘉庆、光绪年间曾重修。前部为门楼，石额题"古刹窑神庙"，旧时庙内供奉窑神，须发蓬松如猬，身着黄袍，头戴乌纱帽，手倒提一串铜钱。圈门窑神庙前有大戏楼，每年农历五月十三煤窑停采和腊月十七祭祀窑神时，均由各煤窑摊钱，演大戏3天，乞求窑神保佑窑工平安，多出好煤。

4. 从无定河到永定河的治理，是不断创新的记录

清康熙年间，对永定河段进行全面治理，建起百余里的两岸堤防体系。康熙四十年（1701年）在卢沟桥下游永定河西堤上建草坝，后改建溢水石坝，称金门闸，经道光、同治、宣统年间历次重修，是名副其实的涵闸，这也成为我国古代水利建筑史上一项不朽的工程。此外，清代还在卢沟桥北东堤300米堤根处修建了"石景山厅"水志，作为古代水尺，为水位涨落传递水情标志。这些水利科技的创新，不断提升着生产力水平，进而推进着整座城市的发展与进步。

四、形式多样的宗教建筑：具有深厚的文化底蕴和不同凡响的影响力

西山永定河文化带的宗教建筑，其始建年代最早可以追溯到两晋及隋唐时期，各自的特点尤为突出，尽显文化底蕴。

房山云居寺：石经名扬世界。位于北京市房山区大石窝镇。由云居寺、石经山藏经洞、唐辽塔群构成。云居寺坐西朝东，四面环山。寺东约1.5千米处为白带山，属上方山南延支脉。山上常有白云如带，萦绕山腰，故称白带山。还有一说：山上岩层倾角平缓，少弯曲褶皱，形似千层糕、万卷书，山腰夹有裸露白云岩（汉白玉）岩层，因而远看山有白带，故称白带山。云居寺因经而建，寺以经贵。隋大业七年（611年），高

□ 云居寺全貌

僧静琬在白带山开始刻经存经，在山上建造佛堂、僧舍等房屋，称为云居寺。历经千年直至明代，这里的僧人们刻经不止，共刻佛教经籍 1122 部 3572 卷，镌刻石经版 14278 块（不包括残石），所刻经文字数 3500 多万字，堪称世界佛教史上的奇迹，为世界留下了丰富的文化遗产。1961 年 3 月 4 日，云居寺塔及石经被国务院列为首批全国重点文物保护单位。

房山十字寺：最早的景教寺院遗址。位于北京市房山区周口店镇车厂村北，创于晋唐，辽应历年间重建。元以前称崇圣院，元代始称十字寺。寺院早毁，仅有殿基、围墙、石臼、石碑等，还有一株高 30 米、围长 3 米的银杏。遗址有旧山墙合围，院门早已无影无踪，院内已经没有任何房屋结构，只有三通石碑，还有一些散落的柱础等原建筑的石构件。三通石碑为：辽《大都崇圣院碑记》、元《大元敕赐十字寺碑记》《大秦景教流行中国碑》。景教就是基督教的分支，元代有景教徒走进幽州（辖今房山）的崇圣院（十字寺），不知是院里的佛教徒皈依了景教，还是景教徒们占用了这所寺院，为区别于其他庙堂，他们在院中建起一座刻有"十"字标志的幢，此院遂成为我国著名的景教寺院，是目前中国发现的唯一比较完整的景教寺院遗址。由于北京房山十字寺及其碑刻遗物在中国大陆是独一无二的，其宗教文化价值、人文价值无与伦比，所以这处遗址原是区级文物保护单位，2006 年被国务院批准列入第六批全国重点文物保护单位名单。

石景山八大处灵光寺：存有佛牙舍利的寺庙。位于

□ 八大处灵光寺佛牙舍利塔

石景山八大处第二处。始建于唐大历年间，初名龙泉寺。佛牙舍利塔位于灵光寺院内，原名为招仙塔，建于辽咸雍七年（1071年），塔内安置释迦牟尼佛牙舍利一颗。清光绪二十六年（1900年），毁于八国联军炮火，仅存塔基，后在清理时发现藏有佛牙舍利石函。据已故中国佛教协会会长赵朴初考证，灵光寺所供奉之佛牙确为佛陀涅槃后存留世间的两颗佛牙舍利之一，故极为珍贵。1957年中国佛教界依照佛教传统，倡议在灵光寺修建新塔，作为永久供奉的场所。这一倡议得到周恩来总理批准。从1958年夏至1964年春，新建佛塔经精心施工，终于巍然屹立在灵光寺院内。新塔在原招仙塔塔基北部，为八角十三层密檐，塔顶为鎏金宝瓶。佛牙舍利移至新塔内供奉。

石景山慈善寺：佛道两家共进一堂。慈善寺位于石景山区天泰山主峰西侧平台上，又称天台寺。始建年代待考，寺内有铁钟一口，上铸"天台山佛慈善寺，康熙三十三年（1694年）"。慈善寺坐北朝南，由正院、东跨院、东山坡和院外四部分殿堂组成。大悲殿为主殿，正中供金

□ 石景山慈善寺

漆木雕观音像，两旁有碧霞元君等八尊塑像，这种佛道两家共进一堂的殿宇是该寺的特点。此外，慈善寺山门与主体院落相距600米，山门为接引殿、卧佛殿；山门左侧有水帘洞，洞内有泉井、神像。主体院落分东西两路。西路依次为韦驮殿、大悲殿，左右配殿为伽蓝殿、达摩殿、圆通殿、地藏殿，后殿为魔王老爷殿，亦称藏经阁。大悲殿内供奉千手千眼观音。魔王老爷殿楼上供奉三世佛，下层供奉魔王坐像，殿西墙有《顺治归山诗》。东路为道教殿堂，依次是财神殿、三皇殿、斋堂、吕祖殿。三皇殿内供奉伏羲、神农、黄帝。东山坡上还有玉皇殿、天齐殿。清康熙年间至解放初期，每年农历三月十三日至十五日为天泰山庙会，香火极盛。

门头沟戒台寺：有中国现存最大戒坛。位于马鞍山麓，又名戒坛寺。创建于唐武德五年（622年）。辽代咸雍年间，高僧法均在此建立戒坛传戒，后历代对戒台均有修缮。戒台寺坐西朝东，天王殿、大雄宝殿、千佛阁（已拆）、观音殿、九仙殿等为主要建筑，都在中轴线上。殿宇依山势而建，逐层升高，高大巍峨，重檐复宇。戒坛殿为一重檐琉璃瓦顶的方形建筑，内有汉白玉戒台，为高丈余的三级石刻台座，雕刻精美，是中国现存戒坛中最大的一个，被誉为"天下第一坛"，也是中国佛教史上最高等级的受戒之所，虽历尽沧桑，仍保存完好。门外有经幢三座。戒台寺北面高台之下是塔院，有辽塔。在千佛阁与戒坛之间，有牡丹院等庭院式建筑，自清代以来，这里以种植丁香、牡丹闻名，尤其是黑牡丹等稀有品种，清恭亲王曾在这里隐居10年。牡丹院的建筑风格别具特色，它将北京传统的四合院形式与江南园林艺术巧妙融合。寺东南有方丈院和和尚墓地塔林，寺后极乐峰下有众多喀斯特溶洞。戒台寺内松树形态堪称一绝，最负盛名的有活动松、自在松、卧龙松、九龙松、抱塔松等。

香山昭庙：体现中华一家。为静宜园别垣第二景，全称宗镜大昭之庙，俗称"昭庙"，是一座藏汉混合式样的大型喇嘛庙。始建于清乾隆四十二年（1777年），于乾隆四十五年（1780年）完竣、开光，是为迎接六世班禅来京向乾隆祝贺七十大寿而建，故又称班禅行宫。昭庙坐西向东，建筑布局沿中轴线自东向西建有三门琉璃坊（坊东额曰"法源演庆"，西额曰"慧照腾辉"）、都罡殿、大白台、井字御碑亭、清净法智殿、大红台、大圆镜智殿、七层琉璃万寿塔。昭庙琉璃牌坊、琉璃万寿塔的形状与承德外八庙须弥福寿之庙基本相同，属于姊妹建筑。都罡殿三楹，原覆鎏金瓦。墙体外表用砖石修砌，壁面上有藏式梯形盲窗，上嵌琉璃制垂花门头，总体为藏式寺庙，但细部装修体现了浓郁的汉族风格。乾隆四十五年（1780 年）御制《昭庙六韵》。诗曰："昭庙缘何建，神僧来自遐。因教仿西卫（既建须弥福寿之庙于热河，复建昭庙于香山之静宜园。以班禅远来祝釐之诚可嘉，且以示我中华之兴黄教也。是日自谒陵回跸至香山落成，班禅适居此庆赞。又昭庙肖卫地古式为之，卫者番语谓中，俗谓之前藏，班禅所居后藏，乃实名藏，藏者善也），并以示中华。"这座寺庙体现了清政府对藏族及黄教的尊重，在大一统的中华文化中具有标志性的作用。

碧云寺：以宏丽著称。有文献这样写到："西山佛寺累百，唯碧云以宏丽著称，而境也殊胜。岩壑高下，台殿因依，竹树参差，泉流经络。"碧云寺位于西山聚宝峰，原为金代玩景楼旧址，元至顺二年（1331 年）建碧云庵，明正德九年（1514 年）和天启三年（1623 年）两次扩建，改名碧云寺。所谓宏丽，体现在寺院依山而建，六进院落纵贯东西轴线，各组殿宇层层升起，布局严整壮观；背靠西山，南邻静宜园，周围松柏蓊郁，涧泉潺潺，环境优美。寺内园林集中体现在以泉水点缀的院落，卓锡泉源于寺后崖壁石缝中，导入水渠，流经斋厨，绕长廊出侧殿之两庑，再左右折复汇于正殿前的石砌方池。山泉源头有奇树瘿柳，柳左侧立有万历皇帝御题"水天一色"三楹之堂，堂前临荷沼，沼南修竹成林，岩下的啸云亭等景致形成幽静的园林庭院。有诗存："西山千百寺，无若碧云奇。水自环廊出，峰如对塔移。楼齐平乐观，苑接定昆池。不似人工得，当时作者谁？"[1] 清乾隆十三年（1748 年），

---

[1]（明）公鼐：《碧云寺》，朱如意：《碧云寺》，北京出版社，2018 年。

进一步扩建碧云寺，并于寺后墓圹旧址建金刚宝座塔，寺左建罗汉堂，寺右建行宫院。碧云寺金碧鲜妍，宛一天界，故有"西山兰若，碧云香山相伯仲""西山一径三百寺，唯有碧云称纤秾"及"香山古，碧云鲜；碧云精洁，香山魁恢"等说法。民国十四年（1925年）3月12日，孙中山先生在北京逝世，4月2日灵柩移至碧云寺，安厝寺内金刚宝座塔的石券内，放置4年。民国十八年（1929年）5月27日灵柩移出后，普明妙觉殿辟为"总理纪念堂"。民国时期，殿堂的正中安置孙中山遗像，像前放置花圈，内壁书有"总理遗嘱"，并展出遗物。中华人民共和国成立后，市人民政府拨专款整修碧云寺的孙中山纪念堂等建筑，1954年9月12日正式对外开放，碧云寺又增添了新的文化景观。

作为代表性的文化遗产点还有像横跨永定河、具有800多年历史的卢沟桥，无论在古代史、现代史、当代史上都具有举足轻重的地位和影响，就其建筑而言，也体现了创新文化的特点。在西山永定河文化带上还有一处独有的古村落为国家重点文物保护单位，就是藏在深山中的爨底下，留给我们讲不完的故事……

在梳理西山永定河文化带的文化遗产点中，可以得出这样的结论：西山永定河文化带源远流长、底蕴深厚、形态多样、影响广泛。北京历史文化是中华文明源远流长的伟大见证，要"更加精心保护好"，凸显北京历史文化的整体价值，强化"首都风范、古都风韵、时代风貌"的城市特色。我们要不断深入领会这些指示，做好保护、传承、利用等一系列大文章。

长安街建设的故事

长安街素有"神州第一街"的美誉，明建成紫禁城、皇城和内城后，辟为街道，以都城"长安"取名。早期的长安街从东单至西单全长3.8千米，被长安左、右门分隔为东、西两段。1912年长安街始得贯通。

新中国成立后，经过天安门广场的建设，长安街从西到东的轴线作为城市轴线的地位日益显著。长安街东、西分别延伸至通州镇和首钢东门。2010年6月长安街西延道路工程规划方案获得批准，长安街再向西延长到门头沟的三石路与规划中石龙西路的相接处，整个长安街共长51.4千米，其长度是现代新南北中轴线的近3倍。现如今随着首钢大桥的建成通车，目标已经实现，长安街由此成为世界上最长、最宽的街道。2005年国务院批准北京市的总体规划，确定"两轴两带多中心"的格局，正式明确了长安街沿线作为两大城市轴线之一的地位。

一、长安街的建构改变了北京城市的格局

今天的北京城是一个经过认真规划的城市，自元大都建设以来，形成了以城市南北中轴线为核心的格局，中心突出、东西对称、起伏有序；而东西轴线的形成，使城市的总体格局发生了变化。

1. 城市空间结构由"一轴"变为"两轴"

在历史上，南北中轴线决定着北京城市的格局。这条被世人比喻为"龙脊"的传统中轴线，是整个古代北京城市发展的核心。全城建筑以

中轴线为基线对称展开，形成了单一线性的城市轴线空间结构。紫禁城居于中心，使整个北京中轴线上及周边地区都能够感受到皇权的威严。就其本身而言，不可贯通的紫禁城位居北京城的核心位置，这决定了北京中轴线不可能成为贯通的交通轴线和城市开发轴线，确切地说，它主要担负象征意义。民国以后，随着长安街的贯通，一条与中轴相垂直的横轴开始出现，变成了东西走向、与中轴同样重要的轴线。这条轴线不仅有象征意义，而且起到了城市交通大动脉的作用，增添了实用的功能。

2. 呈现新的棋盘式的城市布局

原本北京的东西走向的主要街道几乎都是平行的，宽度大体在 20 米之内，也就是元代所形成的胡同六步阔、小街十二步阔；南北走向的主要街道几乎都与南北中轴线平行，有一些较为宽一些的所谓大街，达到二十四步宽，这些街道与东西走向的小街与胡同形成长方形围棋盘式格局。长安街的出现突破了北京城市以紫禁城为中心的政治、文化功能的旧格局，特别是长安街的发展，使得北京城市的空间格局由单一的中轴线格局演变成十字交叉、垂直相交、纵横交错式的城市结构中枢系统，为北京棋盘式的长方形城市总体结构奠定了一个起核心作用的核心结构。

3. 两大轴线的交会处使得城市中心南移

东西轴线与南北中轴线在天安门广场交会，形成了北京城市建设的新坐标，由此对北京城市的格局变化产生了重大而深远的影响，使天安门广场建筑群体在全城平面中心布局中处于中心位置，使原来皇宫大内的紫禁城成为"后院"，形成了北京作为新中国首都的城市建设新格局。

二、完整记录了北京城市建设发展的步伐

长安街的东西轴线是从近代开始逐步发展变化的，而且完整地记录了北京历史上所经历的重大变革。

□ 东长安街牌楼（1952 年摄）

1. 向近代城市迈进的征程从这里起步

辛亥革命以后，北京作为封建帝都，在向近代城市迈进的征程中，最先在这里体现出近代城市的功能。民国元年（1912 年）拆长安左门、长安右门（留下三个门洞，称东、西三座门）及部分围墙，东西长安街连通，车辆、行人自由通行。民国二年（1913 年）拆千步廊，民国三年（1914 年）10 月，将社稷坛开辟为中央公园。民国十四年（1925 年）3 月，孙中山逝世后灵柩曾停放其处，民国十七年（1928 年），改名中山公园。辛亥革命后，太庙仍归清室所有。民国十三年（1924 年）11 月，冯玉祥的国民军将溥仪驱逐出宫，民国政府收回太庙，辟为和平公园。民国三年（1914 年）11 月至民国九年（1920 年），在东、西三座门，中央公园门前修筑沥青路。1924 年北京开始通行有轨电车，有三条路线通过广场及东、西长安街，为配合电车通行修筑了沥青路面。袁世凯窃据大元帅宝座，辟中南海为大元帅府，开中南海南门为新华门。1939年日本帝国主义侵华时期，在东城墙开一豁口，叫启明门（今建国门），西城墙开长安门（今复兴门）；从启明门至八王坟、长安门至玉泉路辟6 米宽砾石路面，护城河上架设木桥。

2. 首都功能的城市建设在这里体现出来

新中国成立以后，北京作为人民共和国的首都，在城市规划和建设中要体现首都的性质和功能，作为新中国和新北京象征的长安街就开始担负起政治大街的重任。1964 年长安街形成比较完善的规划方案，提出长安街应该体现"庄严、美丽、现代化"的方针。1982 年《北京城市建设总体规划方案》明确北京的城市性质是"全国的政治中心和文化中心"，指出要发展"适合首都特点的经济建设"，提出"对旧城的功能进行调整改组，使其充分体现政治中心和文化中心的需要；要继承和发扬历史文化名城的传统，并且要有创新，充分体现社会主义首都的新格局、新风貌；并要逐步改变落后面貌使之现代化"。在此基础上，制定了《关于天安门广场和长安街规划综合方案的建议（草案）》，确定了长安街作为政治性、文化性大街的规划原则，总体布局上从长安街的长度、宽度、建筑高度、红墙、绿地、服务设施、轴线分布、地铁等方面提出了明确的要求。进入 21 世纪，城市发展面临更多新的机遇与挑战。《北京城市总体规划（2004 年—2020 年）》对长安街及其延长线的发展明确了方向，进一步提升了它的地位。总之，东西轴线的建设及其附着于两侧上的建筑，真实体现和记录着北京城市发展的步伐。

（1）道路建设。新中国成立后，对长安街路面进行了多次大规模的改造。1950 年 6—9 月在东、西长安街东单至南长街之间修林荫大道，即南河沿以东在原 15 米道路的北侧，南河沿以西在原 15 米道路的南侧，各修一条 15 米宽的沥青路与旧路相平行。1952 年拆除东、西三座门洞。1954 年拆除了东单牌楼和西单牌楼。从 1958 年开始，为迎接国庆十周年庆典，开始了大规模的建设，基本要求是在天安门广场及东西长安街要求无轨无线，路面可以承受 60 吨接受检阅的坦克的行驶，道路及广场要求"一块板"，以便于游行集会。首先开始展宽东单至建国门之间的道路，将裱褙胡同与观音寺胡同之间的房屋全部拆除，修成 35 米宽一幅式沥青路，这条道路上的有轨电车道也随之拆除。1959 年 3 月至 9 月，为配合天安门广场扩建，东单至府右街之间进行了进一步的展宽，达到45—80米，全部为混凝土路面，人行道铺设水泥方砖，以花岗岩为立缘石。至此，长安街真正发生了巨变，基本形成了现在的格局。

从1959年到1983年，长安街的路面使用了25年，陆续出现拥包、坑洞、脱皮、沉陷、龟裂等现象。1983年开始进行大修，施工采取方格网控制高程，分层、分段、分幅施工，对裂缝处理采用乳化沥青灌缝，按照不同的宽度贴铺土工布，布层之间喷洒乳化沥青，将两侧水泥道牙换成花岗石道牙及平石。1987年重点对西长安街中段进行了大修，包括加铺沥青混凝土面层，翻建道路侧石，用整齐等长的花岗石细琢石料替代原来的水泥石块，新铺了花岗石料的侧平石。这项工程获得了1988年北京市优质工程奖。1990年亚运会前，对快车道（24米宽）进行大修，用铣刨机将路面铣平，用粗粒式沥青混凝土补修下沉部分，再加铺沥青混凝土面层。1997年，对长安街道路东起建国门、西至礼士路南口（全长7.5千米）的路面进行全线翻修，面层采用新型改性沥青材料，面积29.7万平方米。

1999年新中国50周年大庆，为举行盛大的阅兵式，全面整治长安街，重点是公主坟至大北窑的13千米，对长安街的路面进行了大规模的建设改造，除了全线翻修路面外，主要铺设花岗岩步道和彩色方砖步道，增设盲道，规范了便道的宽度，复兴门至建国门之间的步道宽度为6米以上，其余路段步道宽度为4.5米以上。步道材质，在天安门广场周边道路铺设花岗岩步道；将公主坟到大北窑两侧13千米的人行步道改铺成彩色方砖步道。人民大会堂灰色方砖步道全部"退役"，取而代之的是黑白点的花岗岩条石砖。天安门周边地区，即国家博物馆北门至国家博物馆西侧路、人民大会堂北门及东侧路、南池子南口至天安门等大约6.6万平方米的步道都铺上了这种花岗岩条石砖。这次以花岗岩作为步道铺砌材料，并大面积使用彩色水泥方砖，在国内还是第一次。树池采用金属箅子，路两旁填充了碎石。"长安街及其延长线步道修缮道路扩建工程"获得了1999年"长城杯"工程奖。

北京，有多少热点，就有多少故事

□ 1956年东单路口

　　进入本世纪以后，比较大的改造是西单至复兴门和东单到建国门的道路扩建。西单到复兴门原来路宽35米，南侧有一条非机动车道，2000年在北道牙不动的情况下，向南扩延了15米，使路宽达到了50米，路面调整为三幅式，两侧形成7米的非机动车道，非机动车道与机动车道之间设各3米的分隔带。在迎接新中国成立60年的长安街大修工程中，在主辅路翻新、全面加铺新型沥青混凝土的基础上，又进一步加宽路面，实现复兴门至建国门双向十车道，被誉为"神州第一街"的长安街更加壮观恢宏。

　　（2）集中供热设施建设。1959年国庆十周年，沿长安街修建了"长安线"，主要是为"国庆工程"的十大建筑及中南海供热。工程于1959年初开工，全线分为六段，同时开工建设。该线由北京第一热电厂引出，沿建国路向西横贯东西长安街至民族饭店，全长10千米。其中从北京第一热电厂至日坛路口长约4千米管线，供、回水管采用直径700

毫米钢管；日坛路口至民族饭店长约 6 千米管线，供、回水管采用直径 500 毫米钢管。全部为地下敷设，1959 年入冬前，向人民大会堂、中国历史革命博物馆、民族文化宫、民族饭店、北京站等重点工程和中南海"船坞"供热。

（3）供水建设。1954 年，为连接水源二厂、水源一厂，兴建了自复兴门沿复兴路横贯东西到永定路的直径 400 毫米铸铁管干线，使水源三厂与城区联网运行。这一年兴建了建国门至红庙直径 300 毫米—400 毫米铸铁管线，途经建外大街到八王坟。1956 年，水源四厂建成投产后，兴建了自礼士路沿复兴门大街至西长安街到天安门长 3.4 千米的直径 600 毫米铸铁管干线，为天安门广场及人民大会堂用水和建设创造了条件。1957 年，兴建了自三里河路南口直径 600 毫米铸铁管干线，与复兴门大街到礼士路与原西长安街直径 600 毫米干线连通，同时又连通了直径 1000 毫米"阜四"干线，使天安门广场的安全供水进一步得到保障。1959 年，兴建人民大会堂、历史博物馆直径 600 毫米铸铁管专用线，并与长安街直径 600 毫米干线连通，保证了两处用水的可靠性。1974 年，兴建自东单沿东长安街至南夹道的直径 1000 毫米、长 1 千米钢管主干线，加大了天安门地区的供水力度。1985 年，兴建了建国门至东单的直径 1000 毫米、长 1.5 千米钢管干线，在东单与原直径 1000 毫米干线连通，使东西长安街和天安门广场地区的用水，可由来自建国门、前门、复兴门的三条配水干线供应，供水更有保障。1985 年，田村山净水厂建成投产后，兴建了田村山净水厂至公主坟直径 1400 毫米、长 8 千米钢管干线：自田村山净水厂向南，沿复兴路到公主坟与原直径 1200 毫米干线和西三环直径 1000 毫米干线连通，形成与水源三厂、四厂对置互补网络；兴建了沿复兴路经石景山路到古城的直径 600 毫米钢管干线。总之，整个长安街及其延长线与北京地区主要的水厂和输配管线贯通，保证了生活用水。

此外，作为城市基础设施的雨水排放、污水处理、生活燃气供应、用电保证都随着道路及其周边用户的扩展和相应基础设施技术的提高迅速得到加强，基本与北京城市功能的提高保持同步。

209

二 北京，有多少热点，就有多少故事

三、为城市功能的变化提供了延伸的空间

如果说原来的十里长街定位在政治大街上，那么百里长街就赋予了与首都功能完全契合的功能，世界城市和国际化大都市的目标也开始展现出来，同时也肩负起宜居城市的功能，开始具有象征走向世界的符号意义。

1. 国际交往的重要窗口

1949 年中华人民共和国成立后，许多友好国家与中国陆续建交，有些国家租用城内原有房屋作使馆用。根据周恩来总理关于"把使馆从城里迁出，集中建馆"的指示，1955 年开始在建国门外位于长安街延长线的北侧建设使馆区。1955 年 7 月，首批使馆开工，1957 年 3 月竣工，建筑面积共 2.6277 万平方米，分别提供给哥伦比亚、斯里兰卡、越南、芬兰、埃及、阿尔及利亚的驻华机构租赁使用。1957 年 7 月，紧邻这批使馆区开始兴建北京第一批外交公寓，共 11 栋，总建筑面积约 5 万平方米。

为了使外宾生活更便捷，购物方便，1972 年 8 月建成了友谊商店，也位于建国门外大街路北。

改革开放以后，北京作为国际交往中心的特点更加突显，一大批为国际交往服务的写字楼、宾馆、饭店在长安街及延长线上如雨后春笋般矗立起来。有些挤进了城市的核心地带，如东方广场坐落于东长安街东单与王府井之间，门牌号是东长安街 1 号，占地 10 万平方米，总建筑面积达 80 万平方米，包括高科技、投资证券、金融、保险、会计、律师、医药、媒体、广告、奢侈品与消费品等各种企业，成为世界 500 强企业的汇聚地。

2. 经济影响力开始突显

长安街上两大重要板块成为北京经济的重要支点，据普华永道和纽约合作组织联合发布的研究报告《机遇之都 2012》称，北京经济影响力跃居全球之首，超越了包括众多历史上重要的全球性城市的其他参评城

市。在北京获得第一的经济影响力指标中，包含"世界500强公司总部的数量""金融和商业服务领域的就业形势""吸引外商直接投资新建项目的数量及资本投入额""GDP增长率"以及"城市生产力水平"五项指标，其中的一些指标水平在长安街上得到验证。

东长安街延长线上坐落着北京商务中心区——北京CBD，东起西大望路、西至东大桥路，北起朝阳路、南至通惠河，总占地约4平方千米，是摩托罗拉、惠普、三星、德意志银行等众多世界500强企业中国总部所在地，以及国内众多金融、保险、地产、网络等高端企业的所在地。CBD作为一张新版的"城市名片"和国际大都市的一个重要标志，正在成为首都对外开放的重要窗口和率先与国际接轨的商务中心，成为首都现代化新城区和国际化大都市风貌的集中展现区域。

一 北京，有多少热点，就有多少故事

□ 首钢的厂房改造为冬奥组委办公区

东西长安街及其延长线上还分布着诸多金融建筑，在西长安街连接着占地 1.18 平方千米的金融街，那里聚集了中国人民银行和中国银保监会、中国证监会等金融监管部门及众多国内外大型金融机构和国企总部，是北京市资金、技术、知识密集度最高，税收增长最快的地区之一，也是北京市乃至全国一平方千米高端产业最聚集、创造价值最大的区域。

3. 城市的宜居功能体现出来

长安街延长线的进一步延伸，将北京的东部通州和西部门头沟都纳入了北京城东西轴线的范围，按照城市总体规划"两轴两带多中心"的城市空间结构布局，为统筹经济社会、资源和生态环境的协调和可持续发展，根据不同区域的现状发展特征、资源禀赋及生态环境承载能力的划定，通州新城是东部发展带的重要节点，北京重点发展的新城之一，是北京未来发展的新城区和城市综合服务中心；门头沟新城是西部发展带的重要组成部分，要引导发展文化娱乐、商业服务、旅游服务等功能。

这两个地区按照规划的要求，又是北京城区人口重要的疏散地，其功能的增加，为当地的人民生活提供了便利。通州区正在加快建设城市副中心的步伐，成为城市化的龙头。新城规划中心城面积达到 115 平方千米，能容纳 90 万人口，投资百亿元加强了以道路交通、供热、燃气、生态环境等为主的城市基础设施建设。新城基本框架初步形成，公共服务设施不断完善，一大批道路桥梁建成，众多优质教育、医疗资源相继落户，城市服务功能不断增强，为其实现宜居城市创造了条件。门头沟原本以产煤而闻名遐迩，进入 21 世纪后，结束了上千年的小煤窑开采历史，大力实施永定河全流域生态修复综合整治和景观建设，形成了永定河 88 千米河道、清水河 28 千米河道百里亲水走廊，建设湿地 120 万平方米，总投资 20 亿元的"一湖多园五水联动"景观体系已经成形。此外，还启动了最大的民生工程——采空棚户区改造，建设安置房 200 万平方米，解决棚户区 3.1 万户、8.5 万人的住房问题。总之，长安街及其延长线两端的宜居功能开始凸现出来。

□ 在建的首钢大桥

□ 建设中的中国尊

北京，有多少热点，就有多少故事

4. 西部综合文化娱乐区建设纳入总体规划，并开始实施

按照新的北京市城市总体规划，长安街延长线的西部为综合文化娱乐区，其中最为重要的是位于东西轴线西端的首钢厂区搬迁以后的利用。在编制其改造规划中，把首钢旧工业区的功能定位为北京西部综合服务中心和后工业文化创意产业区，将工业文化遗产保护区、工业主题游览区、行政办公商务区、休闲旅游区等设想均纳入《首钢旧工业区改造规划》。规划总用地约 8.63 平方千米，总建筑规模约 1060 万平方米。整个服务区呈一个 L 形，从西北往东南依次是工业主题园、文化创意产业园、综合服务中心区、总部经济区和综合配套区。长安街延长线从文化创意产业园和综合服务中心区中间横穿。沿永定河的一侧，还有一条从东南贯穿至西北的综合生态休闲带。

随着时代的发展，北京城市的优势已经大大突破了原有的政治、文化方面的内容，已然涵盖了国际化和现代化大都市的诸多指标。长安街及其延长线作为一条体现现代化意识的城市轴线，也是北京城市优势的集中体现。

北京长安街的政治文化特征

北京作为历史文化名城和中华人民共和国的首都，长安街及其延长线集中反映了它的政治和文化特征。

首先体现在"政治大街"上，长安街见证了中国百年来的重大事件，有些事件起到了划时代的作用。

见证了"五四运动"。1919 年 5 月 4 日在北京爆发的"五四运动"是中国人民彻底地反对帝国主义、封建主义的爱国运动。当时的北洋政府屈服于帝国主义的压力，准备在丧权辱国的《协约国和参战各国对德和约》上签字。1919 年 5 月 4 日，北京高校的 3000 多名学生代表冲破军警阻挠，云集天安门，他们打出"誓死力争，还我青岛""收回山东权利""拒绝在巴黎和约上签字""废除二十一条""抵制日货""宁肯玉碎，勿为瓦全""外争国权，内惩国贼"等口号。游行队伍经由东长安街，直奔赵家楼胡同三号，烧了卖国贼曹汝霖的住宅。学生们还聚集在西长安街新华门，要求见大总统徐世昌。有民众加入到请愿行列，一些洋车工人把一天做工的血汗钱都拿出来，给学生买烧饼、茶水。一直到 6 月，学生影响不断扩大。6 月 3 日，北京数以千计的学生又涌向长安街等街道，开展大规模的宣传活动，引发军警大规模逮捕学生，新一轮的大规模抗议活动在全国各地如火如荼地开展起来。"五四运动"是中国革命史上划时代的事件，是中国旧民主主义革命到新民主主义革命的转折点，标志着中国旧民主主义革命的结束和新民主主义革命的开端。

见证了"一二·九运动"。1935 年的 12 月 9 日，北平（北京）大中

215

学生数千人在中国共产党的领导下举行了抗日救国示威游行，反对华北自治，反抗日本帝国主义，从而掀起了全国抗日救国新高潮，史称"一二·九运动"。游行队伍由新华门出发，经过西单、东单、王府井大街、南池子，在天安门举行大会。沿途不断有学生加入，不断有市民为之鼓劲。这是中国共产党领导的一次大规模的学生爱国运动，很多运动的参与者、领导者后来成为中国共产党的重要领导人。

见证了美军侮辱北京大学学生沈崇事件后，引发的反美抗暴运动。1946年12月24日，两名驻华美军在北平东单操场强奸了北京大学先修班女学生沈崇。北京城爆发了大规模的抗议浪潮，天安门前、东西长安街都成为集会和抗议活动的地点。

见证了中华人民共和国开国大典的盛况。1949年10月1日，天安门广场举行开国大典，毛泽东在天安门城楼上向全世界宣告中华人民共和国中央人民政府成立，随后在这里举行了盛大的阅兵仪式和群众游行。

见证了"文化大革命"的疯狂。1966年8月18日，在天安门广场举行了有百万人参加的"庆祝无产阶级文化大革命群众大会"。这次大会，既是庆祝中共八届十一中全会的闭幕，也是全面开展"文化大革命"的总动员。毛泽东一年内先后8次接见红卫兵，不仅广场，整个长安街都成为"红色海洋"，中国随之进入了十年浩劫。

见证了十里长街送总理和"四五天安门事件"。1976年1月周恩来总理去世，北京市民自发地十里长街送总理，还有随之发生的"四五天安门事件"，奠定了"文化大革命"的结束和"四人帮"的覆灭，在中国历史上具有划时代的意义。

见证了北京奥运会的成功举办。从2008年北京奥运会的申办、承办到举办，这里举行的一系列活动向全世界展示了改革开放以后的中国形象。

通过这些重大事件，长安街充分彰显了其作为一条政治性大街的功能和定位。

与此同时，长安街及延长线还更多地融入了文化元素。一批有影响的文化设施矗立在大街两侧，这些设施不仅在国内，而且在国际上也享有重要影响和重要地位。如国家博物馆、国家大剧院等，均在大街两侧。

20 世纪 50 年代在北京长安街西侧兴建了民族文化宫，这是北京著名的十大建筑之一。建筑面积 3.2 万平方米，主楼 13 层，高 67 米，东西翼楼环抱两侧，中央展览大厅向北伸展，飞檐宝顶冠以孔雀蓝琉璃瓦，楼体洁白，塔身高耸，整个建筑构造具有独特的中国民族风格。文化宫基本陈列《中国少数民族传统文化系列展》，文化宫有珍贵少数民族文物 5 万余件，藏有 24 种少数民族文字文献及汉文书籍 60 余万册，还举办了各种形式的少数民族专题文化展览。在 1999 年国际建筑师协会第二十届大会上，民族文化宫被推选为 20 世纪中国建筑艺术精品之一。

在西延长线上，还有一座军事博物馆，它是北京 50 年代的"十大建筑"之一。占地面积 8 万多平方米，建筑面积 6 万多平方米，陈列面积 4 万多平方米，是中国唯一的大型综合性军事历史博物馆。基本陈列有土地革命战争馆、抗日战争馆、全国解放战争馆、抗美援朝战争馆、古代战争馆、近代战争馆、兵器馆、礼品馆等。

与军事博物馆紧邻的是中华世纪坛，是 20 世纪末为了迎接 21 世纪新千年而兴建的。世纪坛占地 4.5 公顷，总建筑面积 3.5 万平方米，由主体结构、青铜甬道、圣火广场、过街桥、世纪大厅、艺术大厅等组成，回廊有青铜铸造的 40 尊"中华文化名人"肖像雕塑。世纪坛承担着收藏、展示、研究世界艺术等任务。

2001 年 12 月正式奠基兴建的首都博物馆新馆于 2006 年 5 月 18 日正式开馆。建设用地面积 2.48 万平方米，总建筑面积 6.339 万平方米，展览构成包括基本陈列、精品陈列和临时展览。展陈的核心，表现了恢宏壮丽的北京文化，以及北京不断成长并走向辉煌的发展史。

2007 年建成的中国国家大剧院位于西长安街以南，总占地面积

□ 首都博物馆

11.89 万平方米，总建筑面积约 16.5 万平方米，其中主体建筑 10.5 万平方米，地下附属设施 6 万平方米，总投资额 26.88 亿人民币。

如果说传统的中轴线代表的是北京灿烂的历史文化遗产，那么东西轴线代表的就是新中国首都文化中心的文化成就。

古都文脉——朝阜路

朝阜路是由朝阳门开始至阜成门，共计 8 条大街构成，俗称朝阜路。这 8 条路是景山前街、五四大街、东四西大街、朝阳门内大街、文津街、西安门大街、西四东大街、阜成门内大街。共计 6.97 千米，路面面积 15.49 万平方米，沿街留下了北京古往今来的重要文化景观。

一、朝阜路的演变

元代，朝阳门内大街、阜成门内大街就是重要的干道，也是繁华的大街。朝阳门早在元代就辟为城门，即齐化门。经大运河运达北京的南方粮米，在东便门或通州装车，通过朝阳门进城，储存在城内的各大粮仓中。时至今日，朝阳门附近仍有许多有"仓"字的地名存在，如海运仓、北新仓等，间接佐证了朝阳门"运粮 之门"的功能，这里因此异常繁华。阜成门前身为元大都的平则门，京西门头沟的煤炭由此门运入京城，尽管以煤门著称，但是，进出的赶脚驼队也带活了这里的商业。

明、清时代，从东皇城根至西皇城根之间属于皇城范围，所以朝阳门至阜成门之间没有贯通的道路，乃是皇家重地的皇城及紫禁城。辛亥革命以后，1912 年皇城内开禁，景山前街于 1931 年打通，从此，一条连通京城东西的通衢大道贯通起来，而这条大道最中间的地段，就是穿过皇家御苑——北海中南海和北靠景山、南望故宫的这段景山前

北京，有多少热点，就有多少故事

街。20 世纪 30 年代将这条街修成沥青路面。1950 年在西四东大街修水泥混凝土路面，宽 10.5 米。1953 年拆除阜成门瓮城，展宽了朝阳门内大街，路面宽达 15 米。1955 年拆除了东四牌楼、北海南门与中南海北门的三座门、北海大桥东西端的"金鳌""玉蝀"牌楼。1956 年对朝阳门至阜成门之间的道路做大规模的改建，阜成门内大街展宽至 15 米，西四东大街在原 10.5 米宽水泥路北侧展宽 3.5 米，修成 14 米宽沥青面层；西黄城根北街南段修成 12 米宽沥青路面；西安门大街及文津街展宽成 18—20 米宽的沥青路面，拆除景山前街房屋 300 余间及大高殿的牌楼和习礼亭，景山前街展宽至 18 米。五四大街原系利用翠花胡同和弓弦胡同分上下行通车，此次拆除房屋 700 多间，修成 18 米宽新路。这期间展宽改建了北海大桥，为保护团城，道路在此处向南拐了一个弯，桥面及路面宽达 34 米。1963 年至 1965 年，朝阳门内大街、东四西大街、阜成门内大街修两侧人行道。1975 年对朝阳门内大街修成三幅式路面，机动车道宽 15 米，两侧隔离带各 1.5 米，非机动车道

□ 改造前的北海大桥（原载《北京志·城乡规划卷·规划志》）

4.5 米。1977 年在景山前街加铺面层，更换水泥路缘石及水泥方砖人行道。1979 年将文津街展宽成 20—25 米路面，基本形成了东西通畅的通衢大道。这条大道留下的是说不尽的故都情怀和现代大都市的行进轨迹。

二、皇家文化的浸润

朝阜路最中心的地段是景山前街，这是明清皇城的核心部分，这条大街是在皇城中间开辟出的一条连通城市东西的捷径，同时也与皇家的文化连结在了一起。从西向东，有几处重要的景观为这条大道增添了光彩。

北海大桥上领略到的太液秋风和琼岛春阴，曾经是皇帝独享的景观。

"太液秋风"是金代"燕京八景"之一，金章宗为之命名。太液为金中都西苑内太液池，即今中南海、北海。明代邹缉在《北京八景图》

□ 北海团城

□ 琼岛春阴（原载《北海公园志》）

中说："天气清明，日月滉漾而波澜涟漪，清澈可爱，故曰太液晴波。"[1] 乾隆诗中有"秋到宸居爽籁生，玉湖澄碧画桥横"之句，故叫太液秋风。站在北海的大桥，就可领略太液秋风的胜景。

琼岛春阴也曾是金代"燕京八景"之一。乾隆初年写的《燕山八景诗》中定其名为"琼岛春阴"，诗中写道："琼华瑶岛郁嵯峨，春日轻阴景色多。云护凤楼松掩映，瑞凝仙掌竹婆娑。低临禁苑滋苔藓，远带郊畿荫麦禾。更向五云最深处，好风时送九韶歌。"乾隆十六年（1751年）手书"琼岛春阴"碑，原立悦心殿前，后又移至琼华岛东侧半山。

正是由于团城紧邻大街，北海大桥的扩建不得不让位于它。团城高4.7米，周长276米，占地面积4500平方米。团城曾为辽代瑶屿行宫的重要组成部分。金朝在小岛筑起城墙，围成一个圆形的小城，作为祭祀天神用的圜丘，称其为瑶光台。从元代至今，承光殿一直是团城的主体建筑。大殿的正中为一重檐歇山正方形大殿，四面又各推出单檐卷棚式抱厦一间，成了富有变化的十字形平面，上面覆黄琉璃瓦绿剪边，瓦顶飞檐翘角，与故宫紫禁城角楼相似，为古代建筑中不多见的优美造型。承光殿中央佛龛内供奉着一尊释迦牟尼佛坐像，由整块白玉石雕刻而

---

① 李临槐：《"燕京八景"辨析》，《京华园林丛话》，北京科学技术出版社，1996年，第26页。

成，故称白玉佛，高1.5米。玉佛身穿金袈裟，头顶及衣褶上嵌着红、绿宝石，面部表情肃穆端庄，雕刻艺术精美绝伦。

承光殿南侧的玉瓮亭中的玉瓮是这里的珍品。玉瓮直径1.5米，周长5米，高70厘米，重3500千克。相传它是元世祖忽必烈为犒劳将士而特制的酒瓮，元末陶宗仪在《南村辍耕录》中提到玉瓮时称其"大可贮酒三十余石"。玉瓮雕成于至元二年（1265年），原

□ 团城承光殿中的白玉佛

名"渎山大玉海"，因传说此玉采自四川岷江，该地古称"渎山"，"大玉海"是极言其大，寓有"海德""海量"之意，故有此名。瓮身四周刻有云涛、蛟龙、海马，鱼龙出没，波涛汹涌，其雕刻之精美、形象之生动，堪称鬼斧神工。它与承光殿内的白玉佛合称"团城二绝"。大玉瓮原先置于琼华岛广寒殿（即现在北海公园白塔的位置）中，后来广寒殿倒塌拆除，大玉瓮便辗转流落到西华门外真武庙里，被道人当作菜瓮使用。清康熙五十年（1711年）重修真武庙时，置于殿内供奉大士像，也受到尊崇，真武庙之名也渐被玉钵庵取代。直到乾隆十年（1745年），有人将此事奏报朝廷，乾隆皇帝酷爱文物，发现玉瓮原是皇家御苑之物，于是敕以千金购回，移置北海团城的承光殿前，并建石亭加以保护。乾隆亲作《玉瓮歌》刊刻其上："元史世祖至元间，初成渎山大玉海，敕置广寒碧殿中，逮今五百有余载。青绿间以黑白章，云涛水物相低昂，五山之珍伴御榻，从臣献寿欢无央。监院道房曾几历，仍列

承光似还璧，相望琼岛咫尺近，岂必铜仙独泪滴。和阗玉瓮昨琢成，质文较此都倍赢，周监在殷殷监夏，一经数典惕予情"，又命内廷翰林 40 人各赋《玉瓮诗》一首，刻在石亭的楹柱间，至今仍依稀可辨。

在团城除了玉佛、玉瓮之外，还有三棵非常有名的古松。最著名的"遮荫侯"位于承光殿东面，树龄约 800 多年，树高近 20 米，树形遒劲古拙，冠如偃盖，好似撑开的巨伞。传说一年夏天，乾隆皇帝游北海，到团城适值正午，因室内闷热难耐，于是命宫人摆案油松树荫之下休息。清风拂过，暑汗全消，乾隆皇帝便效仿秦始皇游泰山避雨时封"五大夫"松的故事，封这棵油松为"遮荫侯"，同时还封南边的一棵白皮松为"白袍将军"，还有一棵油松为"探海侯"。团城虽然面积不大，但园林布局构思巧妙，是我国古代园林艺术的一件瑰宝。

再往东行，就与北京城市的中轴线相交，紫禁城的北城门——神武门赫然屹立在路的南侧。神武门是紫禁城的北门，位于景山前街 4 号。明永乐十八年（1420 年）建成时称玄武门。玄武为古代四神兽之一，从方位上讲，左青龙，右白虎，前朱雀，后玄武，玄武主北方，所以帝王宫殿的北宫门多取名"玄武"。清康熙年间重修时，因避康熙帝玄烨名讳改称神武门。神武门总高 31 米，平面矩形。基部为汉白玉石须弥座，城台辟门洞 3 个，上建城楼。楼建于汉白玉基座上，面阔 5 间，进深 1 间，四周围廊，环以汉白玉石栏杆。楼前、后檐明间与左、右次间开门，菱花隔扇门。东西两侧通往城墙及左右马道的门为双扇板门。四面门前各出踏跺。城楼为重檐庑殿顶，下层单翘单昂五踩斗拱，上层单翘重昂七踩斗拱，梁枋间饰墨线大点金旋子彩画。上檐悬蓝底鎏金铜字满汉文"神武门"，顶覆黄色琉璃瓦。楼内顶部为金莲水草天花，地面铺满金砖。

作为宫内日常出入的重要门禁，明清两代皇后行亲蚕礼即由神武门出入，清代皇帝从热河或圆明园回宫时也多从此门入宫。此门也是后妃及皇室人员出入皇宫的专用门。皇帝出外巡幸，可由午门出宫，但随行嫔妃必须由神武门出宫。清代选秀女时，神武门则是将被选看的八旗秀女领进和带出宫廷所必经的皇城大门。

　　神武门正对的是景山，是整个北京城的最高点。景山历史悠久。相传金代大定十九年（1179 年），金章宗在此地堆成了小丘，这就是最初的景山。及至元朝建都北京后，元世祖忽必烈在营建大都时，把皇宫的中心建筑延春阁建在土山的南面，并将土山命名为"青山"，又在青山上下广植花木，作为皇家的后花园。明灭元后，明朝统治者下令将元朝大内的宫殿全部拆毁，想以此消除前朝的"王气"。永乐年间，明成祖朱棣在北京大规模营建城池、宫殿和园林。依据"苍龙、白虎、朱雀、玄武，天之四灵，以正四方"之说，紫禁城之北乃是玄武之位，当有山，故将挖掘紫禁城筒子河和太液池、南海的泥土堆积在"青山"，形成五座山峰，称"万岁山"。清顺治十二年（1655 年），将万岁山改称"景山"。"景"是高大的意思，典出《诗经》中《国风·鄘风·定之方中》："望楚与堂，景山与京"，至今已沿用三百多年。乾隆帝曾在《御制白塔山总记》中写有"宫殿屏扆则曰景山"之句，将景山喻为皇宫的屏障。乾隆十六年（1751 年），在景山的五座山峰上各建了一座佛亭，最为高大的是中峰的万春亭，五座佛亭中都有铜铸的佛像，可惜五座亭依然屹立在景山之巅，而佛像则毁于历史的劫难之中。如今的景山公园占地约 23 公顷，主峰高 47.5 米。走进景山南门，迎面是一座造型雄伟的绮望楼。楼建于乾隆十四年（1749 年），倚山而起，坐北朝南，黄琉璃筒瓦歇山顶，重楼重檐，面阔 5 间，进深 3 间。上檐单昂三踩斗拱，明间悬满汉文书匾额"绮望楼"；下檐单昂五踩斗拱，前带廊，有丁头拱雀替、旋子彩画。四周有汉白玉石护栏。北、东、西三面墙下石台基上原有泥塑若干，这里一直是历代皇帝供奉孔子牌位的地方。景山公园内有各种树木近万株。在观妙亭东侧山坡有棵槐树，尤能吸引游人驻足，相传明朝最后一个皇帝崇祯，就吊死在这棵树上。

　　临景山前街还有一处皇家御用的道观——大高玄殿，位于北京市西城区景山前街北侧（景山西街 23 号），又称大高殿或大高元殿，是一座明清两代皇家御用道观。因大高玄殿临街的大门是并排的三座门，故

北京，有多少热点，就有多少故事

此地又俗称"三座门"，与紫禁城西北角楼隔街相望。大高玄殿始建于明嘉靖二十一年（1542年），时人谓其"工费以亿万计"，其木料远自四川、湖广等地，成为明代道教与皇权紧密结合的代表性产物，是我国现存唯一的皇家道教建筑群，后多有修缮，是明清两代规格最高的皇家道观。

大高玄殿的历史，应追溯到明代的"道士皇帝"——明世宗朱厚熜，即嘉靖帝。嘉靖帝的宠臣夏言有诗曰："炉香缥缈高玄殿，宫烛荧煌太乙坛。"[①] 诗句形象地描绘了嘉靖帝和大臣们在大高玄殿日夜斋醮的景象。大高玄殿供奉玉皇大帝及三清（玉清、上清、太清）像，地位尊贵，备受荣宠。据《明世宗实录》所载，即有冬至大祀、腊节报丰、祈岁吉典、春祈秋报、启箓返恩、甘雨应祈、万寿节元旦醮典以及迎恩、

□ 大高玄殿外景

————————

① （清）于敏中等编纂：《日下旧闻考》卷四一引《桂州集》，北京古籍出版社，1983年，第639页。

延生等，嘉靖帝"有祷必至"，其痴迷玄修于此可见，这也从侧面反映了大高玄殿的尊崇地位。大高玄殿中的象一宫供奉的"象一帝君"，"范金为之，高尺许，乃世庙玄修之御容也"[1]，即按嘉靖帝的相貌制作。

清朝皇帝每逢初一日、十五日照例要到大高玄殿拈香行礼。特别是逢大旱或大涝，皇帝均要在此进行祭天祈雨等活动。康熙年间，大高玄殿因避康熙帝玄烨的名讳，而改称"大高元殿"，后又更名为"大高殿"，专门举办各种道场。清宫档案记载，大高玄殿先后在雍正八年（1730年）、乾隆十一年（1746年）、嘉庆二十三年（1818年）获得大规模重修。

大高玄殿坐北朝南，现保存古建筑十座，分别是大高玄门、鼓楼、钟楼、大高玄殿及其东西配殿、九天万法雷坛及其东西配殿和乾元阁，四周围以高墙。雍正八年（1730年）重修大高玄殿，并增建一座南牌楼。大高玄殿的牌坊采用粗大的楠木立柱，柱脚埋入地下很深，故未用戗柱，所以老北京有句歇后语"大高玄殿的牌坊——无依无靠"。大高玄殿已有一百年未经过大规模修缮，彩绘和门窗几乎都是清末最后一次修复时的原件。这样"原汁原味"保存清代建筑特色的黄琉璃瓦重檐庑殿顶，在北京甚至整个中国都属罕见。

历代帝王庙位于西城区阜成门内大街131号，是明清朝皇家祭祀三皇五帝和历代帝王的场所，起初设于金陵（今南京），后独建于北京。明清两代多次整修，是全国唯一现存的历代帝王庙。帝王庙占地2.15万平方米，建筑面积6000平方米，整体布局气势恢宏，显示了皇家庙宇的尊贵和气派，为中国不可多得的古建筑精品。1996年历代帝王庙成为国家重点文物保护单位，其不同凡响的文物价值值得引起注意。有专家如此形容庙宇："骨架是明代的，衣服是清代的。"庙内的景德崇圣殿、景德门、东西配殿、庙门，东跨院里的神厨、神库、宰牲亭以及庙前的照壁，都是明嘉靖年间始建时的原构。此外，在斗拱、天花、彩画

---

[1]（明）刘若愚：《酌中志》卷一七《大内规制纪略》，北京古籍出版社，1994年，第139页。

□ 大高玄殿乾元阁上层供龛与藻井

□ 历代帝王庙

诸方面，也留存明代建筑的原构遗迹。更值得注意的是从明代到清代，历代帝王庙见证了一个统一的多民族国家帝王祭祀体系不断巩固完善的过程。1644年，清入主北京，当年，顺治帝将明太祖朱元璋的牌位请进了帝王庙。第二年，规定春秋两祭帝王庙，恢复了元世祖忽必烈等人的神位，还增加了辽太祖耶律阿保机、金太祖完颜阿骨打、金世宗完颜雍、元太祖成吉思汗等人的神位。由此，享受祭祀的历代帝王由15位增至21位，陪同享受的历代名臣也从27位增加到了41位。康熙帝认为入选历代帝王庙的标准不尽合理，出现了"庙享其子而不及其父，或配享其臣而不及其君"，提出凡曾在位的帝王，"除无道被弑、亡国之主，此外尽应入庙"；后又说，明崇祯帝亡国，是由其前辈所致，他没什么大过失，"愍帝不应与亡国之君同论"，"而万历、泰昌、天启三君不应入祀。其历代配飨功臣，有治安之世辅佐有功者，应量加增补"。雍正继位后，将入祀帝王增加到164个，入祀名臣增加到79人。到了乾隆时期几经调整，新增加了东晋、南北朝、唐、五代、金、明等朝的26位帝王入祀，最后将祭祀的帝王确定为188人。在入祀帝王名单中没有秦始皇和隋炀帝，而魏武帝曹操，既不在帝王之列，也不在配飨的名臣良将行列之中。由此可见，明清两代君主在选择入祀名单时，按他们的标准和尺度，是将"暴君"秦始皇和隋炀帝及"奸臣"曹操打入另册的。经乾隆时期重修以后，无论是汉族还是少数民族的帝王，都有一席之地，这就肯定了各民族对中华多民族统一国家做出的贡献。乾隆还专门为增祀事写了一篇记，其中讲道："夫天下者，天下人之天下，非南北中外所得私。舜东夷，文王西夷，岂可以东西别之乎也？"[1] 彰显了北京历代帝王庙重大的历史价值。

三、寺庙文化的传承

朝阜路上的寺庙集中了北京城市最具代表性的寺庙文化的特征。大慈延福宫、广济寺、白塔寺、隆福寺建于不同历史时期，无论是道教宫观还是佛教寺院，其兴衰变化又与当时的时代发展紧紧地联系在一起，深深地打上了那一时期的烙印。

大慈延福宫建筑遗存　位于东城区朝阳门内大街225号，为道教建筑，俗称"三官庙"。相传是元代太庙遗址，明成化十七年（1481年）敕建，第二年落成。其位置在东四牌楼以东，朝阳门内大街路北。庙内主祀三官，即天官、地官和水官三神，故俗称"三官庙"。该庙建成之后，明宪宗曾撰碑文，记述建庙缘由与该庙的建筑规制。明清时期，北京城内外的众多"三官庙"中，属大慈延福宫规模最大。全庙由正院和东道院组成。整体布局严整，气势雄伟。沿中轴线由南向北，依次排列着山门、大慈延福殿等主体建筑。山门为七开间，黑琉璃瓦歇山调大脊

---

[1]（清）于敏中等编纂:《日下旧闻考》(三)，卷五十一，北京古籍出版社，1983年，第820页。

硬山顶，绿剪边。进入山门，钟楼和鼓楼分立东、西两侧。再往北，有大殿 3 间。穿过此殿，就是主殿大慈延福殿。此殿面阔 5 间，四面带廊，后面有虎尾抱厦，这在一般古建中是比较少见的。大慈延福殿前后左右各有一座碑亭。西配殿叫作法善殿，东配殿称葆真殿，都是黑琉璃瓦顶。最后一进院落形制更为特殊，三座殿宇并排而建：中为紫微殿，面阔 5 间，左右各带 1 间耳房，西侧为清华殿，东边是青殿，面阔均在 3 间，共 11 间，均为黑琉璃瓦歇山调大脊硬山顶。它们既独立又连锁，不仅使院落显得格外开阔，还突出了主体建筑的恢宏气势。东道院共有 3 座殿宇，由南向北分立。前殿早已拆除，无从考证。中殿为通明殿，面阔 3 间。后殿是延座宝殿。这两座殿均为黑琉璃瓦歇山调大脊顶。此外，民间曾流传说大慈延福宫内有一眼井，"分甘苦两味。甘者味甚清冽，苦者涩苦难食，故曰一井二水"，今已湮没不可考。各殿内原均有壁画、藻井和极高大的木制佛像。

自 20 世纪 50 年代起，先后有两个单位在大慈延福宫旧址建办公楼，所以大慈延福宫的大部分建筑遭到拆除，石碑也无存，仅余东院的通明殿、延座宝殿及部分西房。殿顶的神龛及藻井保存完整，雕刻精细，除龙头有损外，大部分保存完好。1998 年，占用单位先后重修了后殿延座宝殿、中殿通明殿。1990 年 2 月 23 日，北京市人民政府将"大慈延福宫建筑遗存"公布为北京市文物保护单位。

广济寺　位于西城区阜成门内大街 25 号，现为中国佛教协会所在地，2006 年被列为全国重点文物保护单位。广济寺历史久远，金代时中都（今北京）北郊的西刘村寺是其前身，元朝末年毁于战火，明朝又在原址上重新修建起来。寺庙"始于成化丙戌（1466 年）之春，落成于甲辰（1484 年）之夏"[①]，前后历时近二十年，明宪宗赐额曰："敕赐弘慈广济寺"。万历十二年（1584 年）、康熙三十三年（1694 年）都有不同程度的扩建，康熙三十八年（1699 年）整修。清代末年，寺中兴办弘慈佛

---

① 释湛佑：《弘慈广济寺》，清康熙四十三年刊本（上卷），第 13 页。

学院，学僧逾百人。这个时期广济寺在京城拥有下院多座，盛极一时。民国时期两次大火，1935 年，按明代格局进行重修，1952 年、1972 年、2000 年又经过三次大规模修建。现基本上保持了明代鼎盛时期的建筑格局。

广济寺中藏有众多宝物，庙宇的藏经阁（舍利阁）藏有国际佛教友人所赠珍品，琳琅满目，美不胜收。在这些珍品中有一尊白石雕佛像，是斯里兰卡总理普雷马达萨 1979 年访华时所赠，据说此像为该国一著名大型石佛之袖珍复制品。殿内还珍藏有一块六十万年前的古化石，高约 70 厘米，宽约 20 厘米，颜色近似黄麻，为寺中稀世珍宝。舍利阁曾于 1955—1964 年供奉灵光寺"佛牙舍利"，舍利阁现为藏经阁，珍藏佛教经书 10 万余册，并藏有房山云居寺石经拓片，尤以宋、明血写佛经为贵。藏经阁内还有 1721—1753 年甘肃临潭县卓尼寺雕版印刷的一部藏文《大藏经》，共 231 包，是典藏中的珍贵文本。舍利阁院内有一"方缸"，属于绝无仅有的佛教文物。此缸是元代遗物，其色黄中带绿，俗称"鳝鱼青"。上口边长 87 厘米，底部边长 85 厘米，高 63 厘米，为陶制器皿。"方缸"尺寸比例符合黄金分割，造型美观，风格古朴。广济寺设有戒坛院。院中正殿为戒坛殿，所悬匾额曰"三学堂"。三学堂的名称来自于佛教用语"三学"，即学佛者必须修持的三种基本学业——戒、定、慧。这"三学"是出家人必须修持的最基本的三种学业，也是民国时期弘慈佛学院的教学宗旨。三学堂中有一座建于清康熙三十六年（1697 年）的戒坛，至今保存完好，这是广济寺保存最古的建筑物。北京城内的诸多寺院，唯有广济寺有如此规模的戒坛，故堪称一绝。

妙应寺　位于西城区阜成门内大街 171 号，由当时入仕元朝的尼泊尔匠师阿尼哥主持修建，经过八年的施工，到元至元十六年（1279 年）建成，并随即迎请佛舍利入藏塔中。这座寺院是一座藏传佛教格鲁派寺院。白塔是中国现存年代最早、规模最大的喇嘛塔，正式名称为释迦舍利灵通宝塔，因为通体皆白，故俗称白塔，妙应寺因此俗称白塔寺。白塔是一座砖石结构的覆钵式塔，基座面积 810 平方米，通高 50.9 米，由塔基、塔身、相轮、华盖和塔刹组成。元代碑文这样记述白塔:"非巨丽,无以显尊严;非雄壮,无以威天下","制度之巧,古今罕有"。明代蒋一葵在《长安客话》里写下"珍铎迎风而韵响,金顶向日而光辉"的诗句,描绘了白塔的风貌。《(康熙)宛平县志》中记载:"白塔下丰上锐,层层笋拔也。白塔独否。其足则锐,其肩则丰,如钵之倒垂然。肩以上长(项)蠡空,节节而起,项覆铜盘,盘上又有一小铜塔,通体皆白。"这段话生动地描绘出了白塔与众不同的形状。1978年在对白塔的修缮中,发现了乾隆年间存放在塔刹内的《释迦牟尼说法图》等珍贵文物。

隆福寺 早已名存实亡。隆福寺坐落在东四北大街西,始建于明代景泰三年(1452年)。《日下旧闻考·明景帝实录》载:"景泰三年六月,命建大隆福寺,役夫万人。以太监尚义、陈祥、陈谨,工部左侍郎赵荣董之。闰九月添造僧房,四年三月工成。""肇建于明景泰三年,逾岁而毕工。"这座巨刹坐北朝南,东西面阔五间,南北纵深至百米处的钱粮胡同。院内建筑分左、中、右三路。中路为正殿,由南往北依次是山门、天王殿、释迦殿、万善正觉殿、毗卢殿和大法殿。释迦殿是隆福寺的中心建筑,供奉释迦三世佛。因其建在汉白玉石栏杆围成的三层台基之上,时人皆称之为"栏杆殿",其巍峨雍容,比之宫殿亦不逊色,在佛寺建筑中可谓登峰造极。《帝京景物略》有如下描述:"白石台栏,周围殿堂,上下阶陛,旋绕窗棂,践不籍地,曙不因天,盖取用南内翔凤等殿石栏杆也。殿中藻井制本西来,八部天龙,一华藏界具"。[①] 不少人慕名而来,以一睹栏杆殿为幸事。栏杆殿成了隆福寺的名胜景观。隆福寺的殿堂多为黑色琉璃瓦绿剪边歇山顶或庑殿顶式建筑。黑色琉璃瓦覆顶,是明代敕建寺院的一大特征。黑色琉璃瓦,其时只有官窑能烧,实际应用极有限,隆福寺如此大量地使用黑琉璃瓦,足见建造者权势之大。景泰八年(1457年),"夺门之变"后,英宗复位,隆福寺作为景帝敕建的佛寺自此备受冷落。清朝雍正元年(1723年),雍正皇帝偶经此

北京,有多少热点,就有多少故事

---

① (明)刘侗、于奕正:《帝京景物略》,北京古籍出版社,1982年,第44页。

寺，见这座古刹残破不堪，"有感于怀"，乃"弘施资财，庀材召匠，再造山门，重起宝坊"。整修后的隆福寺"前后五殿，东西两庑，咸葺旧为新，饰以彩绘。寺宇增辉焕之观，佛像复庄严之相"①。其后，雍正皇帝御书真如殿匾曰"慈天广覆"；乾隆十一年（1746 年），乾隆皇帝御书匾二，曰"法镜心宗""常乐我净"②，悬于寺中，隆福寺终又享受到皇室垂顾，恢复了作为朝廷香火院的辉煌。雍正九年（1731 年）重修。光绪二十七年（1901 年）十月二十二日，隆福寺的钟楼、鼓楼、韦驮殿、大雄宝殿在火灾中被焚毁。相传因值夜的喇嘛在供桌前睡着，碰倒佛像前的油灯，引燃幔帐从而引发火灾。这些殿堂被烧毁后，无力修复，一直是废墟。尽管寺院无存，但是，隆福寺庙会却声名显赫，更值得注意的是隆福寺的名号也经久不衰。

四、文化巨匠的历史痕迹

鲁迅故居位于西城区阜成门内大街宫门口二条 19 号，是鲁迅 1924 年 5 月到 1926 年 8 月在北京的居所。1979 年被列为北京市文物保护单位，2006 年公布为全国重点文物保护单位。鲁迅在 1923 年 10 月 30 日的日记中写道："至阜成门内三条看屋，因买定第廿一号门牌旧屋六间，议价八百，当点装修并丈量讫，付定泉十元。"鲁迅就是在这里，写下了《野草》《华盖集》的全部及《华盖集续编》《彷徨》《朝花夕拾》《坟》中的部分文章，翻译了 200 余篇译作。现如今鲁迅故居开辟为鲁迅博物馆，成为缅怀鲁迅的圣地。三个面积各为 400 平方米的序幕厅和陈列厅等分别设在地上、地下，展厅南面是宽阔的绿地，直至大门北，绿地的中心是鲁迅塑像。博物馆现占地 1.08 公顷，建筑面积 8400 平方米。2003 年、2007 年和 2010 年在鲁迅博物馆中放置了三座在鲁迅一生中影

---

① （清）于敏中等编纂：《世宗皇帝御制隆福寺碑文》，《日下旧闻考》（二），北京古籍出版社，1983 年，第 711 页。

② （清）于敏中等编纂：《日下旧闻考》（二），北京古籍出版社，1983 年，第 711 页。

响颇大的人物铜像，分别是匈牙利爱国民族诗人裴多菲、鲁迅的老师藤野先生、美国记者史沫特莱。鲁迅博物馆征集、保存的鲁迅文物和有关鲁迅的研究资料等，目前是国内最多的。其中包括 1956 年许广平捐赠的大量鲁迅文稿、墨迹、日记、书信以及全部藏书。展览厅内大量的照片、绘画和实物，生动地展示了鲁迅勤奋学习、奋力创作的一生。展品中有他全部著作、日记、书信、译文；也有鲁迅留学日本时，藤野先生亲笔为他修改过的医学笔记；有鲁迅在北京教书时用过的讲义夹和修书工具，以及他收藏编辑的木刻版画集；有他手书的"横眉冷对千夫指，俯首甘为孺子牛"的条幅；还有一些日常用品，如毛笔、眼镜、衣帽等。

五、承载着历史传承的建筑

北大红楼　位于东城区五四大街 29 号。1961 年被国务院列为第一批全国重点文物保护单位。原为北京大学第一院。1916 年，当时的北大校长胡仁源、预科学长徐崇钦与比国仪品公司订立借款合同，借洋二十万元，在原汉花园学生宿舍东侧修建预科学生寄宿舍。1917 年 9 月，一座主体用红砖砌成的五层大楼拔地而起。因楼的墙体和屋面大部分使用红砖、红瓦，故称"红楼"。坐北朝南，楼呈"工"字形，连地下室共 5 层。红瓦坡顶，体量高大，东西面宽 100 米，主体部分进深 14 米，东西两翼南北均长 34.34 米，总面积 1 万平方米，砖木结构，建筑造型为简化的西洋近代古典风格。1919 年"五四运动"爆发，以北大为主的北京高校 3000 多名学生从红楼北侧大操场出发。"五四运动"后，红楼北面的大操场成为爱国青年学生集会、活动的重要场所，一些著名的学生爱国运动都由此开始。从此，这里成为北方革命的活动中心。1920 年 3 月，北京大学马克思学说研究会在秘密状态下成立，实际成为北方宣传马克思主义的中心，其成员多是"五四运动"中的骨干和积极分子；10 月，在红楼图书馆主任室，北京共产党早期组织正式成立，

□ 北大红楼

当时取名为"共产主义小组"；同年底，在这里又成立了"共产党北京支部"，李大钊任书记。到 1921 年中国共产党第一次全国代表大会召开时，北京的早期党组织已拥有李大钊、张国焘、邓中夏、罗章龙、刘仁静、高君宇等十几名成员，他们大多是北京大学的进步师生。

毛泽东也曾在北大红楼工作。在这里毛泽东接触了许多革命青年，有机会博览群书，深受北京名流蔡元培、李大钊、陈独秀、胡适、梁漱溟等影响。埃德加·斯诺在《西行漫记》里谈到毛泽东时有过这样一段回忆："我在李大钊手下在国立北京大学当图书管理员的时候，就迅速朝着马克思主义的方向发展。"

国家图书馆文津分馆　位于西城区文津街 7 号，1984 年主楼即文津楼公布为北京市文物保护单位，2006 年成为全国重点文物保护单位，是北京第一座大型近代图书馆的建筑，现为国家图书馆古籍馆。国家图书馆文津分馆 1929 年 3 月开工建设，1931 年 6 月落成，当时定名为国立北平图书馆，7 月 1 日开放接待读者。

国家图书馆文津分馆的馆址、馆建等耗费了创办者们的大量心血。

这个建筑将图书馆的功能与中国传统建筑完美地结合起来。图书馆主楼平面呈"王"字形，建筑面积1.3万平方米，坐北朝南，前楼地下一层，地上两层（东、西翼一层），为各种阅览室所用，层高首层5米、二层7米；中楼和后楼均为书库，地上四层钢架，各排钢架间以预制板作为通道，层高以2.3米为主，地下分别为一层和两层，结构为钢筋混凝土框架，外部造型仿自清宫式大殿楼阁，汉白玉须弥座石栏杆，绿琉璃瓦庑殿顶，斗拱梁枋施青绿彩画，柱身漆绿色；前楼和两翼用高档木门窗，中楼、后楼用实腹钢窗。《旧都文物略》介绍国立北平图书馆这样写到，"占地七十六亩有余，门阁壮丽，室楼轩敞"[1]，堪称当时远东地区最先进的图书馆之一，较之美国国会图书馆绝不逊色。而为营建国立北平图书馆耗费的二百四十余万银元，全部资金都来自于退还的庚子赔款。图书馆成立之初的藏书在宋、元、明、清四代皇家藏书的基础上不断增加，这其中包括收购归安姚觐元"咫进斋"和南陵徐乃昌"积学斋"的私人藏书。1916年4月北洋政府教育部就发出通令：（今后）凡经内务部立案出版之图书，均应缴送一份给京师图书馆收藏。国立北平图书馆时期下设二会八部，这其中就包括一个专业性的购书委员会。多方努力之下的国立北平图书馆馆藏书籍包括中文、满文、蒙文、日文、西文等书籍逾40万册；宋元明清刊本、写本、抄本古籍逾3万册；金石拓片逾8000幅；舆图8000余幅；此外还有寄存图书6000余种3万余册，其中包括了承德避暑山庄文津阁的《四库全书》等珍贵收藏，这也是文津街和文津分馆名称的由来。国家图书馆文津分馆不仅是古籍的海洋，也是古代碑刻、石雕的集聚地。馆内有乾隆十七年（1752年）立石的《乾隆上谕学习骑射国语碑》，乾隆十八年（1753年）《乾隆御制诗》和乾隆三十九年（1774年）《文渊阁记》的碑刻。除了这些碑刻外，不少圆明园的遗物在这里落地生根。文津分馆门口的一对大石狮子，曾经在长春园大东门镇守；门前的一对华表则是从圆明园安佑宫前移来的。这

北京，有多少热点，就有多少故事

---

[1] 原北平市政府秘书处编：《旧都文物略》，中国建筑工业出版社，2005年，第106页。

些浓缩着前人勤劳与智慧的遗物与文津馆融为一体。

中国地质博物馆　与广济寺相对，为国家级博物馆，也是亚洲第一大地质学博物馆。它的前身为创建于 1916 年的原农商部地质调查所地质矿产陈列馆。现博物馆大楼于 1958 年竣工，1959 年 10 月正式开放，1986 年更名为中国地质博物馆，经过 3 年的修缮改造，2004 年中国地质博物馆重新开馆。大楼 7 层，地下 1 层，地上 6 层，总高约 36 米，建筑面积近 1.1 万平方米，展出面积 2500 平方米，建筑平面呈"L"形；东北角突出平屋面有一层四坡顶方形房屋，尖顶上设宝顶，为砖混内框架混合结构。馆内共设地球、矿物岩石、宝石、史前生物、关怀与鼓舞 5 个基本陈列展厅和 2 个临时展厅。展区三层设有古生物化石维护展示角；二层设有标本咨询服务部，为观众提供岩石、矿物及宝石咨询服务；一层展区内设有出售各种具有地学特色的标本、宝石、纪念品等物品的观众服务部。

中国地质博物馆收藏地质标本 20 余万件，涵盖地质学各个领域。其中有蜚声海内外、堪称"国宝"级的目前世界上最高大、保存最完整的恐龙化石——巨型山东龙，在辽宁西部发现的对研究鸟类的起源有重要价值的原始鸟——中华龙鸟等恐龙系列化石，北京人、元谋人、山顶洞人等著名古人类化石，以及大量集科学研究价值与展览观赏价值于一身的鱼类、鸟类、昆虫等珍贵史前生物化石；有世界最大的"水晶王"、巨型萤石方解石晶簇标本，精美的蓝铜矿、辰砂、雄黄、雌黄、白钨矿、辉锑矿等中国特色矿物标本。除此之外，还有种类繁多的宝石、玉石等。

中国美术馆　建于 1958 年，1962 年竣工，主体建筑为仿古阁楼式建筑。顶部用黄色琉璃瓦装饰，四周有廊榭围绕，具有鲜明的古典民族建筑风格。主楼建筑面积 1.8 万多平方米，一至五层楼共有 17 个展览厅，展览总面积 8300 平方米。中国美术馆事业蓬勃发展，为美术馆收藏艺术珍品奠定了良好基础。一些收藏家、艺术家们出于社会使命感和把艺术奉献大众的信念，向中国美术馆无私捐献。美术馆收藏各类美术作品近 10 万余件，以新中国成立前后时期的作品为主，兼有民国初期、清代和明末的艺术家的杰作，藏品中主要为近现代美术精品。其中有对 20 世纪中国传统绘画产生重要影响的画家的作品，仅齐白石的作品就有 410 件，还包括大批中国著名美术家的代表作品和重大美术展览中的获奖作品，以及丰富多彩的民间美术作品。也有俄罗斯、乌克兰、意大利、法国、加拿大、埃及、巴西、韩国、日本等众多外国艺术家的作品入藏中国美术馆。在对外文化交流日益扩大的形势下，收藏范围不断扩展，国际艺术品收藏已纳入工作范畴，其中有毕加索作品 4 幅，此外还有非洲木雕及其他外国美术作品数百件。

要想领略中国美术的圣殿，一定要到中国美术馆去。随着中国美术的发展与提高，美术馆的面积已经显得小了。

在朝阜路，还有值得推崇的王府、胡同及四合院、庙会、商业老字号和北京最早的具有现代意义的医院——中央医院（现为人民医院分院）、北京地区乃至华北地区建设最早的水准原点。还有一些立于街头的建筑小品、建筑构件甚至一些门脸，都渗透着北京特有的文化底蕴。朝阜路之所以被称为北京文脉之街，其不仅集帝王文化、皇家文化、宗教文化、市井文化、商贾文化、五四新文化、新中国文化于一街，更因为北京历史、甚至中国历史的每一次变迁都在朝阜路上写下了重重的一笔、刻下了深深的印记，从这条街上我们能感受与体会到历史的呼吸与脉搏！

239

北京，有多少热点，就有多少故事

密云水库这盆清水是如何保护下来的

北京《环境保护志》记录了密云水库保护的全过程，现在关注的不多了，如果用惊心动魄来描述整个过程也许有些故弄玄虚的感觉，但老实说，能保住是不容易的，我认为用什么词来形容都不过分！

□ 密云水库（载《北京志·水务志》）

20 世纪 80 年代，密云县提出大规模地开展旅游的建议，密云有着得天独厚的自然条件，有山有水，风光秀美，同时也可以解决修建水库遗留的土地减少、人民生活贫困等一系列的问题，很快得到了国务院领导及有关部门的支持。市环保局同规划局、公用局等有关部门针对这种情况，提出了不同看法，采取了与之相反的一系列举措，以确保北京市重要饮用水源的水质清洁，历时 10 年，上下终于统一了认识。密云水库保住了一盆清水。

1. 发展旅游的建议

　　1981 年 5 月 28 日，北京市水利部门根据有关领导的指示，向市政府报送《关于开发密云水库旅游事业的报告》，提出尽快把密云水库及其周围的 200 平方千米建成旅游胜地，作为开放地区，接待国内外客

人，达到"千人住，万人游"的水平，并建议成立密云水库旅游开发公司，建立特区，开辟外宾专线，免办通行证明。

6月17日，新华社《国内动态清样》刊登题为《为尽快把密云水库建成旅游胜地，北京市正在筹建密云水库旅游开发公司》的文章。文中提到，1980年5月，国务院领导在视察密云水库时，指示北京市要采取联营的办法进行综合利用。接着，北京市邀请水利部、林业部负责同志一起，再次对水库进行考察，讨论研究把水库办成水（利）、农（林）、工（业）、商（业）和旅游（业）联合企业的初步规划和措施，在市政府领导下，成立密云水库旅游开发公司，由13个单位联合经营。国务院环境保护领导小组办公室（以下简称国环办）主任当即告知市环保局，对新华社的报道要认真研究，提出意见。

2. 不能开展旅游的建议

市环保局根据北京市地下水源已经日渐减少，水质日益恶化，密云水库和京密引水渠必将成为城市的主要饮用水源的严峻形势，以及国内外均已发生大规模旅游污染的情况，当即与市规划局、自来水公司等7个单位，组成5个小组，查阅国内外有关资料，对密云水库情况进行调查，得出"国外凡作为公共水源的湖泊无不严加保护，国内凡旅游发展地，其水源无不受到污染"的结论。7月15日，市环保局组织北京大学、清华大学、医科院卫研所、市规划局、市卫生防疫站、市自来水公司等10个单位的专家教授进行论证，大家一致认为："密云水库即将成为北京市的主要饮用水源，开展'千人住，万人游'的旅游活动，必将对水质及周围环境产生不利影响，在密云水库开展旅游是不适宜的。"

3. 围绕着开展旅游的交锋

对这一论证结果，市环保局当即向市政府做了汇报。7月底，北京市主管农业的副市长召开专门会议，讨论在密云水库开展旅游的问题，要求市环保局做出既要开展旅游、又不污染水质的对策。

市环保局针锋相对，明确表示没有对策，只能是不开展旅游！并于8月5日将意见报市政府，同时报国环办。8月27日，《北京日报内部参考》第 2734 期刊登题为《市环保局认为目前不宜把密云水库开发为旅游基地》的文章。28 日，国务院副总理万里批给中共北京市委书记及市长，"此事值得重新研究"。同日，国环办向国务院报送《对在密云水库开辟旅游基地的意见》。8 月 31 日，国务院副总理谷牧批示："最近这个问题已有不少反映，应予重视。我看旅游的有关建设应暂停，待北京市组织专家把问题论证清楚再最后决定。"对此，国务院有关领导均圈阅。12 月 2 日—22 日，市建委就是否在密云水库开辟旅游基地问题组织近百名专家进行论证，意见尖锐对立，绝大多数专家赞成开展密云水库周边旅游，少数专家坚决反对，未能取得一致意见。密云水库开展旅游工作暂时搁置。

　　1983 年 7 月，经国务院批复的《北京城市建设总体规划方案》中明确指出："怀柔、密云两水库是北京的主要饮用水源，官厅水库是市区河湖和地下水的重要补给水源，都要严加保护。在水库周围和上游河道两侧，要划定保护范围，营造水源林，限制水上活动，严禁向水库排污，近水地带划定非建筑区和禁牧区。京密和永定河两引水渠，也要加强保护，严禁排污。"尽管有规划出台，做了对密云水库严加保护的规定，但与此同时，密云县提出投资 4000 万美元，在水库下游建设白河郊野公园，以满足来密云旅游的人群游乐活动的需要。市环保局向市市政管委报告，提出该建设将造成不良后果，建议先编制环境影响报告书报市政府后再确定，但此报告未获批示。1984 年，白河郊野公园开工兴建，密云水库周边，一座大型游乐场开始上马，在不太长的时间，用来观赏的摩天轮赫然矗立在水库旁边。鉴于形势严峻，市环保局提出了"制定地方性规章以规范各方面行为"的建议。

　　1984 年 8 月 26 日，中央领导同志视察密云时，表示既要搞旅游，也要有严格的措施防止污染，似乎为开展旅游打了一针强心剂，开展旅游势在必行。8 月 29 日，市环保局将市政府环境保护专家顾问组"关于保护水库水源迫在眉睫"的意见，向市科委及市市政管委报告，提出密云、怀柔水库是首都的重要饮用水源地，应切实加以保护，并建议

北京，有多少热点，就有多少故事

开展科研，为领导决策提供科学依据。9月22日，市环保局、市规划局将联合草拟的《北京市密云水库、怀柔水库和京密引水渠水源保护管理暂行办法》上报市政府。但是，一波未停，一波又起，12月，《北京日报》在头版显著位置刊登了"把密云水库建成北京的北戴河"这一消息。在这时，学者专家行动起来，12月30日，市政府环境保护专家顾问组全体成员联名以《保护首都饮用水源和在密云、怀柔开发旅游的意见的报告》致市政府，着重阐述旅游人群高度集中、高度消费，生活型的污染比较突出，提出要在保证首都饮用水功能的前提下，适当开展其他活动，防止只顾眼前、忽视长远。12月31日，市环保局、市公用局、市规划局再次联合向市政府报告：旅游虽被称为无烟工业，但并非没有污染，已被国外称为"旅游污染"；密云水库即将成为城市主要饮用水源，目前库水中有机污染已明显上升，水质污染后，水厂的处理费用巨大，而一些病毒、病原体仍无法处理，直接威胁用水安全，建议在其他适宜地点开展旅游。1984年，密云水库游人猛增到近百万人次，高峰日超过万人，水库周围建起违章建筑22处，水质逐年下降，水库大坝前的化学需氧量、氨氮、亚硝酸盐、大肠杆菌等污染物逐年上升，均超过饮用水源水质标准。

1985年3月14日，市环保局将14个单位、25位专家对在怀柔水库开发旅游影响环境的意见报告市政府，再次提出密云、怀柔水库将成为首都的主要饮用水源，其他功能应该服从这一首要功能，必须严加保护，建议旅游区移至北台上水库和红螺寺等地。与此针锋相对的是4月19日，《北京日报》在显著位置刊登《发展旅游业，一业带多业》，副标题是《密云县发挥资源优势调整产业结构》的文章，报道已有几个国家和地区的外商及国内几十家单位与密云县签订协议或正在谈判共同兴建旅游设施。4月22日，3位副市长在密云水库现场办公，研究解决水库环境保护和发展旅游问题。会议认为：密云水库是北京市的重要饮用水源，必须采取措施，切实保证不受污染，在水库及其周围风景区发展旅游事业，必须采取极其慎重的态度；要求市环保局牵头于5月底前完成对两库一渠水源保护管理办法的修改，并报市政府。5月31日，市政府向国务院报送《关于解决密云、怀柔水库环境保护和开展旅游问题的报告》，提出在饮用水源地发展旅游必须持极其慎重的态度，应划定非旅游区，并严格管理。6月2日，万里批示："同意，特别是有污染的乡镇企业不能在上游办，并管到河北省潮白河的发源地。请将此事转告河北省，并将北京市政府报告送中央领导同志圈阅。"至此，党中央、国务院及市领导均取得一致意见。6月14日，万里视察密云水库，并召见市环保局局长江小柯说："听说有人对你有意见，今天邀你来，就是来支持你们的，你们坚持得对，管就要管严。要对子孙后代负责，你一定要抓住，管好水库的水，今后水量不够不找你，水污染了要找你！还要告诉市人大常委会主任赵鹏飞，制定一个管理办法。"他还对市及县领导说，这里的水首先要供人民生活，然后才是工农业用水，北京一切要看水的情况，水调不来，污染了可不得了。当日，市环保局从密云县环保局得知，密云水库管理处和北京市信息公司在水库3号副坝上合建的度假村已基本建成，并即将接待宾客。市环保局进行现场调查后，于6月18日紧急报告市政府，要求立即停工，恢复地貌。

4. 水库保住了

1985年6月28日，市政府召开第28次市长办公会，原则同意《北京市密云水库、怀柔水库和京密引水渠水源保护管理暂行办法》，决定8月1日起施行。《办法》划定了两库一渠及其附近为非旅游区，禁止一切与水利无关的建设及一切水上体育和娱乐活动。会议强调，"在保护两库一渠水源不受污染问题上，市环保、水利、规划、公用等有关部门和密云、怀柔两县必须统一认识，按中央领导同志的指示办事"；并决定"水库3号副坝上的'度假村'属违章建筑，应立即拆除。"8月，密云水库管理处将200余只游船全部撤出水库，停止旅游及一切水上娱乐活动；关闭大坝上的旅馆、饭馆、小卖部等商业设施，拆除3号副坝上即将开业的度假村。市规划局和市环保局共同查处国家和市属有关部门在密云水库一级保护区内的违章建筑。密云、怀柔两县分别组成水源保

245

北京，有多少热点，就有多少故事

护领导小组及其办公室，加强管理；由解放军设卡看守水库大坝，实行汛期封坝；对保护区内有污染的企业实行关、停等措施，并停止有污染的乡镇企业建设。9月28日，市八届人大常委会第23次会议审议通过了《北京市实施〈中华人民共和国水污染防治法〉条例》，于10月11日颁布实施。该条例专门列有《防止饮用水源污染》一章，明确规定"密云水库、怀柔水库和京密引水渠的保护区内，禁止一切直接或者间接污染水体的行为"，市政府制定的《两库一渠管理办法》必须严格执行。从此，北京市保护水源工作有法可依。1986年5月9日，市政府召开第20次市长办公会，讨论市规划局关于密云水库溪翁庄内湖旅游区总体规划方案。鉴于北京市严重缺水，借鉴新加坡保护饮用水源的经验，会议决定将密云水库内湖由二级保护区改划为一级保护区，严加保护。

上述这些是30年以前的事情了，现在看来是多么的重要！随着南水北调进入密云水库，成为北京的生命之水，现在密云水库已经筑牢了人防、物防、技防这三张安全网，当年的顾虑早已成为历史。

写到这里似乎还要写上几笔，在这些保护举措中，起着重要作用的是时任北京市环境保护局局长的江小柯，她怀着巨大的勇气和事业担当，责任与使命使她一往无前，我们无论如何称赞都不过分；同时，我十分钦佩与之持不同意见的各级领导出于公心的忍让、退却，这也体现了他们的责任与使命。试想，时过境迁，还会出现这样的人吗？

北京历史上的水灾记录

古往今来的志书对灾异的记述非常丰富，起到了重要的资治作用。据统计资料显示，自清雍正二年（1724 年）至 1995 年的 270 余年间，年降水量最多的是 1959 年，达 1406 毫米，最少的是同治八年（1869 年），只有 242 毫米，两者相差近 6 倍。自元至元八年（1271 年）到新中国成立前的 1948 年，发生洪涝 297 次，文献上多有"颗粒无收""逃荒乞讨""饿殍遍野""赈恤灾民""蠲免税役"等记述。

元代水灾　自至元八年（1271 年）至至正二十八年（1368 年）的 98 年间，计有 48 个年份在大都地区发生轻重程度不同的水灾，平均不到两年就有一次。水灾偏多的原因，据著名学者竺可桢所著《中国大陆五千年气候变迁》一书中所述，是由于这一时期处于中国大陆近五千年来气候变化过程中的第四个温暖期和由温暖期向第四个寒冷期的缓慢过渡。典型的灾害有至元九年（1272 年）六月壬辰夜"京师大雨，坏墙屋，压死者众"；二十三年（1286 年）九月，太庙因雨被毁。因霖雨损坏大都城垣的年份也不绝于史。天历二年（1329 年）自六月二十六日到七月初三日，持续一周大雨，致使大都之潞县（今通州）等地皆遭水灾。更有甚者，元统元年（1333 年）六月，大雨，大都地区，"水平地丈余"，造成 40 多万饥民待救。据《元史》记载，有元一代浑河（永定河）决堤泛滥致灾的就有 22 次之多。有的年份到十一、十二月和转年的正、二、三月，仍有水灾发生。

明代水灾　自洪武元年（1368 年）至崇祯十七年（1644 年）的 276

年间，北京地区的水灾年份有 104 个，平均每三年一次。据《明英宗实录》载，正统四年（1439 年），春旱少雨，五月中旬后，突降大雨，自昏达旦，连绵至六月中旬，致使大小河流暴涨，造成水灾。浑河在小屯厂（今丰台区小屯附近）一带冲决西堤漫流，淹及宛平、良乡等县。北运河，自通州至直沽（今天津）有 31 处堤闸为水冲决，沿河民舍田稼被淹没。京城中大小沟渠涨溢，冲坏官舍民居 3390 间，溺死 21 人，长安街上布满露宿人，德胜门等城墙也被雨冲坏。这次水灾波及范围广，中心地区在浑河、北运河流域，即宛平、良乡、大兴、通州及城区附近，稍远的密云、平谷及隆庆州（今延庆区）也有此次水灾记录。

清代水灾　自顺治元年（1644 年）至宣统三年（1911 年）的 268 年间，北京地区有 128 个年份发生了轻重程度不同的水灾，平均两年即有一次。轻者毁田伤稼，重则浸坍房屋，漂溺人畜，阻断道路，引发瘟疫，致使百姓流离失所。所发生的 128 次水灾中，有特大水灾 5 次：顺治十年（1653 年）、康熙七年（1668 年）、嘉庆六年（1801 年）、光绪十六年（1890 年）和十九年（1893 年）。第 1 次与第 2 次间隔 15 年，第 2 次与第 3 次间隔 133 年，第 3 次与第 4 次间隔 89 年，第 4 次与第 5 次间隔仅 3 年。这 5 次的平均间隔为 60 年。其中，顺治十年（1653 年）闰六月"淫雨匝月"，"都城内外，积水成渠。房舍颓坏，薪桂米珠……甚者倾压致死"。而在北京城郊州县，大水"没民田禾，坏民庐舍，露处哀号，惨伤满目。""此实数十年来未有之变也。"光绪十六年（1890年），"京师自五月末雨，至六月中旬，无室不漏，无墙不倾。"暴雨有 3 次引起永定河水决，殃及北京城区。分别为康熙七年（1668 年），浑河水决，直入正阳、崇文、宣武、齐化（今朝阳）诸门；嘉庆六年（1801 年），河水涨发……右安门关厢亦以水浸累日；光绪十六年（1890 年），卢沟桥上水深尺许……永定河决口数十丈……倒灌西南门（即右安门）城门壅闭者数日。

民国时期水灾　北京史专家吴文涛做了统计，39 年中共有 19 个水灾年，平均概率几为两年一次。其中重大、特大水灾 6 次，占水灾年份的近 1/3，占总年份的 1/6 多。1939 年特大水灾，该年 7 月以前发生了严重的旱灾，7 月 10 日以后则连降暴雨，时间长达月余。7—9 月总降雨量达 113712 毫米，是北京西北部有实测资料以来的最高记录，且降雨范围覆盖潮白、北运、永定河及大清河水系，致使这些河流水位持续上涨，酿成特大洪灾。永定河最高洪峰流量为 4390 立方米 / 秒，潮白河竟达 15000 立方米 / 秒，为历史首位、百年不遇。拒马河则为 3800 立方米 / 秒，北运河为 1670 立方米 / 秒，均在 50 年一遇以上的标准。永定河 7 月 25 日、26 日在卢沟桥以下相继决口，致使良乡、房山及大兴西南部泛滥成灾。仅房山、良乡淹没面积达 310 平方公里，5 万户人受灾，2 万余户倾家荡产，死伤多人。京汉、京津铁路被冲断。潮白河洪水冲毁京古铁路大桥与公路，致使交通全部中断，并冲毁密云县城与

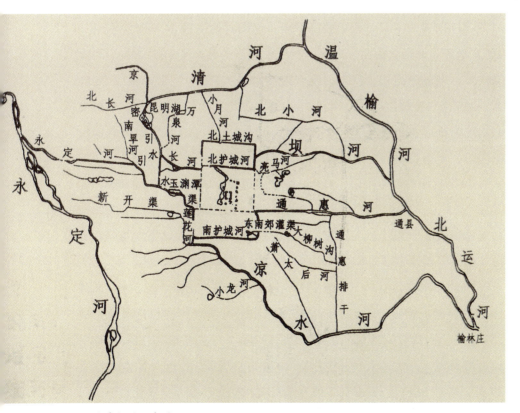

□ 北京河流示意图

北京，有多少热点，就有多少故事

顺义苏庄大闸（当时北京地区最大的拦河闸），与北运河洪水连成一片。

中华人民共和国成立后水灾 发生大的水患有 20 余次。1952 年 7 月 21 日，房山、门头沟、海淀、昌平、怀柔等县（区）降暴雨，最大日雨量 263 毫米（三家店），冲毁耕地 891 亩、房屋 464 间，煤矿采空区塌陷 72 处。1956 年 7 月下旬、8 月上旬，多暴雨，主要成灾暴雨集中在 7 月 29 日至 8 月 6 日。全市受涝面积达 264 万亩，通县、大兴、顺义、良乡等地共有 190 万亩受灾。8 月 3 日，门头沟区王平口日降雨达 435.4 毫米，此次暴雨使农田过水面积达 52 万亩（其中绝收 15 万亩），倒塌房屋 1.6 万余间，死 11 人，伤 24 人。

1959 年全年降水比常年偏多 131%，夏季降水比常年偏多 156%。6—9 月共发生暴雨 1 次，日降水量达 100 毫米以上的大暴雨有 7 次，日降雨量达 200 毫米以上的特大暴雨有 2 次，全市受涝成灾农田达 217.5 万亩。8 月 6 日，全市普降暴雨，房山县葫芦垡 24 小时降水量达 410.7 毫米。大兴、房山、顺义、朝阳、通县等县（区）的 12 条小河漫溢决口，城区街道积水严重，全市倒塌房屋 4.2 万间，死 43 人，伤 58 人，245 个村庄被淹。1963 年 8 月上旬，全市连降大雨和暴雨，暴雨中心地区雨量达 400 毫米以上。拒马河、温榆河、大石河及其支流普遍漫溢决口，全市农田沥涝面积共 99.3 万亩，减产三成以上的 10 万亩。郊区有 69 个村庄被洪水围困，有 967 户被迫迁移。城乡民房倒塌 8484 间，共死亡 35 人，死大牲畜和猪羊 420 头。市内交通陷于瘫痪，王府井南口等处积水深半米以上。京广、京包、丰沙、京承等铁路干线及一些单位专用线，累计中断通车 210 小时，桥涵、路基被冲毁 82 处。

1969 年汛期雨量集中，强度大，局部山区发生山洪、泥石流。8 月 10 日，怀柔、密云、平谷、通县降大暴雨，怀柔县枣树林日降雨量达 264 毫米，当日夜间琉璃庙、奇峰茶、西庄、八道河等四个乡，山洪、泥石流暴发，死亡 8 人，冲毁土地 4074 亩、房屋 169 间，冲走大牲畜 89 头、猪羊 290 只。密云县石城乡莲花瓣村受灾严重，全乡死亡 59 人，受伤 22 人，耕地大部分被冲毁。京承铁路桥墩受洪水冲击发生倾斜，两侧路基冲断，致使 354 次列车机车和行李车倾斜翻倒，司机、司炉和十余名乘务员受伤。全市有 96.3 万亩耕地受洪涝灾害，共死亡 159 人。8 月 20 日，全市大部分地区降暴雨，最大日降雨量 158.9 毫米，怀柔县河防口附近地区 26 处发生泥石流。

1972 年 7 月 26 日至 28 日，全市普降暴雨，怀柔县枣树林、奇峰茶、琉璃庙、沙峪等地降了特大暴雨，枣树林最大日雨量达 479 毫米，沙峪一小时降雨 114 毫米，山洪暴发多处出现泥石流。据不完全统计，共死亡 39 人，死牲畜 343 头，冲毁耕地 2.6 万亩，冲走树木 42 万多棵，倒塌房屋 944 间，冲走粮食 4.62 万斤。交通、电讯中断。同时，延庆县四海乡发生泥石流，13 人死亡，5 人受伤，冲走房屋 1905 间、拖拉机等各种农业机械 71 台。7 月 28 日下午，东直门降雨 261.1 毫米，东城区倒房 400 间。

1986 年 6 月 26 日至 27 日，全市普降暴雨，城区日雨量 152 毫米。全市漏雨房屋 1.1 万余间，东四北大街一户房倒，压死 2 人。市内 8 条公共汽车线路受阻，69 条长途汽车线路停运。京通铁路线山体滑坡，毁机车 2 台，冲毁路基 5 公里，中断行车 60 多小时。7 月 3 日，全市大部地区降暴雨，最大日雨量 101.5 毫米（密云县番字牌），漏雨房屋 8989 间，公路塌方中断交通 10 小时。

1991 年 6 月 10 日，密云、怀柔、平谷、顺义、延庆等县降暴雨，暴雨中心在密云、怀柔两县北部交界的山区，密云县四合堂日降雨量 372.8 毫米。共有 95 个乡发生不同程度的洪涝。怀柔、密云、延庆 3 县的山区发生了泥石流，死亡 28 人，密云县西北部山区的交通、电力、通讯全部中断。全市受灾农田 38 万余亩，成灾 12.7 万亩，其中绝收 5 万余亩。倒塌房屋 1513 间，损坏 4000 多间，冲毁土地 8 万亩、果树 34.8 万棵、其他树木 100 多万棵、乡村公路 517 公里、供电线路 100 公里、大口井 88 眼、机井 281 眼和扬水站 12 处。

1994 年 7 月 12 日、13 日和 8 月 13 日，均为全市性暴雨，部分地区为大暴雨和特大暴雨。7 月 13 日，最大降雨量达 382 毫米（通县徐

北京，有多少热点，就有多少故事

辛庄)。全市受灾粮田 100 万亩、菜田 16 万亩、果树 3 万亩, 7 人死亡, 1 人失踪, 塌房 1 万多间, 冲毁乡村公路 178 公里、桥涵 176 座、土地 5400 亩、鱼池 2 万多亩、禽舍 7000 多间、蔬菜大棚 2000 多亩和温室 2 万多亩。京承铁路沿线 10 多处山体滑坡, 路基塌陷, 桥梁冲毁, 铁路中断行车 296 小时。

从北京地区的水患情况来看, 20 世纪 90 年代中期以前主要危险是房屋倒塌。胡同四合院的民房年代久远, 加上建筑材料多是石灰、土砖土瓦, 如果地势低一点就会进水, 难与水患抗衡。所以市政府提出 "少塌房, 不死人, 就是为人民" 的度汛要求。

进入 21 世纪以后, 2012 年 7 月 21 日至 22 日 8 时, 北京及其周边地区遭遇了 61 年来最强暴雨及洪涝灾害。截至 8 月 6 日, 北京有 79 人因此次暴雨死亡。根据北京市政府举行的灾情通报会的数据显示, 此次暴雨造成房屋倒塌 10660 间, 160.2 万人受灾, 经济损失 116.4 亿元。此次造成财产损失的一个主要原因是大量车辆被水泡, 仅京港澳高速积水就淹没了 120 余辆车。市委书记郭金龙提出了确保后期防汛工作 "不死人, 不泡车" 的要求。从 "少塌房, 不死人" 到 "不死人, 不泡车" 也反映了时代的特点, 不变的是对生命的重视。

志书记述的北京旧时防疫抗"疫"

2020 年我们经历了难忘的疫情；从历史上看，面对疫情，北京的先人们也有过疫情的袭扰和抗"疫"的经验。

一、旧时疫情

北京历史上所记载的疫情是惨烈的。元大都曾是历史上规模最大的城市，人口众多，而瘟疫的记载也不绝于史。从皇庆二年（1313 年）到至正二十四年四月（1364 年 5 月）的 52 年间，大都城年年瘟疫流行。在大都城的 11 个门，即丽正门、顺承门、平则门、和义门、肃清门、健德门、安贞门、光熙门、崇仁门、齐化门、文明门外准设饥疫死者墓地，仅至正二十四年（1364 年），葬死者遗骸 10 余万。现在无法确定究竟是什么样的瘟疫导致如此惨烈的悲剧。

从明代以后，惨烈的疫情大体与鼠疫、天花有关。明京师鼠疫流行，崇祯十六年（1643 年）七月，京师大疫，疫疙瘩肿毒者（鼠疫）甚多，京城暴骸。暴疫延续至明末清初，崇祯十七年（1644 年）李闯王部刘芳亮渡黄河，经平阳府，陷潞安，二月入城，秋七月大疫，股间（腹股沟）腋下生核，吐痰血，药无效，即死。当年，京城内外病身体之疙瘩，不分贵贱长幼，呼病即死，不留片刻，九门计尸 20 万。其后的 1768 年、1895 年、1908 年也曾流行鼠疫。宣统二年（1910 年）东北第一次肺鼠疫流行时，沈阳一名工人将疫情带入北京，一月八日到京，十二日发病，十四日死亡，引起北京鼠疫流行，造成 113 人死亡。京师曾有天花流行，顺治十八年（1661 年），天花流行，顺治皇帝即是死于天花。霍乱于 1821 年由英国人从印度传入北京，截止到 1946 年，先后发生过 17 次。

民国以后，随着近代医学的传入，对传染病有了明确的认识，可以准确地判定传染病。北平除了流行过鼠疫、天花外，民国四年（1915年）流行猩红热，民国十年（1921 年）流行乙型脑炎。民国年间，痢疾在北平每年都有不同程度的流行，民国二十六年（1937 年）发病 1070例，死亡 721 例。伤寒于民国十五年至民国二十一年（1926 年—1932年）在北京流行，推算发病率为 100/10 万—300/10 万，死亡人数在10/10 万—30/10 万。流行性乙型脑炎也曾是北京的高致死疾病，民国二十九年（1940 年）在 1 例死者脑组织中首次分离出病毒，此后被发现的患者日益增多，至民国三十七年（1948 年）共发病 242 例，死亡 111例，其中民国三十七年（1948 年）发生 131 例，死亡 71 例，病死率为54.20%。至 1949 年有史可查的传染病还有肝吸虫、钩端螺旋体、鸟疫、布鲁氏菌病、炭疽、口蹄疫、狂犬病、细菌性痢疾、脊髓灰质炎、性病、结核病等 20 余种。

二、旧时的疫情报告制度

清政府始有传染病疫情报告制度。宣统三年（1911 年）发布疫情报告律令：各管地有无疫患（疫情），必须五日一报，市、州、县以上，有疫毙人数应报呈。从民国起传染病趋向制度化管理。自民国十七年（1928年）至民国三十四年（1945 年）五次修订《传染病防治条例》。民国十七年（1928 年），民国政府颁布《传染病防治条例》，规定传染病人（或疑似传染病人，或因传染病致死）之亲属及接触人为义务报告人，需在发现病人24 小时内报告所在地卫生主管机关；保甲长、警察及医生、护士发现传染病人（或传染病人尸体），应在发现后 24 小时内向卫生主管机关报告。

三、抗"疫"举措

1. 防天花的种痘

中国最迟于 16 世纪或者更早就开始种痘了。清雍正五年（1727年），俞茂鲲在《痘科金镜赋集解》中写道："闻种痘法起于明朝隆庆年间（1567 年—1572 年）宁国府太平县，姓氏失考，得之异人丹家之传，由此蔓延天下，至今种花者，宁国人居多。"康熙三十四年（1695 年），张璐在《张氏医通》卷十二中写道："原其种痘之苗，别无他药，惟是盗取痘儿标粒之浆，收入棉内，纳入鼻孔，女右男左，七日其气宣通，热发点见，少则数点，多不过一二百颗……大抵苗顺则顺，必然之理，如痘浆不得盗，痘痂亦可发苗，痘痂无可窃，则以新痘儿所服之衣，与他儿服之，亦能出痘。"大量文献证实接种人痘预防天花的技术是中国人发明的，而北京也在 16 世纪之前就接种人痘了。宣统元年（1909 年）颁布《管理种痘规则》："凡开局种牛痘者须赴巡警官署禀报，俟批准后始行开种。每月种完后须照规定表式禀报。痘苗须用新制痘浆，如用传浆时，不得取有病小儿之浆。传取痘浆时不得有损小儿之身体。所有种痘处无论善堂或医生均应受巡警官吏之检查。"民国二十四年（1935年），北平市政府颁布种痘规则，种痘人员必须进行注册，领取执照，种痘一律免费。

2. 阻断瘟疫流行措施

元至正二十四年（1364 年）大都城瘟疫流行，死者无数，为了避免引起瘟疫的传播，对尸体采取深埋的措施，历史记载将濒死暴卒者"掘深及泉"埋葬疫尸 20 余万具。清代，鼠疫流行时，"凡理旗人疙瘩及内城民人痘者"下政令迁移避痘，实际上就是对鼠疫患者采取隔离措施，使居民避免与病人接触。民国二十一年（1932 年）北平四区宣外大街159 号发现天花患者，为及时阻断爆发，市警察局封闭了住户，同时对周边的街道和交通也采取相应的封闭措施。

3. 建立监管机制

同治年间设牛痘局，宣统三年（1911 年）成立防疫局及检疫所。

为保证食品卫生，宣统元年（1909 年），颁布《管理饮食物营业规则》《汽水营业管理规则》，由警察厅派警察，对饭庄、饭店、酒铺、旅店及肉类、食物摊棚进行卫生监督。民国五年（1916 年），发布《食品卫生规则》，由警察厅派出警察监督食品卫生，后在警察厅内成立卫生处加强管理。至民国十四年（1925 年），始由北平市卫生事务所派出卫生警察负责监管食品卫生安全，至此才有卫生医务人员行使卫生食品检查监督之职责。

为保证公共场所卫生，防止瘟疫流行，宣统三年（1911 年）发布《管理粪便简章》。民国二十二年（1933 年）北平市政府设清道班，对道路进行清扫。民国二十三年（1934 年）北平市卫生局颁布《管理公共娱乐营业场所卫生规则》，对戏园、电影院、游艺场及杂技场、茶馆、评书场、戏场及其他杂艺场和公共娱乐营业场所都作出有关卫生要求。

□ 1935 年北平卫生事务所进行预防针注射（原载《北京志·市政卷·卫生志》）

□ 1936 年北平传染病医院消毒队进行消毒（原载《北京志·市政卷·环境卫生志》）

□ 1935 年北平市内饮水井消毒（原载《北京志·市政卷·环境卫生志》）

　　饮水卫生是防止瘟疫流行的重要环节，民国十七年（1928 年）6 月 16 日由市政府公布《管理饮水井规则》。明确规定凡凿井取饮料者，应将地点、方法、图样呈报该管卫生局或公安局所核准后，方准开凿。凿井竣工后，应报告该管卫生局或公安局所，派员检查，并化验之。对水井的规定相当具体，要求：井壁须以坚密不透水物质建筑，以防污水渗入井内；井之深度至少应达营造尺 10 米以上，深井应达 66.6 米以上；井口须加盖以防秽物入井；井栏须高出地面 0.66 米以上，以防地面污水入井；凡凿井地点应离开厕所、沟渠，在营造尺 50 米以外。

尽管历史上北京地区做过大量抗"疫"工作，但是，在战乱不断的环境下，疫情是无法得到有效控制的。中华人民共和国成立后，很多瘟疫开始灭绝，如谈虎色变的鼠疫再没有流行过，1950 年 6 月后，天花绝迹，回归热于 1954 年绝迹……当然，我们同瘟疫的斗争仍在进行中。

北京厕所的变迁

厕所很难进入大雅之堂，但它又是人们不可或缺的，在《北京志·市政卷·环境卫生志》中设有专章。

一、厕所历史的追溯

在中国历史上，对于厕所古籍很少有详细的描述。王其钧先生在《中国传统厕所研究》上提及，目前所知最早的实际尺度的厕所实例是江苏徐州市九里区的龟山汉墓中的厕所。这座墓是西汉第六代楚王襄王刘注（即位于公元前 128 年—前 116 年）的夫妻合葬墓，距今 2000 多年，它的厕所是在平地上放置两块长方形的石头，两石之间便是一个坑了，人踩在石头上方便，跟现在的蹲坑式厕所没有大的区别。①

北京在什么时期有厕所的记载，无考。13 世纪中叶，元世祖以大都为宸居之地以后，开始建造房屋，游牧民族以大地川泽为厕的积习，也因而为之一改。明代以后，北京居民户厕位置注入了风水术因素，以"四合院"为代表的居住形式，有了厕所的一席之地，建置于院落的西南角。其实，即使没有风水因素，北京地区春、夏多东南风，厕所选位于宅院西南角下风处，有利于宅院卫生。这些户厕或为砖砌，或为木板搭拼，或为秫秸围栏而成，均属无厕门、无厕窗、无厕顶、无防蝇、无

---

① 王其钧：《中国传统厕所研究》，《南方建筑》2010 年第 6 期。

除臭设施的死坑旱厕。达官贵胄之家的厕所，主、仆不混用，主人专用厕所有的不置厕坑，而用溺器与恭桶。相传明代严嵩父子的溺器"皆以金银铸妇人，而空其中，粉面彩衣，以阴受溺"[①]，严嵩的党羽鄢懋卿"以文锦被厕床，白金饰溺器"[②]。明万历初年至明朝末年，京师住宅日趋逼窄，不少居民遂不设户厕，而改用马桶。

北京城的公厕实在太少了。在文字记载上，清代的前因居士在《日下新讴》中记载："大街……无地可遗，于是有设茅房者。门外高张大幅布画，宽六七尺，上绘神仙或杂色故事。当街列一朱漆四方高架，状如香梯，顶面立一方牌，标曰'洁净茅房'。其铺内一室则环列小坑，以板界隔，人各一坑。与钱一文，给纸两片。诚方便经营也。"乾隆五十六年（1791年）到北京的朝鲜人金士龙，在其所著《燕行日记》中也有一段记录北京琉璃厂收费厕所的文字："琉璃厂有溷厕十余间，厕中置净几，几上爇芙蓉香，其四壁贴春和图，使人登厕，则其价必收三文。"这些文字还是很有意思的，成为最早收费厕所的记载。

北京作为都城，明代宫廷厕所有稽可考者共有五座。其中坐落于文渊阁附近，为阁僚所用的厕所一座。紫禁城乾清门围墙内南半间房"东夹墙""西夹墙"处，为宫眷及内官所设的厕所二座。隆宗门外慈宁宫东小门内文书房处，为太监所设的厕所一座。慈宁宫南司礼监处，为太监所设的厕所一座。紫禁城内文渊阁阁僚众多，为阁僚所设的厕所中，因蹲位所限，故如厕者时有"内逼"情急而蹲位人满之患。明代帝后嫔妃如厕，皆用一种野蚕丝织成的帛绢"拭秽"。帛绢由四川地方政府按例贡输，"每供御用"，"即便弃掷"，每一"掷"即耗银数钱。明孝宗见帛绢弃之可惜，始"敕以纸代之"[③]。

清代宫廷厕所称为"净房"，清代"净房"较明代有所增加。除养心殿后殿西间设有两处"净房"，养心殿后殿东间亦设有一处"净房"外，

① （明）冯梦龙:《笑史》，转引清周吉士《周园所记》。
② （清）张廷玉:《明史·奸臣传》卷三百零八。
③ （明）谢肇淛:《五杂俎》卷九。

后妃寝殿旮旯处，均设有"净房"。"净房"不设厕坑，而置便盆与马桶。帝后用的便盆，多属银制或锡制，造型典雅，纹饰明丽，装潢华贵。清末慈禧太后的马桶，用檀香木雕琢而成，外壁雕饰一只大壁虎，壁虎双目镶装两颗红宝石，嘴中衔着手纸，腹中装着檀香木末，秽物落下，被香木末自动裹起，不出一丝异味。檀香木末用后即行弃掷，复以新末代之。光绪二十九年二月（1903 年 3 月），慈禧以"恭谒"西陵为名，试乘西行火车。陶兰泉奉北洋大臣袁世凯和会商大臣盛宣怀的指令，在列车中专为慈禧太后设置了临时"豪华"厕所。厕内马桶"底贮黄沙，上堆水银，粪落入水银中，没入无迹"。水银、黄沙二物，每用之后即行倒除，每倒除一次，即耗银数两。其所用马桶"外施宫锦绒缎为套，成一绣墩"。

近代以前，北京的公共厕所一直少之又少。清代北京城明令规定，皇城四周，南海、中海、北海皇家园林附近以及积水潭周边地带，不得建置公厕。清代在内城仅有官设公厕 3 座，私设公厕 5 座。私设公厕都是三尺土墙为障，无厕顶、无厕门、无厕灯、无蹲位隔板、无任何保洁设施的简陋厕所。官设公厕，部分有厕顶、有厕门、有厕窗，但无蹲位隔板、无防蝇防臭设施。

1912 年至 1933 年，市区共有公厕 627 座，内分官设、自治坊设及私设三种，其中私设公厕 470 座，占公厕总数的 75%。1947 年至 1949 年，民国政府对厕所也进行了一系列的改造和相应的管理，对"不合格"公厕采取"取缔"措施，使街道公厕由原来的 600 多座减至 510 座，其中官设公厕 83 座，占公厕总数的 16%—27%。

二、北京厕所的革命

1949 年至 1963 年，市人民政府对旧社会遗留下来的私设和官设公厕，采取拆除、改建措施，并为市区建造了一批有厕门、有厕窗、有厕顶、有简易防蝇设备的公厕。1964 年至 1974 年，市人民政府对宅院厕

二　北京，有多少热点，就有多少故事

所（简称"户厕"）实施改造，取缔了 8.5 万个户厕，新建了 2879 座街坊公厕。

很长一段时间里，北京的厕所大多陈旧、破损、臭味大、脏乱不堪。1984 年 2 月 14 日香港《明报》以《北京公厕脏、夏天臭气熏、冬天粪冒尖》为题载文："北京公厕林立，管理极差，脏乱不堪，冬季粪便结冰，夏天臭气熏人。"指出厕所破旧、脏乱，而且数量少，分布不合理。1979 年 3 月 9 日北京日报社编印的《内部参考》载文：据说八达岭游览区没有公厕，日本女游客无处解手，便自己组织起来以人墙遮拦，轮流方便。以上两例，形象地说明了当时北京的公厕状况。

为解决公厕布局不合理、数量不足、缺少卫生设施等问题，1981 年以后，北京市有计划、有步骤地着手进行公厕建设与改造。1983 年，公厕建设重点在主要大街和繁华地区进行，是年新建、改建公厕 198 座，环卫部门管理的公厕达到 6635 座。

□ 20 世纪 50—60 年代的厕所

1984 年北京市专门召开以厕所为主题的市长会议，决定在重要旅游景点、主要街道、重点地区建造一批设备齐全的高等级公厕。要求室内高度 3.7 米，有采暖、采光、通风设备，照明灯具美观典雅，设坐蹲式瓷制大便器，大便蹲位间隔 1.8 米，设门及隔断板，设大挂斗式小便器，设水磨石或大理石隔断板，装备红外感应台架洗手盆、洗手液机及红外感应干（烘）手器。

这些高标准公厕先后建成与投入使用的时间为：1985 年至 1987 年建成，投入使用的有劳动人民文化宫南门东侧、北京站东侧、中山公园南门西侧，共 3 座。1988 年建成投入使用的有历史博物馆西门北侧、历史博物馆西门南侧、西直门立交桥、北海公园东门、公主坟环岛、圆明园南门、香山广场、军事博物馆西侧，共 8 座。1989 年建成投入使用的有华北楼旁、姚江胡同、万寿寺对面、八角地铁站、红领巾公园，共 5 座。1990 年建成投入使用的有工人体育馆西侧、王府井百货大楼南侧、北京展览馆广场、西直门大街 86 号旁、积水潭、新南大街 21 号旁、人民大会堂南侧、宣武门西侧、前门箭楼东侧、前门箭楼西侧（男）、前门箭楼西侧（女）、正阳门 1 号、正阳门 3 号、珠宝市街、奥林匹克体育馆东门、中关村岗楼、人民大学对过、古城北里、昌平县自行车赛场北门、颐和园东门、颐和园文昌阁南、颐和园仁寿殿南，共 22 座。

据市统计局资料，北京市外来人口日均 330 万，加上流动于街道和公共场所的北京市民，日均多达 400 万人以上。北京市主要街道平均为 1.5 万人一座公厕。西单、王府井、前门等繁华商业地区，平均 10 余万人一座公厕。西单北大街南口至丰盛胡同总长 1.5 千米，商店逾百家，每日于此购物者不下 5 万人次，公厕则只有一座。该座公厕如厕者，晚 6 时至晚 7 时，每分钟 7 人次；中午 12 时至下午 2 时，每分钟多至 15 人次。待解者在门外鱼贯列队，少则十数人，多则数十人。面对这种情况，市环卫局和有关部门在加大公厕新建、改建力度的同时，先后在主要大街、繁华地区和旅游景点，建造了一批建设标准高、内部卫生设施

□ 20 世纪 90 年代的公共厕所（原载《北京志·市政卷·环境卫生志》）

齐全的高等级即一、二类公共厕所。

进入 21 世纪，北京市的公厕进入升级改造期。2001 年 4 月，市市政管委制定了《北京市公共厕所设计建设标准》，要求"城市公共厕所应按照文明、卫生、方便、适用、节水、防臭的原则进行规划、设计、建设和管理"，要求大、小便间，盥洗室分设；大便器以蹲便器为主，座便器为辅；座便器提供垫纸，冲刷和洗手等采用非接触器具；厕所设施齐备，维修方便；厕内空间布置合理，采光和空气流通性好；使用先进可靠的节水设备；有合理的通风方式。

从 2001 年起，全市宾馆、饭店、机场、火车站、长途汽车站、大型购物场所、大型娱乐场所、体育场馆等窗口服务单位的公共厕所要全部达到二类以上标准，并一律对外开放。凡是新建、改建城市道路、大型公共建筑、公共场所和居住小区等，必须把配套公厕的问题解决好。2004 年，北京市政府将新建改建公厕列为"直接关系群众生活方面的重要实事"之一。接着，2005 年是北京公厕管理年，全年新建改建公厕 1959 座。在公厕改造中，推进了环保节能公厕的应用，以节水节能、绿色环保为宗旨，应用泡沫节水免冲小便器、中水再生利用、生物除臭等先进技术，采用节能灯照明，解决了公厕费水、费电、异味大、易堵塞等方面的问题。公厕的质量提高了，使用功能扩展了，许多公厕悄然更名为"公共卫生间"或"公共洗手间"。从 2006 年起，在推进城市公共厕所新建、改建的同时，公厕建设由城区逐步向农村延伸，公厕改建开始向乡镇推进。为缓解繁华地区、公园和大型活动用厕的需要，北京市还建有一批活动式公厕。组装厕所、单体厕所、汽车厕所、无障碍厕所都开始大量出现在北京的各个地区。具有行政法规效力的《北京市公共厕所管理办法》也应运而生，公共厕所要符合下列要求：外立面保持完好、整洁；各类设施、设备齐全、完好；采光通风良好；保持卫生，按规定进行消毒处理；厕内无蝇虫，基本无臭味，地面无积水、痰迹或者烟头、纸屑等杂物；便器内无污垢、杂物、积存粪便；墙壁、顶棚无积灰、污迹、蛛网等。

北京，有多少热点，就有多少故事

据 2018 年统计，北京市有公共厕所 14667 座。根据住建部的相关规定，城镇里每 2500 至 3000 常住人口就要设置一座公共厕所。从总数来看，是合格的。北京也就成为世界上公共厕所最多的城市之一，基本解决了人们如厕的问题。

北京，有多少神奇，
就有多少故事

引　言

　　明清两代在北京建造的祭坛，至今仍然保留着，古人把对天地乃至万物的理解和信念以至追求都倾注在恢宏的建筑之中。建筑的色彩、建筑的形状随着时间的流逝，可以出现斑驳和陈旧，原来的木结构也会腐朽以至断裂，然而她留给今人的东西却难以计数。

　　我们可以得到什么样的启迪？政治的、思想的、文化的、社会的，也许远远超过有形的建筑本身，也许对我们现在所追求的、创造的社会状态、形式，有很多值得借鉴。

　　就有形的建筑本身而言，也有无数玄机，很多内容我们也许并不得而知，其中也许有古人与天的对话形式，有表达对万物的寄托方式，也许有告诉来者统治和管理这个东方古国的理论精髓。21世纪我们刚刚研究出前人精心设计的天坛声学现象，不同的声音、不同的反应、不同的效果，它们究竟要反映一种什么样的理念？传递一种什么样的信息？它们究竟是在对谁传递？是神还是众生？有人说过，"人间私语，天闻若雷"，"与人相善自有天知"，这些无形的让人惶恐的理念，我们的祖先一直在倡导，而祭坛的声学现象是不是在有意无意地通过其自身的玄妙，在警示世人。

　　我们不是为了研究而研究，更不是为了试图解释先人的思想，更不是在浮躁的社会环境中来标新立异。今天亟待解决的问题是多方面的，也需要我们进行切合实际的研究。比如建筑的保护，所面对的是保护性的破坏——我们应如何应对；比如对文化的继承，把糟粕当作瑰宝，甚至良莠不分——我们应如何区别；历史文化遗产的保护与经济利益及地区发展的关系应如何把握；继承与创新关系怎样侧重，都成为我们不可逾越的课题。

四

北京，有多少神奇，就有多少故事

"东胡林人"可不是随便迁走的

　　我的祖籍在北京市门头沟区斋堂镇西胡林村，祖上应该是明代从山西洪洞大槐树迁移过来的，不过已经无考。然而，我常被问及是哪里人，我也随口说是北京人；也曾被问及是不是老北京，我就会说"当然"；也有人开玩笑地问："老北京，多老？是不是随着满人入关的？"我也会开玩笑地告诉他："祖上在这里有10000年了，'东胡林人'听说过吗？那是我的祖先。"

□ "东胡林人"生活场景复原模拟图（摄于门头沟区博物馆）

东胡林人遗址位于门头沟区斋堂镇东胡林村村西，紧挨着西胡林村，早先与西胡林本就是一个村。1966 年，北京大学地质地理系同学在门头沟区实习期间发现"东胡林人"遗址，对古人类学、北京历史学都产生了巨大的影响。1985 年遗址被公布为门头沟区重点文物保护单位，1995 年北京市公布为地下文物埋藏区。2001 年 7—8 月和 2003 年 9—10 月，北京大学考古文博学院和北京市文物研究所联合组成考古队，对遗址进行了两次发掘，发掘面积 200 平方米；2005 年，又进行了第三次发掘，发掘成果显著。

在东胡林遗址中发现的遗迹有墓葬、火塘、灰坑等。墓葬中人的身体附近发现随葬的磨光小石斧，胸、腹部散落有多枚穿孔螺壳，应为死者生前佩戴的项链饰物。火塘发现 10 余座，火塘内有动物骨骼及灰烬，火塘底部四周的石块似经过排列，大致堆积成大半个圆圈状，初步推测是季节性活动使用的火塘，出土的遗物比较丰富，包括石器、陶器、骨器、蚌器，以及数量较多的石块和崩片、动物骨骼、植物果壳、螺蚌壳等。特别是发现了陶器残片，可能属罐、碗等类器物。通过对东胡林遗址采集的木炭、人骨、兽骨、陶片等多种标本进行了年代测定，"东胡林人"生活的年代大致在距今 11000 年至距今 9000 年前，属于新石器时代早期。

其实，东胡林遗址的发掘最重要的发现是在文化遗址内出土了人骨化石，经鉴定属两个成年男性和一个少女个体。在少女遗骸的颈部

□ 出土的"东胡林人"化石

四 北京，有多少神奇，就有多少故事

位置有用小螺壳串制的项链，腕部佩戴有牛肋骨制成的骨镯。对于这些"东胡林人"的发现，给人带来了无尽的遐想：

"他"（"她"）是谁？现在只能初步判定，尸骨属成年个体，年纪不算太大，是什么原因导致死亡呢？无从知晓。

他们从哪来？是从北京周口店的山顶洞人演变而来的吗？或许就是他们的后裔？

他们为何定居在此？是不是这里优越的地势造就了"环山聚水"的独特生态气候，非常适合古人类居住，这里就是最早的"宜居城市"？

他们如何生活？从"火塘"里发现了烧焦的鹿骨，证明1万年前这里曾经生长着大片茂密的森林，还有鹿群出没。在发掘中发现的螺壳和蚌器，表明那时曾经有条大河流经这里，这条河也许就是今天的永定河。

他们有没有发展农牧业？在墓葬发掘中找到了猪的肩胛骨和牙齿，表明东胡林人当时的"食谱"也包括猪，至于它到底是野生的还是驯养的，还有待考证。考古专家还收集了600多袋土粒以备筛选，希望能从中找到1万年前的谷物，如果找到了，那可说明1万年以前就有了农业的种植。

东胡林遗址发现的诸多遗存，对全面了解新石器时代早期"东胡林人"的生活方式、埋葬习俗及生产方式等具有重要价值，同时对于探讨农业的起源、陶器的起源与发展都有着十分重要的意义。另外，在此遗址中出土了比较丰富的动植物遗存（包括浮选采集标本），为复原距今1万年前后"东胡林人"的生活、生产方式以及生存环境，探讨农业、家畜的起源以及新石器时代早期的人地关系等，提供了十分宝贵的实物资料。保存完好的"东胡林人"遗骸的发现和研究（包括体质人类学研究、古病理学及遗传学研究），不仅能为了解"北京人—山顶洞人—现代人"的演化进程及其谱系提供科学依据，而且对于认识新石器时代早期人类的经济方式、食物结构及环境变化对人类自身的发展演化产生的影响有着重要的科学价值。

东胡林村不具备进一步研究的条件。2003 年，发掘出的"东胡林人"被运到北京大学考古文博学院的实验室进行保存和研究，在这时发生了一个故事，这在我们的志书中是没有记述的。

发掘出的尸骨连同周边的土壤需要整体搬运，为了保证其完整性，所以要"套箱"搬运。所谓"套箱"就是将尸骨连同它身下附着的土层一起挖出来，然后整体打包装箱进行搬运。这项工作属于科学范畴，需要很严肃地看待。在尸骨套箱搬运前，考古工作人员对古人类尸骨做了十分认真的整理工作：拍照片、画草图，将考古挖掘过程中每一个细节如实记录下来。由于遗骸非常脆弱，为了确保安全，考古人员对尸骨进行了一系列的保护措施，覆盖了一层宣纸，并在上面喷水，以防干裂，同时在尸骨的头部及骨盆等容易移位和断裂处用石膏进行了加固。在按照科学要求进行了各项工作以后，就准备进行搬运了，就在这时，当地的百姓希望能搞个仪式，强调把我们 1 万年前的祖先就这样随便移走，是不合适的。承担运输任务的人员说，我们北京大学是百年学府，搞仪式是迷信活动，进而无视当地人的要求。可是在搬运中，遇到了不可思议的事情，整个土块加上遗骸长约 200 厘米，宽和厚都不超过 100 厘米，先后换了两次起重机，就是无法将遗骸搬起来。无奈之下，不得不请当地的百姓按照当地的习俗，举行了仪式，仪式举办以后，仍用同样的设备装到了车上。我们的记录是：时间 10 月 30 日，东胡林人尸骨被安全运抵北京大学。

273

话说"千佛""万佛"建筑中的佛

在北京的古建筑中和佛有关，被称为千佛阁、万佛楼、千佛殿、万佛堂的难以计数，这成为北京特有文化的组成部分，"千""万"只是计数众多的泛指，但是，佛的造像却大有说头。

一、北海万佛楼

北海的万佛楼已经成为历史记忆，消失在过往的岁月中。北京的万佛楼位于北海公园内的小西天，这里建有一座面阔七间、楼高三层的万佛楼，是乾隆皇帝专为母祝寿所建造，文献记载万佛楼为歇山顶，各层皆为黄琉璃瓦绿剪边瓦顶。正门有副对联，上联是"十住引千光，佛力不可思议"，下联是"一成该万有，我闻如是吉祥"，是以敬佛为其特点，从建造之始，就由内务府拨大量黄金铸造金佛。与此同时，上至京城，下至地方，无论王公大臣，地方文武百官乃至汉、蒙、藏寺庙的和尚喇嘛，纷纷以呈进寿礼为名，呈送金佛以表"孝心"，乾隆三十四年（1769年）大量奏折与造佛像进送佛像有关。乾隆三十四年（1769年）三月初二日具奏："本部协办大学士尚书官恭造无量寿佛五九四十五尊，大学士管理部务刘恭造三九二十七尊，尚书蔡恭造二九共十八尊，左侍郎四恭造二九共十八尊……"乾隆三十四年（1769年）五月十五日具奏："在京王公大臣官员等俱恳请成造，前来共造佛五百五十九九 ，计五千三十一尊，相应分析开单恭呈御览。至外省大臣官员，现在已有报到者计造佛三百二十八九，共二千九百五十二尊。"乾隆三十五年（1770年）四月初二日具奏："恭造无量寿佛事，前经奴才等将内务王公大臣官员等共请造无量寿佛一千六百三十四九，计一万四千七百六尊，节次汇奏，其路远未经报到者，俟陆续报到之时，另行汇奏。"

　　万佛楼工程于乾隆三十五年（1770年）八月竣工开光。万佛楼内的墙壁上布满了大大小小的佛龛，密如蜂房，每个佛龛内供奉一尊纯金的无量寿佛。所有的佛像尽管大小不一，但是规格和重量却有明确的要求，大的佛像要五百八十八两八钱，小的也不得轻于五十八两。大小金佛每尊取八的意思是乾隆为纪念其母亲八十寿辰之意。万佛楼共计三层，一层楼内有佛像4956尊，二层楼内有佛像3048尊，三层楼内有佛像2095尊，共计供奉佛像10099尊，万佛楼可谓名副其实。楼内除了金铸的小佛像外，还有三尊铜铸三世佛立像，铸造这些佛像共花费白银十四万余两。这些佛像都是精品，都是为了给太后祝寿而进献的，数量极大，除了满足万佛楼供奉外，其余佛像分别供于宫内和西郊畅春园。万佛楼本身造价就不低，再加上一万余尊金佛，其经济价值无法估量，真可谓价值连城。光绪二十六年（1900年）八国联军侵华，北京被占领，北海小西天沦为日军司令部。从8月八国联军打进北京，到1901年8月联军撤走，这一年的时间里，万佛楼中的万尊佛像全部被日军掠夺，建筑也遭损毁。如今万佛楼仅剩下遗迹，昔日万佛楼中万尊金佛早已不知流落何处。

二、智化寺的万佛阁

　　智化寺坐落于北京市东城区禄米仓胡同，始建于明英宗正统九年（1444年），原为"土木堡之变"罪魁王振的家庙，明英宗赐名"报恩智

---

① 后面的九乃是前面数字的九倍之意。

化禅寺"。智化寺有一黑琉璃瓦庑殿顶重楼，下层为如来殿，上层为万佛阁，这组下殿上阁的建筑颇为罕见。最为惊艳的是这座阁楼内的藻井，现收藏在美国费城艺术博物馆，备受关注。这副藻井表面贴满黄金，中央圆心中，一条矫健粗壮的团龙盘绕垂首，俯视向下，结构精巧，繁复华贵，比故宫南薰殿的藻井还要大，是我国建筑艺术的一绝，堪称我国"藻井之最"。在这样的藻井下，万佛阁内的装饰与陈设一定非同寻常，进入万佛阁下的如来殿，殿内正中为木质八角形须弥座，上面供奉释迦如来本尊，通高4米有余，左手横放在足上，表禅定；右手轻抚右膝，五指平伸，表降魔。佛像面容丰腴，双目炯炯有神，通体的金饰虽经历了500余年，依然金碧辉煌。左右为梵天、金刚二协侍，两塑像均站在木质须弥座上，衣饰用细腻工笔手法绘制，沥粉贴金，绘有龙、凤、狮子、麒麟等吉祥动物纹饰。攀登陡峭的楼梯，来到万佛

□ 智化寺万佛阁

阁，眼前的情景令人眼界大开。中央重重叠叠的莲花瓣中端坐着三身佛，其中最为惊艳的就是上下层墙壁上遍布佛龛，蔚为壮观，相传共有九千九百九十九个，佛龛雕刻细腻精美，特别是漆金小佛像造型逼真、神态各异，所以此楼才有"万佛阁"之称。智化寺曾启动"万佛阁内壁佛龛及小佛像保护工程"，工作人员对近万尊形态各异的小佛像进行数据测绘和质地检测，得到进一步证实，这些精巧的小佛像几乎与明代建庙同时，一直留存至今，也就是说这些佛像全是明代原物雕塑，具有很高的历史价值和艺术价值。由于年代久远，万佛阁内壁佛龛及佛像蒙着厚厚的尘埃，而且许多部位出现残损、缺失等情况，看来，对佛龛和小佛像进行除尘、修复、补配、加固和防尘等保护措施是必需的。

三、戒台寺的千佛阁

戒台寺，又称戒坛寺，始建于隋代开皇年间（581 年—600 年），至今已有 1400 余年的历史，辽代高僧在此建戒坛，四方僧众来此受戒，故又名戒坛寺，寺内因拥有全国最大的佛教戒坛而久负盛名。在寺庙中，始建于辽代咸雍年间（1065 年—1074 年）的千佛阁也名扬四方。千佛阁为三重檐楼阁式木结构建筑，其殿顶采用了古建筑中最高等级的"大五脊庑殿式"，千佛阁宽 21 米，进深 24 米，高 30 余米。门额上挂有清乾隆皇帝手书"智光普照"的匾额。门内楹柱上有乾隆手书的"金粟显神光，人天资福；琉璃开净域，色相凭参"的楹联。阁楼内正中供有高大的毗卢遮那佛铜像，两侧的砖墙镶有琉璃壁饰。阁楼分上下两层，在每层左右两侧各有 5 个大佛龛，每个大佛龛内分为 28 个小佛龛，在小佛龛内又各分三个佛龛，每个佛龛内都供有一尊 10 厘米高的木雕小佛像，全阁共计有 1680 尊小佛像，与千佛阁之名相吻合。这些木雕佛像神态庄重，镂刻古朴，带有时代的特点，遗憾的是随着千佛阁的命运而不知所终。千佛阁由于年久失修于 1965 年拆除，进行落地保护。老北京市民有"九月九"登高的习俗，戒台寺的千佛阁也曾是老北京市

四　北京，有多少神奇，就有多少故事

□ 民国初年的戒台寺与千佛阁

民登高赏景的最佳去处之一，在这里远可遥望京城，近可俯视永定河，水光山色，一览无余。经过 40 年的等待，2016 年千佛阁复建完成，尽管在原址按原规制复建，不失当年的风采，但是当年 1000 余尊小佛像却无处寻觅无法归位，留下永久的遗憾。

四、房山的万佛堂

从地图上看，北京地区有两处万佛堂，一处在门头沟，另一处在房山。就是房山这处万佛堂，其精美的佛像石刻堪称国之重宝。

房山万佛堂坐落在已经停产的房山煤矿矿区内，属于河北镇地界，万佛堂全称"大历万佛龙泉宝殿"，为三间无梁砖石结构，歇山顶，灰筒瓦调大脊吻兽，汉白玉石拱券门窗，上有浮雕，雕刻的飞禽、花卉十分讲究。万佛堂门楣上嵌有四周浮雕莲花瓣的石匾，上书"大历古迹万佛龙泉宝殿"，大殿背靠山崖，殿下是闻名退迩的孔水洞，曾经有碧水长流的河道，水两侧有菩提树低垂，现在，景致已毁。大殿两侧分别有建于辽代和建于元代的古塔。辽代古塔上部呈笋状，至顶小龛密布，龛内供有佛像，每龛下饰有伸头向外的砖雕兽首或象头，远望如花盛开，是我国现存有准确年代可考最早的花塔，也是北京仅存的两座花塔之一。

万佛堂的宝藏是在大殿之内，殿内墙壁上有唐大历五年（770 年）镶嵌的长 23.08 米、高 2.47 米，由 31 块汉白玉镌刻的"万菩萨法会图"巨幅浮雕，衔接为一个整体，其人物神态各异，栩栩如生，粗粗看来满墙人头攒动，细细品味皆是大小不等的菩萨诸神，万佛堂因为这石雕"万菩萨法会图"而得名。这幅浮雕的艺术技艺及观赏价值让人叹为观止，据说唐大历年间（766 年—779 年）兴建龙泉寺时将"万菩萨法会

☐ 房山万佛堂

（四）

北京，有多少神奇，就有多少故事

图"石雕嵌于寺旁岩壁，在明万历十七年（1589 年）被移入万佛堂内。这幅石雕位于万佛堂中的正面和两面山墙中间，南山墙的浮雕画面正中雕有释迦牟尼坐像，神态庄重肃穆，呈现举手说法的姿态；两侧文殊、普贤及天王、神人等护持，平和中不失威严。画面中的天王、伎乐等诸神均雕刻精美，栩栩如生。雕刻画面向两侧延伸，十方诸佛分层次布满石壁，万头攒聚，出没于山川云海之间。正面佛像的背景是飘忽的祥云和翻腾的海浪，配着飘扬的长幡，场面宏大，有强烈的震撼感。伎乐天人有的弹琵琶、吹笛箫、持拍板、奏箜篌、飞天散花，使人似乎感受到仙乐飘绕，特别是每一个人物神态各异，刻像细腻传神，面部表情或神采飞扬，或凝神注目，人物穿戴的衣着也镌刻得层次分明，具有强烈的艺术感染力，显示出唐代石雕的高超技艺，是那个时代石雕艺术的代表。如今大殿几经重修，主要针对殿的屋顶，其他部位依然是当年的结构，石制的窗棂上还留有古时的墨迹，依稀可以读出古人留下的诗句，让人不禁浮想当年。这座万佛堂如果与法海寺相比，法海寺以精妙的彩色壁画而遐迩闻名，独树一帜，那么这里镌刻石雕壁画也可以称奇四

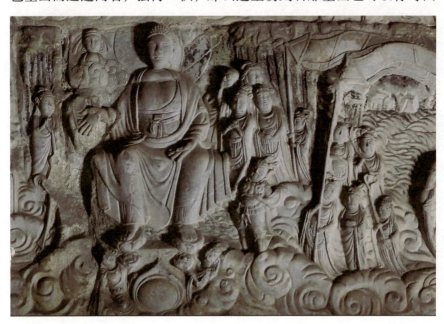

□ 万佛堂佛像

方，不知道为什么没有得到与之相配的影响力？现在，作为全国文物保护单位，它一直是大门紧锁，又装上了护栏，没有开放，不知何时才能让更多的人领略到它的风采？

其实，我留此文的真正目的在于万寿寺。万寿寺始建于明朝，原称聚瑟寺。明万历五年（1577年），万历皇帝之母慈圣李太后出资、司礼监冯保督建而成，改名万寿寺，成为皇家寺庙。清朝时又经几次重修扩建，西路于乾隆朝时改为行宫，遂成为规模宏大的皇家重寺。清乾隆十六年（1751年）和二十六年（1761年），清高宗弘历曾两次在这里为其母祝寿。清光绪二十年（1894年），慈禧太后重修万寿寺行宫。在这座寺院中有一座千佛阁，俗称万佛楼，有人说是慈禧增建的，但是，既然以"千佛""万佛"而名，谁见过这里的佛呢？很多人是只听其名，根本没有见到过这里的千佛，直到万寿寺进入北京大运河文化带，迎来第一次大规模的修复，也就是在这次的修复中，千佛阁的"佛"才得以让人见到真容。2019年，万寿寺经过大修，其中包括了千佛阁的大修，当打开佛殿顶棚的时候，是一层隐秘的阁楼，密密麻麻地摆放着佛像，这就是千佛阁的"千佛"所在。佛是藏在隐蔽之处的，相传慈禧常在此拈香礼佛。

北京地区还有一些"千佛""万佛"的建筑，其震撼力有的不比上述介绍的弱，只是碍于各自不一样的缘由，不得不一笔带过。西城区的万佛寺位于北京市西城区大栅栏街道社区万福巷内。"佛"与"福"发音相似，万福巷便得名于坐落在该胡同北侧的"万佛寺"。现存格局有前殿、大殿、后殿以及钟鼓楼等遗迹，当年寺内各大殿有大量难以计数的佛造像，故称"万佛"，遗憾的是所有塑像均在"文革"中被砸毁，当时在佛像腹中还有大量经书古籍，均为线装本册，皆被焚烧，实为一大遗憾。现在万佛寺作为居民大杂院，各殿建筑遗迹已逐渐消失。门头沟的万佛堂仅保留了村名，村西有明代所建万佛寺遗址，据说万佛堂始建于辽代，明代再次重修。现在，虽然庙宇已被毁，但从完整的墙体和几座殿宇遗址仍然可以清晰看出当时的精美工艺，只是无法知道万佛堂中的佛是什么样子。

天坛的神奇声音

  天坛是以五大奇建筑而闻名中外：一为祈年殿，俗称无梁殿；二为回音壁；三为三音石；四为对话石；五为圜丘坛，即祭天台。围绕着天坛产生的神奇的声音之谜也凸显出天坛的世界文化遗产的应有地位。

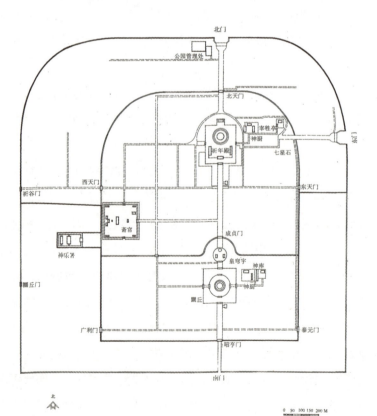

□ 天坛平面图

发出神奇声音的地方

　　说到天坛，其实是指圜丘坛，是举行冬至祭天大典的场所，圜丘形圆象天，三层坛制，每层四面出台阶各九级。上层中心为一块圆石，外铺扇面形石块九圈，内圈九块，以九的倍数依次向外延展，栏板、望柱也都用九或九的倍数，象征"天"数。圜丘坛的中心圆石即是天心石。站在天心石上说话，产生强烈的共鸣效果，耳畔回荡着自己的声音，感觉天地昭昭，天与大地感知自己的心声。而在无人的圜丘台上，不论向哪个方向喊话，回声都从四面八方传来，仿佛有许多人站在台的四周同时应和你一样。

□ 圜丘天心石

□ 回音壁

　　回音壁在皇穹宇院落内。圜丘坛外墙北侧，坐北朝南，南面设三座琉璃门，主要建筑有皇穹宇和东西配殿，是供奉圜丘坛祭祀神位的场所。周围是圆形围墙，墙高约 3.72 米，厚 0.9 米，当人们分别站在东西配殿的后面靠近墙壁轻声讲话，即使双方距离相距很远，也可以非常清楚地听见对方讲话的声音，被更为形象地称为"传声墙"。20 世纪 70 年代，美国国务卿基辛格博士在乔冠华外长陪同下游回音壁时，曾称赞回音壁，甚至赞扬这个"传声墙"的效果很好，风趣地说可以通过它来谈判。

　　皇穹宇殿前甬路从北面数，前三块石板即为"三音石"。当站在第一块石板上击一下掌，只能听见一声回音；当站在第二块石板上击一下掌就可以听见两声回音；当站在第三块石板上击一下掌便听到连续不断

□ 皇穹宇（原载《北京志·世界文化遗产卷·天坛志》）

的三声回音。这就是为什么把这三块石板称为三音石的原因，也有人专门把第三块石板称为"三音石"。

这些奇妙声音是怎样产生的

这些奇妙的声音现象早就引起学者与声学专家的重视，清末民初金梁所著《天坛志略》上记载了皇穹宇院内的声学现象，认为皇穹宇院内可以产生回音需满足四个条件：第一，必须开着殿门；第二，由殿门到殿内正北面的神龛前不准堆放障碍物；第三，殿窗必须关上且需要糊上窗纸；第四，人说话时必须站在殿前甬路的第三块石板上。1953年中科院院士汤定元先生发表了《天坛中几个建筑物的声学问题》，对天心石、回音壁、三音石三个声学现象的形成机理，提出了很有见地的科学猜想，有别于金梁所言，汤先生对天坛的发声现象都做了比较科学的解释。他认为，从天心石发出声音，向各方扩散，经周围栏板反射回来的声音走了同样的距离，正好在中心集合；皇穹宇围垣周密，表面光洁，使声波不被墙体吸纳，进而发生反射，产生了回音。但这些是没有经过科学仪器测定的，还是建立在假说的设定上。1993年，天坛公园与黑龙江大学合作，使用声级计、频谱分析及记录仪等先进的科学仪器和现代科技手段，对天坛声学建筑进行了测试与研究，得出了让人信服的结论：

圜丘的台面、栏板、望柱是很好的声音反射体。在天心石上发出声音，声波一部分经连续反射，汇聚到天心石；一部分经栏板、台面、对侧栏板返回再汇聚到天心石；另一部分声波则经围栏中部凹凸不平的花纹来回三次散射最终汇聚到天心石。虽然连续形成回声，但是由于说话声与回声间隔很短，所以听起来是强烈的共鸣声。

回音壁能传音是因为它是由山东临清"澄浆砖"磨砖对缝砌筑而成，砖体"敲之有声，断之无孔"，质地坚硬，墙面光滑平整，弧度规则，是良好的声音反射体。声波由一人发出向北经墙面多次连续反射后传给另一人，向南则因有三座琉璃门阻断了声波的反射而难以听到。

三音石基本位于回音壁的圆心，它的第一个回声是两个配殿将声波反射后叠加而成，第二、第三个回声则是回音壁对声波的第一、第二次反射的汇聚。其实，还有第三、第四次反射，只是声音太弱，人耳难以分辨。"一音石"的一个微弱回声，是声波被回音壁两次连续反射，经历一个钝角三角形长距离返回到一音石上形成。"二音石"的两个回声，第一个是声波被东西配殿墙反射后在二音石上叠加形成，第二个则与一音石的回声机理相同。

在这次研究的过程中研究人员还发现了皇穹宇院内第三个声学现象——"对话石"。对话石指的是皇穹宇殿前的第18块石板，站在这块儿石板上的人可以和站在东配殿东北角或西配殿西北角的人互相对话。这是因为声音发出之后经过围墙的反射，在特定位置汇聚，使得相互见不到面的人可以利用声音的反射相互对话。

这些声学现象是有意为之吗？

天坛是个神圣的地方，这些奇妙的声学现象是有意为之，还是后来人无意发现呢？

明朝嘉靖年间建造的圜丘，有记载说已经产生回音，嘉靖朝建圜丘时，将天心石命名"亿兆景从"石，寓意皇帝在此祈求皇天上帝佑护，"亿兆"之人追随其后，皇帝发出的旨意就是天命，所有的人都必须服从。[1] 而对皇穹宇的围墙是否也有回音效果未见记载，而有一个传说，是乾隆皇帝在巡视皇穹宇休息时无意间发现回音壁的回声，从此回音壁得名。清乾隆年间扩建圜丘、改建皇穹宇时，人们既然已经知道明朝圜丘有回音现象，那么扩建时是必定要注意这个问题的，乾隆年间的建造水平已经达到相当高的程度，工匠已懂得一定的回音建筑知识、回音效果把握，因而，在材料的选取、工程的实施中都采取了相应的措施。圜丘、皇穹宇建成圆形肯定会产生回音，正好附和"上天垂象""亿兆景从"的效果，因此，刻意而为是必然的。但是，作为历史研究的结论是凭史料说话，现在并没有找到能够说明乾隆朝改建圜丘、皇穹宇时是有意营造回音效果的直接依据。只能臆测天坛是皇帝祭天的场所，皇帝在这里与上天交流和沟通，产生这样震天动地的轰鸣回音，恰是皇帝祭祀的最佳效果。

四　北京，有多少神奇，就有多少故事

---

① 姚安：《上天垂象 亿兆景从——天坛声学建筑的历史考察》，《紫禁城》1997 年第 4 期，第 38 页。

古崖居探谜

在延庆北部张山营镇西面北山之中，有一处已开辟为游览胜地的"古崖居"，留下无数不解之谜。当人们沿着进山公路前行时，走过一段山间小路，密布在山崖之上的石窟群赫然出现。这些石窟为人工凿制而成，洞室散落分布在南、北、东三片沙砾花岗岩岩壁之上，有单室、二室、三室，洞与洞相连，错落有致，据不完全统计达 90 穴。继续沿着划定的路线向上走，在东坡的山崖之上也遍布洞窟，近 30 余洞。整个可参观的古崖居旅游景区，全部洞窟达 120 余个。这些石窟群有如下明显的特点：其一，布局适合居住。从现存的痕迹和石窟内的布局看，有火炕、烟道、灯台、马桶，石窟外还有石碾，但是有些洞穴低矮，似乎只能坐卧；其二，全部为人工凿成，布局有明显的设计痕迹。进入石窟群，先见到的第一个洞穴，类似于现今大院落的传达室。进出之人必须从这里经过。在古崖居分布区内，这些石室有的左右相连，有的一室多门，门有枢的柱槽；其三，石室群选择的位置环境独特，从山下无法看到石窟的任何踪迹，而石室群的前方原来有河水，山南是一片东西狭长的小平原。另据最近的报纸披露，与延庆同在北部偏东的平衡线上的密云区也发现了类似的"古崖居"，这些石窟地处密云不老屯镇白土沟山北——云峰山南麓支脉，在东、西两道陡峭的山谷三面崖壁上，有四处由人工凿建而成的单室石窟。石窟大小不等，但其形状构造基本相同，"最大的洞室长 5.2 米，宽 3 米，高 2 米；最小的洞室长 3 米，宽不足 2 米"。"洞室内部四角平直，室内有土炕、锅台残基，有烟道、气孔以及放灯的壁龛，洞口外檐上有雨罩、流水等设施。这些洞口的位置皆在距地面几米高的半山崖壁上，其中，最高的一处距地面有 10 米之余，在洞口的下边凿有台阶，台阶较陡，只能攀附而上，有一洞是凿的脚窝，攀登起来更为困难。"[①] 这处"古崖居"与延庆古崖居相同之处颇多。周围有水源，在两个石窟的崖根下，就有泉水，泉水旁有一片平地。

□ 古崖居

---

① 参见李大儒：《密云新发现四处"古崖居"》（《北京日报》1997 年 6 月 17 日）。

古崖居的居民是谁

关于居民的身份，在对这些"石窟"的研究中，人们一直见解不一。既然这里已经开辟为京郊的重要旅游胜地，那么导游词是怎样表述的呢？

"关于古崖居开凿年代，有认为是元，或魏，或唐辽。其目的与用途，也许是草寇山寨？戍边驻军？应避战乱？少数民族聚居？据不确切考证，此为唐、辽间奚族聚居的岩寨……但今，昔人已乘黄鹤去，此地空余古崖居。"这样的表述带给人的不仅是遐想，也引来专家学者的思考与研究。

难道这里真是草寇的山寨吗？山大王励精图治设计建造的独立王国？还是一个被历史遗忘的民族、一个湮没了生活足迹的民族，一个不知魂系何方的民族……也许是前面提到的"奚族聚居的岩寨"？

1. 持是奚族人的岩寨之说，具有一定的权威性

其观点是：古崖居是奚族，更确切地说是西奚族留下的居住遗址。其结论的根据是，以火炕和石室这两种形式来看，火炕源于我国东北地区，凿石室而居，这更不是汉族人的居住习惯，这就把他们与古代生活在东北地区的少数民族联系在一起。而古代的延庆地区，尤其是山南地区，本就是多民族出没的地方，明嘉庆《隆庆志》中就有五代时为奚王所据的记载。

奚族，乃是匈奴族的别种，也是我国古代的游牧民族，一直在我国东北地区饶乐水（今内蒙古西拉木伦河）一带活动，在《旧唐书》中就有记载："所居亦鲜卑故地，即东胡之界也，在京师（长安）东北四千余里。东接契丹，西至突厥，南拒白狼河，北至霫国。自营州西北饶乐水以至其国，胜兵三万人。每随逐水草，以畜牧为业，迁徙无常。"[1]到唐贞观年间（627—650年），奚族虽有不断的侵扰，但又时有朝贡，与唐

290

北京 我的修志故事

---

① （后晋）刘昫等：《旧唐书·北狄奚传》卷一九九，中华书局，1975年。

王朝大体维持着和平的关系。到了唐末，北方的契丹开始崛起。契丹对奚族采取打击和利用并举的方法，对于被降伏的奚族人，便役使他们从征服役，《新五代史》就记载："奚人常为契丹守界上，而苦其苛虐，奚王去诸怨叛，以别部西徙妫州，依北山射猎。"[1] 由此可知，奚族在奚王去诸的带领下，不满契丹的残酷统治，离开了契丹，来到了妫州这个地方以射猎为生，而妫州，即今天的延庆一带，或者说，今日的延庆区就是过去妫州的属地。

唐末的妫州并不是净土一方，奚族仍然面对强大敌人的威胁，永定河南是刘仁恭、刘守光父子的势力范围，其残暴无道更是有史可查。刘守光为了独享政权甚至将其父囚禁起来，自立国号"大燕"，改元"应天"，而且，还自己发行货币，当起了独霸一方的皇帝。奚王去诸所带领的奚族部属，来到今延庆这个地方，所遇到的劲敌应该就是这个"大燕"皇帝了，为了生存，也就不得不"常采北山麝香、人参赂刘守光以自托"。[2] 而到了辽天显年间，辽太祖耶律德光于天显十一年（936年）立石敬瑭为晋皇帝，得到燕云十六州，将妫州也囊括其中，便有"发奚西部民各还本土"。[3] 从此"西奚"或"西部奚"之名，在历史上消失了，这样大体算来奚族在延庆停留的时间约有 30 余年。

具体说到奚族人在古崖居一带生活，没有文献记载，只有通过零星的文献进行推断。《新五代史》有："去诸之族，颇知耕种，岁借边民荒地种稷，秋熟则来获，窖之山中，人莫知其处。"妫州的山南有平原，适于农耕种植，虽然塞外风寒，一年一种，可以收获，再加上这是多种势力争夺之地、刘仁恭父子残暴，这里人烟稀少，正好给奚王去诸带来栖身的方便。[4] 当然，这些都是一种大胆的假设。

291

①（宋）欧阳修：《新五代史·四夷·奚传》卷七四，附录三，中华书局，1974 年。
②（宋）欧阳修：《新五代史·四夷·奚传》卷七四，附录三，中华书局，1974 年。
③（元）脱脱：《辽史·太宗纪》上。
④ 主要观点源于赵其昌：《北京延庆"古崖居"——西奚遗址探讨》，《北京文博》2002 年第 2 期。

四 北京，有多少神奇，就有多少故事

2. 对奚族人留下古崖居的反正

对奚族人与古崖居的联系也有不同的观点，主要是一些疑问无法进一步的解释。从古崖居的形制看，有以下几个特点，是无法将奚族人与古崖居联系到一起的。其一，所有山洞均凿于石崖之上，数量多且工程浩大，只有有严密组织的且成规模的劳动才能完成，这种劳动，不仅是体力的，还需要一定的设计和规划，需要掌握规划与设计的技术；其二，如此浩大的工程，对工具的要求是比较高的，必须掌握一定的铁器设备，需要相当数量的与铁器相关的工匠，才能够完成；其三，古崖居地处山中，四周无耕地，又没有草场，无论是从事农业还是畜牧业，都不具备条件。另外，在古崖居附近，也见不到任何与农业和畜牧业相关的生产设施，而从周围的环境来看，易守难攻，是军事上难得的据守之地；其四，在古崖居的这些洞穴中，只有在后山的东部山岩上有一处稍大的洞穴，其余基本是小间，石炕大不过一张双人床，锅灶不及一米，小马槽仅够拴一匹马，这样的山洞仅适应一人一马居住，即便是大洞有大炕和大马槽，也不便于家庭生活；其五，后山的大洞，内有神龛，两边有大炕，是祭神和集会的场所；其六，方圆几里范围内不曾发现任何与奚族人有关的墓葬。由此可见，居住在这里的人，是有组织的。

从以上六方面分析，居住在古崖居的人，既不从事农业和畜牧业，又是这么多带马匹的单身汉，又要有组织的集会，并有强大的组织、技术能力和足够的时间开凿这些易守难攻的洞穴，会是什么人呢？如果是奚族人，他们作为以游牧为主的较落后的民族，技术力量显然是达不到的，在《新唐书》中所记述的奚族人仍处于"断木为臼，瓦鼎为餔，杂寒水而食"的阶段。即便是能达到开山凿洞的水平，但他们仅仅在这里停留了 30 年左右的光景，在这么短的时间里，开凿这么浩大的工程也是太难了！

3. 古崖居并非民居

如果不是奚族人的居所，那么是其他的土匪武装？

如果是土匪武装的山寨，也一定是一支足以在这里安营扎寨较长时间，训练有素的割据武装政权才对，但从整个古崖居的规模来看，整个洞穴群排列有序，前后呼应，有的洞洞相通，如此精心规划和设计的洞穴，土匪武装是根本达不到的，我们祖先留下来的历史文献也不会忽略不记。其实，从周围的生存环境来看，无论是从事农业还是从事畜牧业，都无法让奚族人或土匪武装在这里停滞到可以凿山为居的程度。

那么，最让人信服的推断，是这里与国家、军队有一定的联系。

早在北魏时期，我国著名的地理学家郦道元所著的《水经注》就有这样的记载，《水经注》卷十四写道："关在沮阳城东南六十里居庸界，故关名矣。更始使者入上谷，耿况迎之于居庸关，即是关也。其水导源关山，南流历故关下，溪之东岸有石室三层，其户牖扇扉，悉石也，盖故关之候台矣。"郦道元生于466年，卒于527年，从郦道元所记述的文字来看，这些"石室"为"故（居庸）关之候台"，而"故"又是何时呢？既然郦道元用了这个字，那么肯定是在郦道元所处的北魏以前，是汉代，也许更早。文中提到的居庸界，在汉代属上古郡，府治在沮阳，而沮阳即在今河北省怀来县官厅水库南大古城村北，至于文中所描绘的东岸有三层石室，门与窗均为石头的，与现今我们所了解的古崖居，几乎是相似的，只不过随着时间的流逝，石窗与石门已不复存在。其关键的文字是"关之候台"，明确地告诉了我们，这些石室是给守候关的燧台军队用的。其实，即便郦道元的《水经注》没有记载，这么浩大的凿岩构穴工程，若没有庞大的军事组织和一定的经济实力是难以为继的。中国建筑学会建筑史学分会理事长杨鸿勋教授也进行了实地考察，发现了附近的燧台，得出了一致的结论。为什么《水经注》有如此的记述，没有被重视呢？主要是《水经注》所载的"溪之东岸有石室三层"与现在的位置不吻合，这也许与当时的地貌或郦道元记述有误有关。还有一些观点对屯兵之所有了进一步的分析，也是可以汲取的。比如，实地考察古崖居，很多洞穴高度是无法住人的，才有"小人国"在此居住的说法，这也更进一步证实，这里大量的洞穴，一大部分是用来

293

（四）北京，有多少神奇，就有多少故事

存放候台官兵给养物资的。

　　古崖居给我们提供了很多认识当时情况的信息。从这些石室的内部结构来看，当时北方居民，包括北京更广泛地区（现在的地域概念）的居民，已经较为广泛地使用火炕、油灯这些日常的生活设施，特别是火炕在那时候已经不是东北地区居民独享的奢侈习惯了。那么，《旧唐书·高丽传》所载："（高丽）其俗，贫窭者冬月皆作长炕，下燃煴火取暖。"像这种用火炕取暖的习俗说不定也是从这些地区向东北部传播呢，以农耕为主的定居民族使用火炕的时间肯定会早于居无定所的游牧民族，也许，火炕的发明者不是东北的女真人、高丽人。

北京不同凡响的古塔

古塔最多的地方当属云居寺

我喜欢云居寺，时不时要提到它，这里的古塔也闻名遐迩，堪称无与伦比。云居寺及石经山，现保存有唐、辽、清代古塔16座，分布在寺院及石经山顶。其中唐塔7座（据说唐塔的数量占全国的三分之一），另有辽塔5座，清塔3座，疑似唐塔1座。

云居寺的7座唐塔，在建筑造型艺术、雕刻艺术和书法艺术上都具有很高价值。各塔整体造型挺拔秀美，酷似西安的小雁塔和云南大理千寻塔，具有典型的唐代建筑风格。其中5座为七层塔檐，由石板搭砌成中空形式，每层檐均采用正反叠涩结构。唐代石塔将佛龛与佛塔有机结合，在塔中设龛，在龛上立塔，是研究北京唐代石塔建筑造型的宝贵实物。石塔的各个构件均雕刻精细平直，比例匀称。龛门两旁的金刚力士造型生动，威严刚健，龛内正面浮雕的佛像及胁侍像体型丰满而柔美，一内一外、一刚一柔形成强烈对比。塔壁上镌刻的碑文，字体端庄，体现出唐代的书法艺术风格。在寺院北塔周围的4座唐代石塔，造型相似，高度基本相同。均以汉白玉雕造。每座塔的塔身第一层外壁上，均镌刻有塔铭和塔颂。根据建筑年代排列，分别命名为景云塔、太极塔、开元十年塔、开元十五年塔。在石经山山顶，唐代设有5个台，每个台上原建有汉白玉塔一座。现仅存东台和南台上的2座石塔，其他3座石塔的遗址有散落塔座和塔顶等构件。

云居寺现存辽塔5座。其中，石塔2座，即琬公塔、续秘藏石经塔；砖塔3座，分别为南塔、北塔、老虎塔。

最早留下影像的古塔是通州燃灯佛塔

□ 云居寺唐塔

其实，在北京地区以影像形式留存下来的古塔就矗立在大运河的边上。照相机诞生于1840年前后，大概过了20年，一个名叫费利斯·比托的记者带着一部非常稀罕的照相机，随着入侵的英法联军顺大运河而上，看到了无数令人震惊的景观，并随手拍摄下来，沿运河北上京城，进入通州就能看见这座燃灯佛舍利塔。一支塔影认通州。燃灯佛舍利塔耸立在大运河畔，关于它的建造年代和功用有很多传说，有些至今难以破解。塔的建造年代，一说建于北朝梁太平二年（557年），一说建于唐太宗贞观七年（633年），也有古籍记载它是辽代的遗物。好在1987年的修建中出现了新的证据。在第13层的灶门砖刻上，有古诗"巍巍古塔镇潞陵，时赖周唐人建立"等句，专家确认为北周的建筑。

关于燃灯塔的佛舍利子放在了哪一层？这一直是个谜。清康熙十八年，通州地区发生了大地震，燃灯塔受损严重。据县志记载，当时很多人都看到塔里藏着的十几颗舍利子和一颗佛牙。后来重建时，舍利子和佛牙又被重新放置于塔身的"天宫"内。"天宫到底在塔的哪一层却没有记载，里面到底有没有舍利子和佛牙也不清楚。"20世纪80年代，对塔进行了修缮。"当时只修了第13层，现在只能肯定天宫不在这13层里。"

　　燃灯塔还有传说：塔下通海，铁链锁着两条鲇鱼精，因其经常兴风作浪，无人能够镇压，便请来清朝大学士纪晓岚，将鱼精亲自锁住，从此风平浪静，再无水患。当走近塔身时，若仔细听，你会听到有轻微的海风声音。

　　其实，这座古塔与大运河紧密地联系在了一起，当人们沿运河奔波千里，历尽艰辛，远远望见水中的塔影，就知道他们已经抵达通州，临近京城了。随着大运河成为世界文化遗产，说的更多的是"一支塔影认通州"，而通州的地位也发生了变化，成为北京城市的副中心，是不是现在可以说是"一支塔影认北京"？

金代的银山塔林也是以塔闻名的胜地

　　位于昌平区寿东山下，古塔耸立于群山环抱之中，因背后崖壁陡峭多呈铁青色，所以称为"铁壁银山"。自唐代起，就是名僧阐扬佛法的道场。辽、金时期，银山有寺院庵堂72处，其中最大寺院为延寿寺，亦称法华寺，建于金天会三年（1125年），银山塔林即为此寺院中高僧的墓塔。此外，辽、金、元、明各个时期的高僧、和尚及尼姑的灵塔，也大量分布于银山各处，数量众多，难以计数。明代以后，银山诸多寺院逐渐衰败，塔林年久失修，自然损毁坍塌者甚多，加之经历战争动乱，墓塔数量急剧减少。现只残存金代5座大塔和元明时期的10余座小塔。这5座金代大塔，均为砖石结构，由须弥式基座、塔身、斗和塔刹组成。每座塔身的第一层，皆面南辟门，楣心嵌有塔名。中央一座是"祐国佛觉大禅师灵塔"，西南侧塔铭为"故懿行大禅师塔"，东南侧塔铭为"晦堂祐国大禅师塔"，西北侧塔铭为"圆通大禅师善公灵塔"，东北侧塔铭为"故虚静禅师实公灵塔"，并在这个砖铭左侧刻"公主寂照英悟大师独营此塔"，右侧刻"大安元年（1209年）九月二十三日功毕"的铭文，所建塔中唯此塔有纪年。从五塔的位置和雕刻风格看，中央一

四　北京，有多少神奇，就有多少故事

塔最早，然后按昭穆次序依世次建东南、西南、东北、西北四塔。东南方晦堂所葬之晦堂和尚名洪俊，金天会初自南方来，大定初尚在世，则中央之佛觉塔应属金初。西北之圆通塔应属于大安元年之虚静禅师塔，当属金末或元初。据此可知五塔应建于 12 世纪上半世纪至 13 世纪初的八九十年间，所葬当是金中都大延圣寺的几代名僧。五塔中，中央及南侧二塔均为八角形十三层密檐塔，北侧二塔为六角形七层密檐塔。每座塔的第一层多用黄绿琉璃瓦剪边和琉璃脊兽，在瓦脊上分别装饰有力士、天王、仙人、大鹏金翅鸟等。其中居中的佛觉禅师塔最高。造型最精美的为南排西侧的懿行大师塔，塔基座由须弥座和斗拱勾栏平座构

□ 银山塔林

成，须弥座雕饰狮头、宝瓶等花纹，束腰部分为青砖叠砌，塔身八面设仿木砖雕门窗，门券上各雕飞天，八隅为砖雕圆柱，檐十三乘，各角置垂脊、垂兽、小兽，檐角系以铜铃。塔檐向上逐层收减，形成丰满有力的卷杀，塔顶为宝月承珠塔刹。其余 4 座大塔的细部雕刻略有变化但大体相同。

另外，在 10 余座元明墓塔中，有两座元代砖塔，体量虽小，但独具特点。其一为密檐式，檐下施砖刻斗拱，塔的平面每边均呈内向弯曲的弧线，富有曲线美；另一则为密檐楼阁以及覆钵式相组合的塔。

塔林对研究中国北方地区佛教发展史和佛教建筑工艺技术，具有重要历史价值。1958 年，被公布为昌平县文物保护单位，1988 年升为全国重点文物保护单位。

玉泉山上的塔有讲究

进入到清代，最为典型的是在玉泉山静明园的寺庙群中耸立的四座高塔。分别坐落在玉泉山主峰、侧峰、山岭和山腰，造塔的样式有楼阁式、密檐式，也有金刚宝座式；在用材方面，有砖石结构，有全部汉白玉石雕，也有琉璃砖瓦砌成；从色彩上看，有通体纯白，有黄白相间，更有耀眼的黄绿青蓝紫构成的斑斓色彩。这几座异彩纷呈的宏伟建筑，使玉泉山获得了"塔山"的独特徽号。

玉泉山顶峰是香岩寺，在香岩寺正中是高高耸起的七层宝塔，名玉峰塔，也称舍利塔、定光塔。这是静明园十六景之一的"玉峰塔影"。玉峰塔，是仿照镇江金山妙高峰江天寺慈寿塔修建的，建于乾隆二十四年（1759 年）。塔身七层，塔身中部为石质塔心，外层为青砖垒砌。每层都有围绕塔心的空间，旋转式条石阶梯，可登上宝塔最高层。

妙高寺和妙高塔在玉泉山北峰，峰顶在乾隆三十六年（1771 年）建起一座佛寺，因为是仿照无锡金山妙高峰之制修建的，妙高寺庭院正中，修建了一座缅甸式金刚宝座佛塔，名妙高塔。这可不是一座普通

□ 玉泉山玉峰塔

的寺中佛塔，它是为了纪念平定缅甸战争的胜利而修建的纪念性建筑物。乾隆中叶，云南边界与缅甸木邦土司发生摩擦，乾隆三十二年（1767年）起，开始派兵征战缅甸。缅甸投降议和，对清廷称臣纳贡，清军撤出缅甸木邦时，将木邦佛塔绘图带回北京。乾隆帝为纪念征战缅甸的胜利，便按木邦塔图形在妙高寺内建塔，即是妙高塔。妙高塔的建筑非常别致。塔的底部是高约二米的方形砖石基座，座四面辟四孔券门，在座内形成十字贯通的券顶。基座上的台面四周均有砖雕护栏，台面上建有五座缅式佛塔。中间的主塔，塔座呈八角形，四正方向辟四个券门，门上有短檐遮护。塔座上八面也都有护栏。塔座中间就是圆球形的覆钵和层层缩小的八层相轮和铜质镀金塔刹。四座小塔，为圆柱形单层亭阁式塔。塔身清末被毁坏，妙高塔顶部是一圆形罩顶，顶的中央部分立有十三层相轮，呈圆锥形，相轮之上安有铜质镀金的圆锥形塔刹。这五座塔的顶部均为圆锥形，细长而上尖，形如铁锥，被人们称为"锥子塔"。

北峰的妙高塔与主峰的玉峰塔，分别矗立在京西的高空，南北遥相呼应，相映成趣。

另外，在玉泉山西南侧岭之顶峰，有一座围墙圈起的院落，院落北部有一座七级八面汉白玉石塔，建塔不用一砖一木，全用青白石砌成。石塔矗立在一个八角形的汉白玉石平台上。平台上用高浮雕的形式雕刻有海浪，海浪中翻腾着龙和海狮、海马等海兽。平台上面是八角形塔基，塔基每面雕刻着展翅飞翔的凤凰和缠枝西番莲。在塔基上面是一层须弥座，须弥座束腰的八方石板上，雕刻着八幅佛教故事图案，内容是佛祖释迦牟尼《八相成道图》。画面中释迦牟尼及弟子、摩耶夫人、侍女、魔王等人物和动物形象，造型生动，精细真实。华藏海塔虽不比玉峰塔高大，但从山下望去，也颇为精美壮观，是一件"无材不石、无石不雕、无雕不奇"的巨大的石雕艺术精品。

圣缘寺和琉璃塔位于玉泉山西麓，有高高耸立的琉璃塔，是一座楼阁式和密檐式相结合的五彩琉璃砖塔。乾隆帝对琉璃塔情有独钟，在由他主持修建的皇苑中，在长春园法慧寺、万寿山花承阁、静宜园昭庙，也都各修建了一座形体相近的琉璃塔。他还写过一篇《多宝佛塔颂》，颂诗的序文写道："五色琉璃合成宝塔，八面七层，高五丈余；黄碧彩翠，杂落相间；飞檐宝铎，层层周缀；槺窱户牖，不施寸木；黄金为顶，玉石为台；千佛瑞像，一一具足。坐莲花座，现宝塔中。轮相庄严，凌虚标胜。周稽释典，名曰多宝佛塔。"将这篇写万寿山琉璃塔颂的序文，用来描摹圣缘寺琉璃塔，也是非常合适的。[①]

当代人的杰作——博雅塔

在北京，要说起年代不同、形象各异的塔是难以计数的，究其原因，远不是宗教信仰能解释的，现在看，实际的作用与功能及其景观的效果更为明显。北京大学也有一座现在建造的塔，起了一个很雅的名字叫博雅塔，原本是一座水塔，却成为如今的经典美景——"塔湖图"，"塔"是使用功能、艺术造型、环境协调三方面高度统一的建筑杰作，被誉为燕园构建的神来之笔。

① 张宝章：《京华通览·玉泉山静明园》，北京出版社，2018年，第63页。

□ 北京大学博雅塔

朱启钤与前门地区改造

说到前门，就是指正阳门，是位于内城南垣正中的城门，为北京内城正门。元大都城和明代北京城初称"丽正门"。元大都的"丽正门"约在今人民英雄纪念碑前。明永乐十七年（1419年）将元大都南垣南拓重建，中间辟门仍名"丽正门"，于永乐十九年（1421年）竣工。正统元年（1436年）重建城楼，增建了瓮城、箭楼和闸楼，正统四年（1439年）竣工，更名为正阳门。

一、志书记载的前门

前门是北京规制最高的城门。正阳门城楼、瓮城、箭楼、闸楼均较其他城门规制高大。城楼城台高13.20米，城台内侧顶面宽49.85米，外侧顶面宽88.65米，内侧城台底面宽53.88米，外侧城台底面宽93米，城台台基进深31.45米，台面进深26.50米，内侧券门高9.49米，宽7.08米，外侧券门高6.29米，宽6米。城台内侧设马道一对，各宽4.85米。城楼面阔七间，连廊通宽41米，进深三间，连廊通进深21米，为重檐歇山三滴水之楼阁式建筑，顶铺灰筒瓦，绿剪边，饰绿琉璃瓦脊兽，朱红梁柱绘金花彩绘，一层为红垩砖墙，明间及两侧各辟过木方门，二层外有回廊，三明间前后装修菱花格隔扇门窗，两侧次间为红垩砖墙，城楼连城台通高40.96米。瓮城，平面为长方形，南北长108米，东西宽88.65米，北端二角直接南城垣，南端二角抹圆，瓮城墙体、形制与城垣略同（1915年6月16日至12月9日拆除）。箭楼，在瓮城南端，正统元年（1436年）建，箭楼城台南端突出瓮城近10米，城台高约12米，正中辟券门，与城门相对，门洞内设"千斤闸"。箭楼面阔七间，宽约54米，进深20米；北出抱厦五间，宽42米，进深12米；箭楼通进深32米，抱厦辟过木方门三，其两侧上方各辟箭窗1孔。箭楼为重檐歇山顶，铺灰色筒瓦，绿剪边，饰绿琉璃瓦脊兽，通高38米。箭楼南、东、西三面辟箭窗，南面四层每层13孔，东、西侧各4层，每层4孔，连抱厦2孔共有箭窗86孔。闸楼，建于瓮城东、西侧，瓮城开券门，券门内有"千斤闸"，券门上筑闸楼，闸楼面阔三间，单檐歇山小式，顶灰筒瓦，绿剪边，饰绿琉璃脊兽。闸楼外侧正面设箭窗二排共12孔，内侧正面辟过木方门，两侧各开1小方窗。瓮城内于城门两侧东建观音庙，西建关帝庙（两庙于1967年拆除），瓮城外，东、西两侧曾为东、

□ 2017 年的正阳门外大街

西荷包巷，均为商肆。箭楼前护城河上建单券石拱桥，桥面分三路，中为御路。桥南有六柱五楼之"正阳桥"牌楼（五牌楼）。五牌楼于1955年拆除，2001年重建已非原式。

前门经历了无数次修建。正阳门瓮城、城楼、箭楼、闸楼自明正统元年（1436年）重修、增建后，历朝都有不同规模的修葺，万历三十八年（1610年）箭楼火灾，后重修。清代沿明旧制，乾隆四十五年（1780年）箭楼火灾，次年修复，因复用被火之券洞，修后，券洞经压出现裂缝，返工重修，督工大臣英廉等罚俸赔工料之半。道光二十九年（1849年）箭楼火灾，当时因鸦片战争后，清廷人力物力困乏，需银六万八千八百两，重建箭楼所需用三丈四尺多长之大木柁，无力筹办，只得将西郊畅春园"九经三事"殿之大梁拆下使用，至咸丰元年（1851年）始竣工。光绪二十六年（1900年）义和团火烧正阳门外老德记洋药房，火延烧至正阳门外大片商铺，正阳门箭楼及东、西荷包巷被焚。同年，八国联军炮火摧毁正阳门箭楼，城楼受损。光绪二十六年八月初三夜（1900年9月27日），正阳门城楼因英军中的印度兵在楼内燃火取暖，将城楼全部焚毁。光绪二十九年（1903年），袁世凯、陈璧奉旨重修正阳门城楼、箭楼，其时工部收存各城门工程档案均被洋兵所毁，复建正阳门城楼只得按崇文门规制放大修建，崇文门箭楼亦被八国联军焚毁，复建正阳门箭楼即按宣武门箭楼规制放大修建，重建城楼、箭楼所需巨大木料，由袁世凯部下山东布政使兼管漕仓事务张广建从山东筹办，据《正阳门工程奏稿》载：重建正阳门城楼、箭楼总共用银四十三万三千两。

二、前门地区的改造

明清时期，前门外逐步成为繁华之地，特别是到了清朝末年，大栅栏地区成为繁华的商业区，而从内城到外城进出的通道要从前门瓮城的闸经过，正阳门的正门只有在皇帝出巡或到天坛、先农坛祭祀时才开

□ 20世纪50年代前门大街

启。平时车马、行人只能穿过 20 多米长的瓮城门洞，从两侧的"闸门"进出。有时候出一次城要很长时间，1901 年，京奉、京汉两条铁路修到了正阳门城根。此时，不但出入北京内外城者要钻正阳门门洞，全国各地坐火车到北京的旅客，也得钻门洞才能进入内城。随着往来客商的增多，前门地区的商业也日渐繁荣起来。除了至今仍很红火的大栅栏，当时正阳门城墙根儿的小摊贩也数不胜数。出城的、进城的、卖东西的、买东西的、刚下火车的、忙着赶火车的，把正阳门堵得水泄不通，交通拥挤的状况几乎无解。

面对这种情况，1914 年，担任内务总长兼北京市政督办的朱启钤向大总统袁世凯提出《修改京师前三门城垣工程呈》，要改造这一地区的状况，具体内容包括：

1. 拆除瓮城："如正阳门瓮城东西月墙分别拆改，于原交点处东西各开二门，即以月墙地址改筑马路，以便出入。另于西城化石桥附近，添辟城洞一处，加造桥梁以缩短城内外之交通。"

2. 修饰箭楼："瓮城正面箭楼，工筑崇巍拟仍存留，惟于旧时建筑不合程式者，酌加改良，并另添修马路，安设石级，护以石栏，栏外种

植树木，以供众览。"

3. 美化环境："箭楼以内正阳门以外，原有空地，拟将关于交通路线酌量划出外，所余之地一律铺种草皮，杂植花木，环竖石栏，贯以铁练，与箭楼点缀联络一致，并留为将来建造纪念物之地。"

4. 解决雨季积水问题："正阳门地势低洼，夏令常易积水，拟于新开左右城门之下修砌暗沟，自中华门前石栅栏内起，通至护城河止，藉资宣泄。"

5. 拆迁房屋、征收土地，彻底解决交通问题："围绕瓮城东西两面，原设有正阳商场一所，麇集贸易阻碍交通，应即撤去，现已由警察厅协商发价迁移。又正阳门东西城垣附近，内外各官厅及民房，各处勘定之后，认为有碍交通者，按照收用房地暂行章程，一体饬令迁让，以维公益。"

6. 疏浚河道，改善周边环境："京师内外城河道沟渠淤塞已久，业经组织测量队分段实地勘测，如将来勘定河身裁弯取直，势须略向南移，其北岸腾出空地，拟即全行拨归交通部接管，以备扩充东西车站之用。"

为了解决实施的经费问题，朱启钤提出："此次建筑工程及收用土地等项所需经费，交通部查前门东西车站，在两路为全线之首站，在中央系全国之观瞻。现今各路联运来往频繁，与世界交通尤有关系，所有车站设备及附属车站之建筑物，亟应进求完备，未可因仍旧观。此次工程改良以后，平治道路，便利交通，点缀风景，展拓余地，凡所设施莫不直接、间接与该两站有关，且获相当之利益，前项经费，拟饬由京奉、京汉两路，各拨银元 20 万元列入预算，仍视工程之需要分期支拨，搏节动用。"

朱启钤是何方神圣呢？朱启钤是清光绪年间举人，曾任京师大学堂译学馆监督、北京外城警察厅厅长、内城警察总监。辛亥革命后，任北洋政府交通总长、京都市政督办、内务总长、代理国务总理。从他的经历来看，似乎并没有留学西方的经历，而他恰恰对中国的传统文化情有独钟。他于 1930 年组织中国营造学社，自任社长，从事古建筑研究，中国营造学社是研究祖国建筑文化遗产最早的学术团体，对中国的古建保护和传承工作起了启蒙和推动作用，后来在中国建筑界有影响的专家都曾经与这个学社联系在了一起。

前门及相关的改造工程的实施，对于实施者朱启钤来说，压力巨大，自己也感到"所事皆属新政，建设之物，无程序可循，昕昕擘画，思虑焦苦"。改造正阳门的消息一经传出，京城几乎哗然，各种反对的声音不绝于耳。有的说朱启钤"为坏古制侵官物""好土木恣娱乐"，甚至说破坏了风水，还没有实施就形成各种各样的阻碍。

这项工程的龙头是对前门的改造，具有象征性的意义。袁世凯表现出力挺的态度，他专门制作了一把银镐，以大总统名义颁发给朱启钤。在木手柄上嵌有银箍，在银箍上刻有"内务总长朱启钤奉大总统命令修改正阳门，爰于 1915 年 6 月 16 日用此器拆去旧城第一砖，俾交通永便"字样。

1915 年 6 月 16 日，朱启钤冒雨主持了开工仪式，并用袁世凯送的银镐刨下了城墙上的第一块砖。工程具体设计与施工由德国建筑师罗克格负责。

经过施工，正阳门瓮城以及瓮城上的闸楼被拆除，在瓮城和南城垣相交的地方，也就是正阳门城楼的两侧，各开宽 9 米、高 8 米的门洞两座，原瓮城墙基址上修筑了两条宽 20 米、两侧设人行道的马路。在新辟的洞门之下新修暗沟 800 米，并在中华门与护城河之间修筑了两条暗沟，以备夏季雨水集中时宣泄排放。

拆除了正阳门与中华门之间的棋盘街，铺设了石板地面；拆除了中华门内已坍塌的千步廊；对道路之外的公共空间进行了改造和装饰，修建了石栏、路灯、绿地、喷泉等。

瓮城城墙拆除后，正阳门箭楼变得孤悬在城门之外。罗克格对箭楼进行了改造，在东西两端增筑悬空月台两座，下砌八十二步石台阶踏步，台级衔接处展设平台。月台前两侧建"之"字形蹬道，箭楼四周加筑水泥挑檐及护栏，用作箭楼之环形通道及眺台，原箭楼与瓮城衔接处塑补半月形西式图案，箭楼第一、二层箭窗加水泥遮阳，庑座两侧各增加 4 个箭窗，故箭楼箭窗即成为 94 孔，所有箭窗均改成玻璃窗，箭楼内也有很大改动，曾辟为"国货陈列馆"，后又辟为剧场、影院，箭楼

□ 前门箭楼西洋式的窗洞券

南正阳桥之三路石桥亦将中间御路拆通，还增加了西洋样式的窗洞券和端墙巨大的水泥浮雕，在中国古典风韵中，融入了西洋意趣，与正阳门东西洋风格的火车站建筑造型相呼应。

经费预算是由京奉铁路和京汉铁路各出 20 万银元，在施工过程中，还将京奉、京汉铁路的轨道分别延伸到东西瓮

309

城之下，将施工产生的 8.8 万立方米的渣土直接装进车皮，运送到东便门和西便门一带，平垫铁路两侧洼地。此举既加快施工进度，节省运输费用，又使铁路线路得到加固，农用土地的面积得到扩展，可谓一举多得。正阳门瓮城以及闸楼的砖石木料，则用于中央公园一息斋、绘影楼、春明馆等建筑物的维修扩建。同年年底，工程完工，全部费用 29.8 万余元，其中包含拆迁补偿费用 7.8 万元，比预算节约了四分之一以上。完成施工后，改建后的正阳门地区交通变得便利了，两大铁路造成的拥堵得到缓解，但古老的正阳门瓮城也随之永久消失了，再加上古老的箭楼的改造方式加入西洋建筑元素也招来不少批评。《北京的城墙和城门》的作者瑞典人喜仁龙就认为，箭楼"用一种与原来风格风马牛不相及的方式重新加以装饰"，"在前门整个改造过程中，箭楼的改建确实是最令人痛心的，而且这种改建简直没有什么实际价值和理由"，"那些有幸能看到当初带有瓮城、瓮城门和瓮城场地的前门原貌的人，看到如此多的古建筑被大规模拆毁，无不感到痛惜；但他们也承认，原有状况无论是从卫生或是交通的观点来看，都是不能容忍的"。

　　前门留给我们的感觉也就是这样了，但是，它因为是北京城的正门，标志性的故事还是很多的。1900 年后，正阳门城楼及东侧城垣为美军兵营及使馆边界，美军是在正阳门城楼及城垣设岗的，民国后每至"国庆"（十月十日），北京政府军仅可在正阳门站岗一日，致使国民感到一种莫大的屈辱，后几经交涉，始于 1919 年 10 月 31 日达成协议，于 11 月 1 日美军交还正阳门城楼。

　　1949 年北平解放后，解放军北平入城式是从永定门进入，正阳门箭楼作为检阅台，当时的军政首长在此检阅入城的部队，并通过东交民巷外国人可以驻军的使馆区，在这里开启了"中国人民从此站起来了"的标志性的仪式。

平津闸的古往今来

2018 年最冷的一天，我有幸来到平津古闸考察，阴霾的天气、怀古的心境，使人徒增凭吊的感觉。

此处的通惠河面紧邻高碑店污水处理厂，宽阔得像一处水库，远处看闸口近乎于湖的中心。水面的南侧是闻名遐迩的高碑店村。古闸、古村和现代城市的污水处理厂成为如今这段运河的标志。

"金窝银窝不如我们的老闸窝"——平津闸

这是当地人曾经对平津闸窝的评价。平津闸是元代京杭大运河最北段——通惠河上的古闸。平津闸为这段河上的第三座船闸，始建于元至元二十九年（1292 年），由郭守敬设计督建。清《日下旧闻考》载："京城大通桥地势较通州高四十尺，全资闸坝蓄泄河水以济运，庆丰、平津诸闸创自有元，明代因之弗改。"[1] 元代，为了使运河的船只顺利到达大都城，以"节水行舟"的方式，沿途上每十里设闸一处，每处置上下两闸，致使河上漕船可以顺利上行。《元史·河渠志》记载，最繁忙时每天通过该河道运输的漕粮达 4600 石之多。遥想当年，漕船舳舻蔽水，盛况空前，船上既有漕粮，也有物资，曾经北京城（元代的大都）建设所需要的木材、石料、砖瓦也大部分由这条河运来。元代《析津

---

[1]（清）于敏中等编纂：《日下旧闻考·郊坰》，北京古籍出版社，1983 年，第 1513 页。

□ 平津闸

志》有载"平津闸三在郊亭地"①，所以这座闸也称作郊亭闸，明朝嘉靖
七年（1528年），御史吴仲修浚通惠河时废平津中闸，留下平津上闸和
平津下闸，这两闸相距七华里。平津上闸与庆丰闸距离十五华里，《宸
垣识略》有记"庆丰地形高平津一丈许，水陡绝，故平津开则庆丰河身
立见也"②，打开平津上闸，则庆丰闸连闸底都能露出，可见平津上闸对
这一段十五里长水道运输的重要性。平津上、下两闸关闭，两闸之间的
水就会全被拦住，七里水面平静如带。历史文献记载，早年的闸用的是
木闸，到元延佑年间（1314年—1320年）由木闸改建石闸，③ 多部历史

---

① （元）熊梦祥著，北京图书馆善本组辑：《析津志辑佚》，北京出版社，1983年，第
  95页。

② （清）吴长元辑：《宸垣识略》，北京古籍出版社，1983年，第249页。

③ （清）于敏中等编纂：《日下旧闻考·郊坰》，北京古籍出版社，1983年，第1512页。

文献保留平津闸重修的记载：《明宣宗实录》有"宣德七年（1432年）正月，重修大兴县平津闸"。《明英宗实录》有"正统四年（1439年）十月，修大兴县平津闸。十三年（1448年）三月，修大兴县平津大中小三闸"，平津闸自清末渐荒废。在考察中，我们可以看到有残缺的河岸堤坝，仍是保持原来的模样，皆用条石围砌，设闸两侧的闸基座，既有最早的青石，也有后来不断整修留下的大理石，还有一些是近代以来用混凝土浇筑的，800年的沧桑轨迹清晰地展现出来。

□ 平津闸绞石

由于历史上通惠河多次淤堵、多次疏浚，也多次兴废，现在能够看到的是残破不全的平津闸上闸，闸墙的墙体上对称凿有两道石槽，是嵌入闸板用的。据说，原来的河闸用椿木制成，平津闸也一样，经年容易朽烂，后随疏浚通惠河，所有的闸改用石制。在船闸北侧的闸墙上还存有一方绞关石倾斜支在岸边，石头顶端有碗口粗的圆孔，是为了穿过圆木、绳索等来启闭船闸的。目前，闸已经不存，替代的是当代人修建的木桥，桥墩下依稀可以看到曾经的闸基，经过岁月冲刷的大石块颜色有些变黄，石与石之间的接缝贴得很紧密，但依然整齐地衔接在一起。在桥的南侧，还保留了部分平津闸起闸的绞关石、闸基大型石件和当年地面的铺路石，大体可以分清它们的用途和所处的年代，这些都留存着大运河及船闸所经历的历史信息。

至于什么是老闸窝，当然是指闸下的这湾水，当年的开闸、关闸把无数的漕船送进了京城，也担当起连接天南地北物质的文化的纽带，举凡"天生地产，鬼宝神爱，人造物化，山奇海怪，不求而自至，不集而自萃"①。

平津闸地处高碑店，又称高碑店闸

平津闸地处高碑店村，这个村是个千年古村。查《北京市朝阳区地名志》其在辽代已经成村，曾称高米店，村中的古碑有"齐化门外高蜜店信众"等，也或称高蜜店。②至于什么时候称高碑店，已无从考证。由于特殊的地理位置、交通便捷和高碑店码头的商业作用致使这里商贾聚集，历史上，河边码头沿岸茶楼、酒肆、商摊店铺、作坊鳞次栉比。经济的繁荣也使民间文化同样繁荣起来，在高碑店闸附近，有明代兴建的龙王庙，清代兴建的将军庙，成为高碑店地区的重要标志。

有道是"水不在深，有龙则灵"，龙王庙一定是在通惠河畔，位置就在平津闸遗址西南侧，建于明嘉靖四十年（1561 年）。在明、清两朝代，这座龙王庙是专供朝廷和漕司官吏祀祭龙神的重要庙祠，据说这座

---

① （元）黄仲文：《大都赋》，（明）沈榜：《宛署杂记》卷十七，北京古籍出版社，1982年，第189页。

② 朝阳区地名志编辑委员会：《北京市朝阳区地名志》，北京出版社，1993年，第522页。

龙王庙十分灵验，每年农历二月二龙抬头的日子，乡民聚集到漕运码头上的龙王庙祈求风调雨顺，香火兴盛。可惜 20 世纪 60 年代被毁，只剩下院子里嘉靖年间的古碑，好在 2011 年在原址上进行了重建。现在龙王庙占地面积 588 平方米，共有山门、正殿、配殿三座砖木结构建筑。在进行复建中，仿古建筑还算讲究，墙壁选用青砖，磨砖对缝，古色古香。在龙王庙北面的湖心岛上，又在原遗址上复建了将军庙，是座单体建筑，也是青砖筒瓦，单开间，七级台阶，庙内供奉的是三国时期的关羽，他的两侧还有关平和周仓两员大将，我搞不明白的是为什么不称关帝庙，因为到了清代，显然"将军"已经不足以显示其地位与影响了。

这里的"龙王庙、将军庙、平津闸（高碑店闸）"合称"一闸两庙"，为高碑店村增添了厚重的文化气息，如今的高碑店村成为集古典家具、传统文化、民俗旅游、休闲娱乐于一体的新型社区。全村经营古典家具及其他商户已达 500 多家，全村年经济总收入在 30 亿元以上，成为远近闻名的文化特色村，先后被授予"北京最美的乡村""首都文明村""全国文明村镇"等多项荣誉称号，成为大运河畔的一块吉祥宝地。

高碑店的污水处理厂为运河还清做出了贡献

高碑店污水处理厂为北京、为大运河做出了特殊的贡献。北京作为一个特大城市，对污水的处理一直是个大难题。高碑店地处通惠河的下游，成为大半个北京城污水处理的尾闾，流域面积包括城区大部、市区东部的大部分地区，面积 106.82 平方千米，服务人口 250 余万。高碑店污水处理厂在通惠河南岸高碑店村南，占地 68 公顷，污水处理厂接纳高碑店污水系统总干管——通惠河北岸污水干线的来水。

1956 年北京市即作出了建设高碑店污水处理厂的规划，并于 1959 年开工进行建设。大体经历了 3 个建设阶段，即 20 世纪 50 年代末的临时性简易一级处理厂建设、七十年代的中间试验厂建设、九十年代的大型处理厂建设。

20 世纪 50 年代末的临时性简易一级污水处理厂建设任务于 1960

北京 我的修志故事

□ 高碑店污水处理厂

年完成，实现日处理污水能力 20 万立方米，厂区占地面积 13 公顷，流域面积 60 平方千米。当时高碑店污水系统日接纳污水量最多为 40 万立方米，工业污水占 40%，污水浓度不高，处理厂设计流量为 4 立方米每秒，出水可用于农田灌溉。

进入 20 世纪 70 年代后，高碑店污水系统不断扩大流域范围，不断增加来水量，平均日污水流量已达 60 万立方米左右。但是东郊工业区近 200 家企业的工业废水进入本系统，不仅增加了水量，而且极度恶化了水质，那时的通惠河臭气熏天，在这种情况下一个大型污水处理厂应运而生。

高碑店污水处理厂一期工程于 1990 年 12 月正式开工，每年为东郊工业区提供近 20 万立方米工业回用水水源，为农业提供约 30 万立方米灌溉用水；非灌溉季节出水排入通惠河，作为补充水源改善通惠河下游水环境，每日产污泥饼 400 吨左右，为农业和园林绿化提供肥源，每日产沼气 2 万多立方米，发电 3 万多千瓦 / 时，担负处理厂正常运行 20% 的用电量。

到 1999 年，高碑店污水处理厂日处理水量平均达到 100 万立方米，为实现北京市污水处理率达到 20% 的年度目标做出了贡献。目前这个厂是北京市最大的污水处理厂，也是我国第三大的污水处理厂。高碑店污水处理厂二级出水直接可以排入通惠河下游，主要用户有市政杂用和农业灌溉，在北京奥运会期间还成为绿色奥运的重要景点。

我们心目中的宜居城市蓝绿交织、水城共融，期待着古老的运河焕发出青春与活力。

317

中山公园是北京第一个市民公园

北京中山公园迎来了百年园庆！

中山公园位于首都北京的中心，苍松翠柏，红墙绿瓦，亭台楼阁诉说着她的古往今来，诉说着她所展示的城市精神、民族精神，方圆24公顷的小园子展示的是江山社稷所能容下的大天地。那么中山公园给我们留下了什么呢？

一、留下了庶民的胜利

1918年在中山公园，伟大的革命先驱李大钊做了著名的讲演《庶民的胜利》，主要是针对"一战"的胜利而做出的。他在演讲中，强调"民主主义战胜，就是庶民的胜利"，"劳工主义的战胜，也是庶民的胜利"，"我们对于这等世界的新潮流，应该有几个觉悟：第一，须知一个新命的诞生，必经一番苦痛，必冒许多危险。第二，须知这种潮流，是只能迎，不可拒的。我们应该准备怎么能适应这个潮流，不可抵抗这个潮流"。《庶民的胜利》的发表，推动了马克思主义在中国的传播，对后来的五四运动产生了巨大影响。这是马克思主义在中国开始传播的标志。

其实，庶民的胜利中，中山公园就是胜利的标志。

其一，从封建王朝所独享的皇家禁地——祭坛，开辟成市民可以自由进入的公共公园，这里是北京的第一个市民公园，也是一百年前的

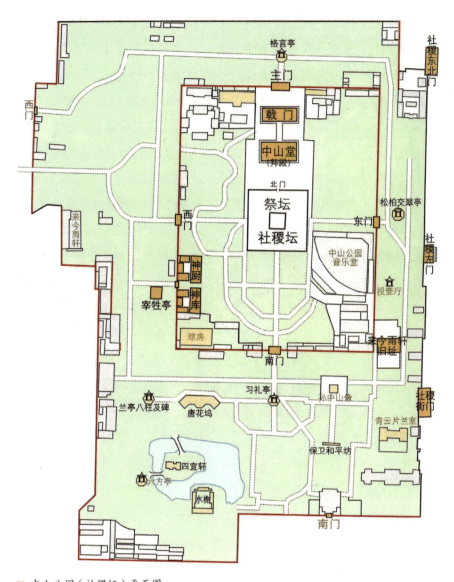

格言亭

主门

戟门

中山堂
（拜殿）

北门

祭坛
社稷坛

西门

东门

松柏交翠亭

中山公园
音乐堂

投壶厅

神厨

神库

宰牲亭

来今雨轩
旧址

球房

南门

兰亭八柱及碑

唐花坞

习礼亭

孙中山像

青云片兰室

保卫和平坊

四宜轩

六方亭

水榭

南门

社稷东北门

社稷右门

社稷左门

社稷街门

来今雨轩

西门

□ 中山公园（社稷坛）平面图

中央公园，这不能不说是庶民的胜利标志。

其二，李大钊号召"人民新的潮流，是只能迎，不可抗拒"，也正是经过几十年的党领导人民的浴血奋斗，终于迎来了更伟大的庶民的胜利。在1949年，古老的北京回到了人民的怀抱。还是在中山公园，1949年8月9日至14日在中山公园中山堂举行了北平市各界代表会议。

这次会议是个标志，成为中国共产党人团结各阶层人民，密切政府与人民的联系，建设人民的新北平的开始。中国共产党中央委员会主席毛泽东莅会发表了讲演。他说："一俟条件成熟，现在方式的各界人民代表会议即可执行人民代表大会的职权，成为全市的最高权力机关，选举市政府。以北平的情况来说，大约几个月后就可以这样做了。"他号召全北平的人民除了国民党反动派的残余及其潜伏的特务分子以外，一致团结起来，为克服困难，建设人民的首都而奋斗。中国人民革命军事委员会副主席周恩来也在会上作《将革命进行到底与建设新中国》的政治报告。中国人民解放军总司令朱德莅会祝贺，号召北平市各界人民努力恢复与发展生产，尤其要努力恢复与发展工业生产，打下建设新北平的基础。

1949 年 11 月 20 日至 22 日在中山公园中山堂举行市第二届各界人民代表会议第一次会议。这是执行人民代表大会职权的会议。这个会议成为北京市地方的最高权力机关。会议选举了以彭真为主席，刘仁、钱端升、梁思成、余心清为副主席的北京市第二届各界人民代表会议协商委员会，选举以聂荣臻为市长，张友渔、吴晗为副市长的北京市人民政府委员会。

二、留下了北京历史的强烈记忆

北京有着 3000 多年的建城史，1000 年的建都史，1911 年的辛亥革命结束了几千年的封建帝制，1949 年古都得到了新生，在历史的重要节点上，中山公园都留下了难以磨灭的历史痕迹。

北京建都始于辽，而辽代的历史遗存，除了人们熟知的辽天宁寺古塔以外，辽代遗存最多的就是中山公园，蔚为壮观的南坛门外有 7 株辽柏，这些古柏为辽代万寿兴国寺遗物，至今仍浓荫繁茂，巍峨壮观。

在中国封建社会鼎盛的明清时期，在这里兴建了社稷坛，是明清两代帝王祭祀土地和五谷神的地方，"国之大事，在祀与戎"，社稷与江山

□ 社稷坛中的辽柏

紧紧地联系在了一起。本来，"社"指土地神，"稷"指五谷神，而后，社稷进而延伸为人民，在新中国的规划中，在社稷坛的正南方建人民大会堂，或许有传承借鉴的深意。

辛亥革命，结束了封建帝制，江山社稷不再属于皇帝一家，最直接地就体现在皇城禁地，向普通民众开放，1914 年（民国三年）10 月，内务总长朱启钤将社稷坛辟为"中央公园"。辛亥革命的领袖孙中山在北京病逝后，就停灵在这里，中央公园又与这位革命先驱联系在了一起。

北平解放以后，1949 年 11 月，在北京市第二届各界人民代表会议上，协商委员会提出了关于封闭妓院的议案，并一致通过《关于封闭妓院的决议》。市长聂荣臻当即表示马上执行，并命令市公安局连夜行动。在第二天的大会上，市公安局局长罗瑞卿向大会报告，市公安局、民政局、卫生局、妇联等单位，动员干警 2400 余人，经过一整夜的工作，到清晨 5 时止，将 224 家妓院全部封闭，成为北京历史上的一件大事。

□ 中山堂（拜殿）

　　从 1949 年 8 月召开的北平市第一届各界代表会议到 1957 年 7 月召开的北京市第二届人民代表大会第二次会议，都是在北京中山公园中山堂举行，也就是说，北京解放之初的重大决策、重要的领导人产生都和中山公园紧紧地联系在了一起。

三、坛庙园林的经典代表

　　我喜欢中山公园，其地处城市的核心，在不大的面积内，不仅公园所具备的因素都包容其内，而且特色更为突出。

　　其一，完整地保留了社稷坛的主体——祭坛，以及坛中所铺垫的象征全国领土的五色土（中黄、东青、南红、西白、北黑）；坛墙及坛墙四周按东、南、西、北方位，分别覆以青、红、白、黑四色的琉璃瓦；还有棂星门、拜殿、戟门、宰牲亭、神库和神厨等辅助建筑。

其二，东方园林"虽由人作，宛自天开"的造园艺术也尽显其中。亭台楼阁、叠石造山、曲径通幽、花红柳绿、清波摇曳，仅就园中游廊而言，游廊间以亭相连，其中名为流云亭、览粹亭、倚霞亭，听其名，就可以领略古典园林的真谛。游廊北丛生绿竹，竹影婆娑，婀娜多姿。游廊前有方池，池上临以石桥，桥南北小径为碎石墁成，其旁竖观赏石，植有碧桃、榆叶梅、丁香、海棠等花木，完全可以体现出东方园林的特点。

其三，紧邻紫禁城，以红墙金瓦为依托，更显示出不同凡响的独特魅力，在金碧辉煌、庄严肃穆的紫禁城旁，独辟出小巧的生机与活力，特别是在织女河中泛舟，在绿茵丛中小憩给人以在仙境中的感觉。

四、公园独具特色的建筑小品

值得品味的建筑小品唐花坞，出自于建筑大师梁思成之手。本是花卉展览温室，古人谓温室花卉为唐花，其前又有水池，故名为唐花坞。唐花坞主体屋为六角重檐攒尖亭，两翼玻璃温室雁翅形排列，形状非常别致。唐花坞中有朱老总所植兰花，更增加了建筑的别样色彩。

值得铭记的是"保卫和平坊"，该坊为汉白玉石材构架，四柱三间，上覆蓝色琉璃，素洁庄重，坊书为郭沫若所撰。其始建于1901年，原名"克林德坊"，是中华民族屈辱的见证。1919年移建于园中，改为"公理战胜坊"，成为第一次世界大战结束的重要标志，但立于此处，颇显不伦不类。新中国成立后，1952年10月改为"保卫和平坊"。

中山公园迈入第二个一百年，我们要像珍惜生命一样珍惜她，北京是世界著名古都，丰富的历史文化遗产是一张金名片，传承保护好这份宝贵的历史文化遗产是首都的职责，要本着对历史负责、对人民负责的精神，传承历史文脉，处理好城市改造开发和历史文化遗产保护利用的关系，切实做到在保护中发展、在发展中保护。

□ 1901 年，名"克林德坊"，1919 年移建于园中，改为"公理战胜坊"

□ 中山公园"保卫和平坊"

中山公园就是北京的金名片，我们不仅要保护好，而且要努力的用好，发挥金名片的作用。不仅让我们对中山公园有感情的人，对她一往情深；而且还要让北京人、全国的人、全世界的人，了解中山公园，热爱中山公园。

全中国以中山公园命名的可能会数以十计，应该发挥集合优势，也可以像丝绸之路、大运河一样共同申办世界文化遗产，通过各种途径把金名片打向世界。

四

北京，有多少神奇，就有多少故事

北京古典园林的山与水

　　北京的自然地理环境为北京的历史演变奠定了基础。北京地形为西北高、东南低，平原占 1/3，山地占 2/3。北京北部的军都山属燕山山脉，西山属太行山山脉。太行山与燕山在南口附近的关沟交会，合成了一个向东南方向展开的大山湾，山湾环抱的就是北京平原。北京平原极像一个半封闭状态的海湾，故历来被称作"北京湾"。古人称赞北京："幽州之地，北枕居庸，西拥太行，东临渤海，南俯中原，诚天府之国。"

　　探讨北京的自然地理环境，主要集中在山和水。从某种意义上说，水对于北京更重要，更突出。永定河被称为北京的母亲河，永定河的冲积扇造就了城市发展的基础，从燕蓟开始，城市都是在永定河的冲积故道上发展变化。在北京城市的发展过程中，从最初的燕都蓟城到金中都城，都是依托莲花池水逐渐壮大起来的。到了作为全国政治中心的元大都时代，鉴于金中都城池战乱中的严重受损，莲花池水源已远远供不应求，以及金代在漕运问题上屡屡失败的教训，元统治者决定将宫城中心迁移到水源充足的高梁河水系，在金中都城的东北郊外另择新址，营建大都城，由此形成之后北京城市的中心。

　　元大都城重要的水利工程有两项，一为通惠河的开凿，二为金水河的开通。这些由伟大的科学家郭守敬主持的水利工程在古代运输史上是一个伟大的壮举，使大都城水源问题得以解决，充沛了城市水量，为园林的兴盛创造了优越的先天条件。后世历代帝王都看中了西部地区的山清水秀、水源充足的自然环境，开始逐步在西山一带修建皇家园林。最初有些园林是皇家行宫，随之而起的是一些私家园林、寺庙，西部地区的园林开始蓬勃发展，奠定了北京园林发展最重要的基础。

说到北京的山，除了北部的燕山山脉以外，主要是西郊太行山余脉——西山。西山是环绕北京西部山地的总称，它没有泰山之尊，也不及华山之险，但它那连绵起伏、错落有致的座座山峰，俨然一道城墙，护佑着京城，古人称之为"神京右臂"。西山峰岭连延在今房山、门头沟、石景山、昌平等几个区。这一带距城区较近，有翠微山、平坡山、卢师山、香山以及西山余脉荷叶山、瓮山等，山色壮丽，四季有不同景致，交通也便捷，因此又被称为"北京的西花园"。

在这样的大环境下，造就了不同凡响、独具魅力的京城园林景观。

一、北京古典园林的基本类型

北京的园林通常包括古典园林和现代园林。北京的古典园林无论在中国，还是在世界都享有盛名，包括皇家御苑、坛庙园林、寺观园林、私家宅园等。

（一）皇家御苑

北京现存的皇家御苑大部分为明清两代所建，在北京具有特殊的影响。清初定鼎北京后，顺治、康熙、雍正三朝除大内御苑均保留明制，进行改建、扩建外，重点逐渐转向行宫御苑和离宫御苑建设。先是在西郊改建了静明园，在清华园废址建畅春园，把江南造园艺术引入园内，大规模扩建圆明园，新建承德避暑山庄。这些离宫御苑代表了清初宫廷造园的成就和艺术水平。此后又扩建了香山行宫，建卧佛寺行宫。至雍正末年，西郊已初步形成 4 座御苑和众多赐园集中的特区，为乾隆大规模扩建奠定了基础。

到了乾隆时期，经过 50 多年的连续建造，新建、扩建大小园林总面积不下 1500 公顷，分布在皇城、近郊、远郊、畿辅承德等地，北京的御苑建设、造园艺术均达到顶峰，其规模之大、内容之丰富，为历史罕见。乾隆对圆明园进行两次扩建，新建景点 12 处，在东邻建长春园，有 18 处建筑和西洋式花园，并将赐邸春和园合并若干私家园林改建为绮春园；同时大量吸收江南园林精华，引进欧洲和其他地方风格的建筑，扩建静明园、静宜园；在西直门外修乐善园，开拓改造昆明湖，并在万寿山行宫的基础上建成清漪园。乾隆、嘉庆两朝是西北郊皇家园林的全盛时期，形成了以圆明园、畅春园、静宜园、静明园、清漪园 5 座庞大的以御苑为主的皇家园林群，它们荟萃了中国风景式园林的全部形式，是中华民族园林文化的结晶。

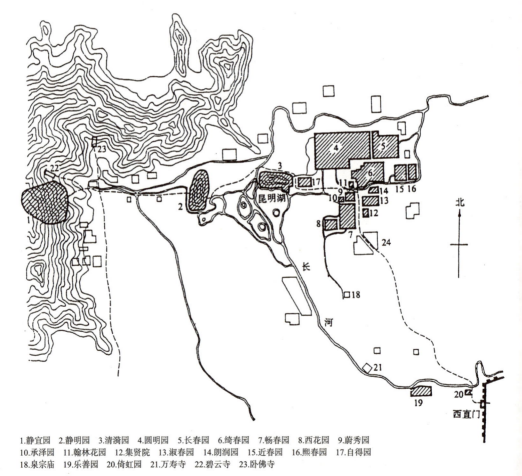

1.静宜园　2.静明园　3.清漪园　4.圆明园　5.长春园　6.绮春园　7.畅春园　8.西花园　9.蔚秀园　10.承泽园　11.翰林花园　12.集贤院　13.淑春园　14.朗润园　15.近春园　16.熙春园　17.自得园　18.泉宗庙　19.乐善园　20.倚虹园　21.万寿寺　22.碧云寺　23.卧佛寺

□ 乾隆时期西郊主要园林分布图

（二）坛庙园林

清代定都北京后，沿用了明代全部旧有坛庙，并多有增建。至乾隆十八年（1753年）祈年殿完成，延续到1911年，北京共有大祀级坛四所，它们是天坛（祭祀时称圜丘）、地坛（祭祀时称方泽）、社稷坛、祈谷坛（祈年殿内）；中祀级七所，它们是先农坛、太岁坛（太岁殿内）、天神坛、地祇坛、朝日坛、夕月坛、先蚕坛。共有大祀级庙三所，它们是太庙、孔庙、历代帝王庙；中祀级庙四所，它们是时应宫（祭龙王、雨神）、宣仁庙（祭风神）、昭显庙（祭雷神）、凝和庙（祭云神）。在这些坛庙周围形成与之相适应的植物配比，最终形成特有的园林景观。

（三）寺观园林

北京的寺观园林始于晋代。[①] 西晋永嘉元年（307年）在京西潭柘山上出现了第一座寺院园林——嘉福寺。根据元代至元二十八年（1291年）的统计，大都有庙15所、寺70所、院24所、庵2所、宫11所、观55所，共计177所。明永乐年间撰修的《顺天府志》共记有寺111所、院54所、阁2所、宫50所、观71所、庵8所、佛塔26所，共计300余所。清代，北京的宗教建筑依然很兴盛，佛教、道教、伊斯兰教、天主教等均有相应的建筑。1957年10月28日，北京市人民委员会发布《北京市第一批古建文物保护单位和保护办法》，由北京市园林部门管理的寺观园林有十方普觉寺、卧佛寺、碧云寺、大正觉寺、五塔寺、西山八大处（长安寺、灵光寺、三山庵、大悲庵、龙正堂、香界寺、宝珠洞、证果寺）、潭柘寺等。

（四）私家宅园

北平解放前夕，尚有明清以来的私人宅园一百余处，其中具有园林艺术价值的有六十余处。1982年，国务院公布恭王府及花园为全国重点文物保护单位。1984年，北京市第三批文物保护单位增加了私人宅园类型，全市共有3处宅园被公布为全国重点文物保护单位，12处

329

---

① 张云涛在《潭柘寺始建之辨析》（选自《北京学研究文集（2010）》）提出不同观点。

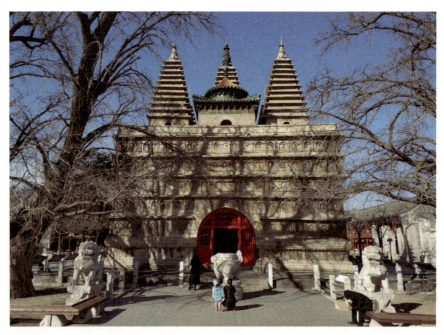

□ 五塔寺

□ 恭王府花园大门

宅园被公布为北京市文物保护单位，其中私人宅园 7 处：恭王府花园、可园、婉容旧居、乐善园建筑遗存、乐家花园、达园和北新华街 112 号宅园。

二、北京园林山水布局的基本理念

"天人合一"是中国古典园林山水布局的核心理念。在园林的规划与设计中，叠山理水所创造的就是达到天与人的和谐与统一。通常所说的中国传统造园艺术的最高境界是"虽由人作，宛自天开"，实际上是中国传统文化中"天人合一"思想在园林中的体现。具体来讲，中国传统园林是按构架山水、模拟仙境、移天缩地和诗情画意等原则来营造大自然的鬼斧神工，而这些意境是人的追求目标，这些意境的创造均是对山水的改造与利用。孔子说："仁者乐山，智者乐水。"在中国传统文化里，山水与人的品格紧密相连，体现了人与大自然相融相生的美好愿望。为了通过有限的空间来表达无限的内涵，人们通过山水诗、山水画来表达寄情于山水、追求超脱、与自然和谐共生的意愿。古典园林造园艺术的基本指导思想可以用"巧于因借，精在体宜"两句来概括。

具体到园林的选址上，"背山临水""山河襟带"成为选择园林位置的主要条件。也就是说整体的地形是三面环山，一方开放；开放的平地处有河川或水池；"周围是山脉环绕，地势向南面开放"。简单地概括，园林的自然山水所追求的是一种"聚气而使其不散"的"围绕"型空间构造。北京园林山水布局的基本要求，主要体现在如下几个方面。

首先，讲究山水结合，相映成趣。把自然风景看成一个综合的、生物的生态环境，山是水之体，水是山之灵，山水结合，组成一个完整的自然景观，所以山水园林占有重要的位置。

其次，要求相地合宜，构园得体。山水景物是非常丰富多样的，究竟采用哪些山水地貌组合单元，还必须结合相地选址，从而因地制宜做出得体的安排。

331

四 北京，有多少神奇，就有多少故事

□ 西山

第三，要求主景突出，配景简练。人造山水经"相地"而定假山之后，还必须因地制宜地确定主景和配景的主从关系。布局时必先从园之功能出发，结合用地特征确定宾主之位，堆山在处理主次关系的同时还必须结合"三远"的理论来安排。宋代郭熙《林泉高致》说："山有三远：自山下而仰山巅，谓之高远；自山前而窥山后谓之深远；自近山而望远山谓之平远。"还需远观有势，近看有质。

第四，堆山的同时也要处理好进水与排水的问题，需要在技术上很好地解决山与水的和谐关系，鬼斧神工中要感觉到自然而然。这是建园时必须要处理好的问题。

清乾隆皇帝在北海《塔山西面记》中对园林山水有精准的阐述："室之有高下，犹山之有曲折，水之有波澜。故水无波澜不致清，山无曲折不致灵，室无高下不致情。然室不能自以为高下，故因山以构者，其趣恒佳"，由此道出了山水与建筑相结合的一般规律——互相依托，互相陪衬，相得益彰。

三、北京皇家御园的山水布局特征

清代皇家御园最主要的是北京西部的三山五园，即万寿山清漪园（今颐和园）、香山静宜园、玉泉山静明园和畅春园、圆明园。

1. 清漪园（颐和园）

清漪园（颐和园）是清高宗乾隆结合兴修西湖蓄水工程而兴建的一座大型皇家园林。乾隆十四年（1749 年）对西郊的河湖水系进行了大规模的整治，将西湖湖面向东扩展至瓮山东面的一条南北走向的旧堤，并利用浚湖土方，堆叠、改造瓮山东南面的山形，保留了原东岸上的龙王庙，使之成为湖中的一个岛屿——南湖岛，另在其南面堆筑一座小岛，即凤凰墩。在西湖以西、玉河以南，利用原来零星小河泡开凿成一个浅水湖，名养水湖，同时在玉河西端开凿一条短渠，使养水湖与西湖相连。乾隆二十四年（1759 年）又在玉泉山静明园接拓一湖，名为高水

□ 颐和园遥感图（原载《北京志·世界文化遗产卷·颐和园志》）

湖，"俾蓄水上游，以资灌注"。在西湖的西北隅，则别开有河道，向北经瓮山西麓，北接于清河，作为西湖的溢洪干渠。干渠绕过瓮山西麓分出一条支渠，转出东，沿山之北麓将一些零星的小溪泡联缀成一条河道，即后溪河，亦称后湖。至此，西湖成为一座兼具灌溉、蓄水、排洪等多种功能的大型水利枢纽，同时也使瓮山、西湖形成山嵌水抱的形势，瓮山有如托出水面的岛山，为造园提供了良好的地貌基础。

乾隆十五年（1750 年），高宗以庆祝母后寿辰为名，选择在瓮山圆静寺废址，兴建了大报恩延寿寺。次年将瓮山改称万寿山，将西湖易名昆明湖，并在万寿山南麓一带动工修建厅、亭、台、楼、阁、轩、馆、榭、廊、桥。乾隆十六年（1751 年）改万寿山行宫为清漪园。

清漪园的修建共用了 15 年的时间。乾隆在其在位的 60 年中共到过清漪园 147 次，留下了 1500 余首吟咏清漪园景物的诗篇和楹联，使后人对山与水的关系有更深切的领悟。如此联所示："山上佛香阁、山下昆明湖，纵览千秋，山色湖光银雕玉饰；桥东廊如亭、桥西龙王岛，横牵一线，桥形岛影璧合珠联"，即是明证。其中有些建筑更体现了山水布局的特点。

长廊 长廊又称千步廊，是中国古典园林建筑中最长的廊子。长廊始建于乾隆十五年（1750 年），咸丰十年（1860 年）被英法联军焚毁，光绪时重建。长廊以排云门为中心，东有留佳亭、对鸥舫、寄澜亭；西有秋水亭、鱼藻轩、清遥亭。留佳、秋水、寄澜、清遥四亭均为八角形。西部鱼藻轩北楼接一短廊，连接山色湖光共一楼。长廊是与山水布局融为一体的杰作，长廊的地基和廊身随万寿山南麓地势的高低而起伏，随昆明湖岸的弯曲而转折，四座八角亭恰是高低和变向的连接点。由于它处理巧妙，利用左右借景转移人们的视线，人们在长廊中行走游览时，地基虽有高低但不觉其不平，走向虽有迂回但不觉其曲折。

排云殿 排云殿在万寿山前山中部建筑的中轴线上，是万寿山前山最宏伟的一组建筑群。此处原为明代圆静寺旧址，清漪园时为大报恩延寿寺的大雄宝殿所在，毁于英法联军之手。光绪十三年（1887 年）改建

□　长廊

为排云殿。排云殿依山筑室，步步登高。排云殿的大门为排云门，面阔五间，门前有一座高大的石牌坊，额书"云辉玉宇"和"星拱瑶枢"。门旁置12块形状各异的太湖石。排云门与石牌坊之间，置一对铜狮。太湖石与铜狮均为畅春园的遗物。排云门内有金水桥和东、西配殿。东配殿名曰玉华，西配殿名曰云锦。金水桥下为荷池，桥北为二宫门。二宫门内北面一座雄伟宏丽的大殿即排云殿，大殿五楹，建在石砌月台上，内殿横列复道和东西夹室，共21间。排云殿东西两侧各有配殿五楹，东曰芳辉，西曰紫霄。两配殿有爬山廊，通后院耳房及德辉殿。后院两房之间为依山而筑的石砌高台，89级石阶曲折而升，通至台上的德辉殿。排云殿一组建筑之间有游廊相通，经爬山廊可直抵佛香阁。这组建筑与万寿山融为一体，给人的感觉是山有多高，殿有多高，而山下即是昆明湖，从远处可以感觉到这座殿宇是从湖中延展而来，山与水似乎都成为了它的衬托。

佛香阁 佛香阁建在万寿山前山的山腰处，现为一座八面三层四重檐攒尖顶塔形建筑，高41米，其下为高29米的包山而建的方形台基，高踞于全园的中心，是全山最高的建筑物。如要评价这里的景观，可以说佛香阁依山而雄，万寿山因阁而秀，这里的园林景观在远处西山群峰的屏嶂和近处玉泉山的陪衬下，苍松翠柏，秀色葱茏，气势非凡。佛香阁面对的昆明湖又恰到好处地把这个画面全部倒映出来，葱茏澄碧，天光接引，令人荡气舒怀。中国造园家们所津津乐道的造园手法——借景在这里得到了完美的运用和体现。

苏州街 万寿山山后的苏州街，山与水融合在了一起，再加上诱人的建筑，将园林艺术推向了更高的境界。说到山，在苏州街反映出来的山有远山、近山、土山、石山。远山，它把万寿山作为大的借景，苏州街是处在万寿山脚下的一条街。如果站在三孔桥上或是嘉荫轩茶馆西敞厅举目西望，玉泉山或西山群峰都成为它的借景。近山，主要是高高堆积在两岸的土丘，好像在两座高山之间出现了河道。土山，是乾隆时期开挖后湖时，从造园的需要出发，将挖出来的大量泥土堆积在两岸，形

四 北京，有多少神奇，就有多少故事

成一座座有高有低、有大有小的黄土高坡。石山，为使两岸的黄土高坡有新的变化，不至于太单调，造园者在桥西的"绘芳堂"和对岸的"妙觉寺"两处，又分别用青石叠垒了两处假山，与黄颜色的土山相呼应。这里水的特点是，后湖全长一千多米，苏州街所占用的三百余米水道正是后湖的中心部位，造园者将这一段水道雕琢成不规则的曲状，使这条普通的水道变得颇有意趣。另外，中国园林中的水景，不仅要尽量避免出现一望无边的空旷感，还要设法将岸上的实景从水中反射出来，成为一种新景观。

2. 香山（静宜园）

位于北京西北郊的香山静宜园，是一座完全的山地园林。这里有潺潺清泉，可闻可品，园林特色更多地体现在依山而建、利用山形水脉上。全园沿山坡而建，整体结构分为三部分，即内垣、外垣、别垣。

内垣　内垣在东南部半山坡的山麓地段，是主要景点和建筑荟萃之地，包括宫廷区和香山寺、洪光寺两座大型寺庙，其间散布着璎珞岩等自然景观。内垣的西北区黄栌成片，每至深秋，层林尽染，西山红叶成为静宜园的重要景观。

香山寺也称甘露寺，建成于金大定二十六年（1186年），金世宗赐名大永安寺。从高宗《香山寺》诗序可知，在金代这里便是一座"为殿五层，金碧辉映，自下望之，层级可数"的大型寺庙。西进山门，南北两侧有钟鼓楼，中间为戒坛。第二层正殿七楹，殿前有一座石屏。正殿后有厅堂，第三层称"眼界宽"，再后是六方楼，分上中下三层，各有高宗御书匾额，最上层书"光明莲界"，中层书"无往法轮"，下层书"香林"。最后一层殿宇称"山巅楼宇"，上下二层，各六楹。乾隆十一年（1746年）更名香山寺。香山寺目前已经复建完成，在香山寺院落原址上复建20多座古代建筑，包括香山寺牌楼、香云入座牌楼、天王殿、圆灵应现殿、薝蔔香林阁、水月空明殿、青霞寄逸楼、爬山廊等，以及台阶、甬道、院墙、假山、幡杆等构筑物，可领略当年的规模。明朝刘侗所著的《帝京景物略》对香山寺赞叹有加，称其为"京师天下之观，

□ 香山见心斋

香山寺当其首游也"。由此可以体会到香山寺不同凡响的特点。

外垣、别垣　外垣是香山的高山区,面积广阔,散布着十五处景点,大多为因景而构的小园林建筑,是欣赏自然风光的最佳处。

别垣是在静宜园北部的区域,包括昭庙和正凝堂两组建筑。宗镜大昭之庙位于芙蓉馆东侧,是乾隆四十五年(1780年)为西藏班禅来京祝厘(祈求福佑,祝福)而建的,是一座藏式建筑。门前有一琉璃牌坊,门内有前殿、白台三层、正殿、红台四层。另在殿前建有碑亭和庙后八角七层琉璃塔。正凝堂位于昭庙之北,是见心斋的一组主要建筑,堂后山石嶙峋,松柏苍翠。见心斋为一座具有江南情趣的小庭院,外有圆形围墙,当中有一碧水澄清的圆形水池,泉水由石龙口中喷入池中,沿池建有回廊。池西有三楹轩榭,匾额上有"见心斋"三字。东边为知鱼亭。

香山是北京西山山系的一部分，主峰香炉峰海拔 557 米，俗称"鬼见愁"，景界开阔，可以俯瞰东面的广大平原。著名的香山红叶以及古松早在金代已为当时人们所吟咏。元好问在《中州集》中收录的周昂《香山》诗云："山林朝市两茫然，红叶黄花自一川，野水趁人如有约，长松阅世不知年。"从金代明昌年间流传开来的"燕京八景"之一"西山积雪"，即泛指这一带西山。

3. 玉泉山（静明园）

玉泉山（静明园）位于颐和园西侧。山势为西北走向，状如马鞍，纵深 1300 米，东西最宽处约 450 米，主峰海拔 100 米。山中奇岩幽洞，小溪潺潺，流泉活水，有风水宝地一说。明清两代宫廷用水皆从玉泉运来，它也成为民间用水泉源之一。元、明以来，它就是京郊有名的风景游览地。

玉泉山因泉得名，泉水自山间石隙喷涌，明代以前便有"玉泉垂虹"之说，列为"燕京八景"之一。相传清乾隆帝常到此处观景，为验证此泉水质，令人汲取全国各大名泉的水样，和玉泉水比较。称量结果，济南珍珠泉、无锡惠山泉、杭州虎跑泉、苏州虎丘泉等，每斗（银制小斗）质量都在一两二厘以上，唯有玉泉水，每斗质量仅为一两，水轻质优，淳厚甘甜，乾隆于是赐封天下第一泉，并题字"玉泉趵突"。

玉泉山东南地区位于古永定河洪积扇下缘，地势低洼，平地泉涌，汇而为湖泊。金人赵著在碑文中记载："燕城西北三十里有玉泉，泉自山而出，鸣若杂佩，色如素练，泓澄百顷，鉴形万象。及其放乎长川，浑浩流转，莫知其涯……山有观音阁，玉泉涌出，有'玉泉'二字刻于洞门，泉极甘洌，供奉御用。"在玉泉山周围，众多泉源涌出，总名曰"玉泉"。

4. 北海（西苑）

北海的开发始于辽代，金代在辽的基础上建太宁宫。元世祖忽必烈以太宁宫琼华岛为中心营建大都，琼华岛及其所在的湖泊被划入皇城，赐名万寿山、太液池。明朝正式迁都北京，万寿山、太液池成为紫禁城西面的御苑，称西苑。明代向南开拓水面，形成三海的格局。清朝承袭明代的西苑，乾隆时期对北海进行大规模的改建，奠定了此后的规模和格局。

北海的规划理念沿袭我国皇家园林"一池三山"的规制，琼岛象征"蓬莱"，团城象征"瀛洲"，中南海里的犀山台象征"方丈"，北海的水面是"太液池"。整体布局上体现了自然山水和人文园林的艺术融合，"燕京八景"之中的两景"琼岛春阴"和"太液秋风"都在其中。主要景观由琼华岛、团城、北岸景区组成。琼华岛上白塔耸立，成为北海的标志。环湖垂柳掩映着濠濮间、静心斋、天王殿、快雪堂、九龙壁、五龙亭、阐福寺、小西天等众多著名景点。乾隆帝在《塔山北面记》上说："南瞻窣堵（塔的一种形式），北俯沧波，颇具金山江天之概。"原来在漪澜堂西暖阁有一副对联："四面波光动襟袖，三山烟霭护瀛洲。"这"瀛洲"自然是指海上仙山之一，是仙人居住的地方了。在堂后的檐额，也写作"秀写蓬壶"。明人的诗句里也提到"玉镜光摇琼岛近，悦疑仙客宴蓬莱"。北海园林艺术的精髓就在于它所打造成的仙境。

"让我们荡起双桨，小船儿推开波浪，水面上倒映着美丽的白塔，四周围绕着绿树红墙……"这首优美动听的歌曲描绘的正是仙境般的北海风光。

四、北京坛庙园林的山水布局特征

我们以天坛为例，简要说明北京坛庙园林的山水布局特征。

天坛是圜丘、祈谷两坛的总称，在北京城南部，东城区永定门内大街东侧，占地约 273 公顷。天坛始建于明永乐十八年（1420 年），清乾隆、光绪时曾重修改建，为明清两代帝王祭天、祈雨、祈五谷丰登的场所。天坛有坛墙两重，形成内外坛。坛墙南方北圆，象征天圆地方。主要建筑在内坛。圜丘坛在南、祈谷坛在北，二坛同在一条南北轴线上，中间有墙相隔。圜丘坛内主要建筑有圜丘坛、皇穹宇等，祈谷坛内主要建筑有祈年殿、皇乾殿、祈年门等。天坛最显著的建筑是祈年殿，其特有的建筑规模和形状奠定了其显赫地位。这里没有山，应该说山形水系与其是没有关系的，但是天坛园区是有水的，就是斋宫周围的护城河。斋宫是明清两朝皇帝在祀前来此"致斋"的地方，有的还要待上三日，因此这里可以说是天坛中的皇宫。因此，护城河不仅要发挥护城的作用，还有烘托斋宫的作用，使斋宫虽不及紫禁城金碧辉煌，但仍可以体现其庄严肃穆。

五、北京寺观园林的山水布局特征

中国古典园林有私家园林、皇家园林及寺庙园林的区别。寺庙园林与其他园林类型既有追求诗意、空间变化、借景等相同特点，也有不同之处，它更注重意境和禅意。

1. 潭柘寺

潭柘寺因山上有龙潭泉水，山下有珍贵的柘树林，故俗称潭柘寺。殿堂依山势而建，气度恢宏，高墙环绕。"前有照，后有靠，左右有山抱"——描述的就是潭柘寺的地理特点。山坡上古木参天，群山环抱，层峦叠嶂，松柏苍翠，满目青绿，曲径通幽。山门上"敕建岫云禅寺"

六个大字为康熙皇帝所题。乾隆皇帝诗曰："曲折千回溪，微露一线天；榛莽嵌绝壁，登陟劳攀援"[1]，说的就是潭柘寺的曲折回环之状。潭柘寺所处为山林，九座山峰环绕，地形高低错落，周围植物种类繁多，环境幽静，自然景色极佳。整个寺庙所处地势北高南低，建筑则顺应地势高低错落，从山门至中路院落毗卢阁逐渐抬升。潭柘寺的园林景观通过匾联、假山、植物、建筑小品以及诗文等体现出清幽的意境。寺内的"百事如意树"为一棵柏树与一棵柿树相伴共生，人们取其谐音，"柏""柿"即为"百事"，因而称其为"百事如意树"。"帝王树"因有乾隆皇帝的御封而有典故之说。"潭柘寺十景"较好地诠释了独特的景观布局：平原红叶、九龙戏珠、千峰拱翠、万壑堆云、殿阁南薰、御亭流杯、雄峰捧日、层峦架月、锦屏雪浪、飞泉夜雨。富察敦崇在《燕京岁时记》中这样描述潭柘寺："庙在万山中，九峰环抱，中有流泉，蜿蜒门外而没。有银杏树者，俗曰'帝王树'，高十余丈，阔数十围，实千百年物也。其余玉兰修竹、松柏菩提等，亦皆数百年物也。诚圣境也。"

2. 大觉寺

大觉寺位于北京市海淀区阳台山麓，始建于辽代咸雍四年（1068年），称清水院。金代时大觉寺为金章宗西山八大水院之一，后改名灵泉寺，明重建后改为大觉寺。大觉寺以清泉、古树、玉兰、环境优雅而闻名。寺内共有古树 160 株，有 1000 年的银杏、300 年的玉兰、古娑罗树、松柏等。大觉寺的玉兰花与法源寺的丁香花、崇效寺的牡丹花远近闻名，因此这三座寺庙被称为"北京三大花卉寺庙"。古寺兰香、千年银杏、老藤寄柏、鼠李寄柏、灵泉泉水、辽代古碑、松柏抱塔、碧韵清池，合称为"大觉寺八绝"。大觉寺在山形水系的利用上达到了很高的境界。寺庙的建筑背靠西山的阳台山，阳台山山脉主峰海拔 1278 米，是临近平原的第一高峰，其南边紧临鹫峰森林公园，北边是凤凰岭风景区，植被覆盖率达 90% 以上，山、石、水景各具特色，风景优美。大

四 北京，有多少神奇，就有多少故事

---

① （清）于敏中等编纂：《日下旧闻考·郊坰》卷一百五，北京古籍出版社，1981 年。

□ 大觉寺功德池

觉寺坐西朝东，向东是一览无遗的平原，更显神奇。同时该寺有效地将泉水与环境密切结合在了一起，寺院中的放生池不仅是寺院的一个功能，更是寺院的一景，山与池在寺院中得到了和谐统一。

3. 红螺寺

坐落于怀柔区北红螺山之阳。创建于盛唐，初名大名寺，金皇统初年（1141年）重建，改名资福寺，因寺位于红螺山南麓，故俗称红螺寺。明代正统二年（1437年）重修；清康熙三十三年（1694年），皇帝亲临寺院，降旨扩建，占地方圆达4平方公里，为京郊巨刹之一，古有"南有普陀，北有红螺"之说。明《怀柔县志》对红螺山有记载："红螺山在县北二十里，高两百余仞，自县望之俨如屏障，山下有泉曰'红螺泉'，中有二螺大如斗，夕吐光焰山色为之殷红，故以名山。"山下即为红螺寺，寺坐北朝南，依山势而建，寺院三面环山，树木茂密，遮天蔽日，远望犹如一片林海。寺西的珍珠泉，水深三丈，串串水泡不停地从地下冒出，在阳光照耀下犹如五颜六色的珍珠。当时文人叶胜曾有《题红螺寺》诗一首述之："仰止红螺秀色明，千姿万态画难成。峰峦隐见云初和，草木葱茏雨乍晴。峙若藩垣环帝阙，森如剑戟拥山城。怀宁自古多豪杰，信是钟灵产秀英。"①

六、北京私家宅园的山水布局特征

1. 勺园

勺园是明朝著名书画家米万钟（1570—1628）于明万历年间所建，是"米氏三园"中最为有名的一个。清初在勺园故地建弘雅园，康熙曾为之题写匾额。乾隆时，英特使马戈尔尼朝见清帝时曾驻于此。后为郑亲王府，嘉庆时改名为集贤院。清帝在圆明园临朝时，此处是大臣们入值退食之所。1860年，集贤院和圆明园被英法联军焚毁。侯仁之先生在《燕园史话》中有一段对勺园景观的介绍："它的面积不过百亩，但是细流潆洄，湖泊连属，岗峦起伏，林木幽深。"

2. 可园

可园坐落在北京市东城区地安门外帽儿胡同，是清末光绪年间大学士文煜的宅第花园。可园分为前后两座院落。第一进院大门位于院落东南隅，大门西侧有倒座房五间，前出廊。入门后先要路过一座假山作为东侧的通道，假山南侧有一条小径，走到尽头向北折有一座山洞，山洞上有一块"通幽"二字的石刻。通过山洞有两条鹅卵石路，分别通向北房及东廊的敞轩。过一座小石拱桥右行可至院内，前部正中垒筑着另一座假山，假山上有一座六角亭，建造非常精致。假山北侧有呈"S"形的曲折水池，水池北侧正中为花厅五间，前后出廊，构架上满绘苏式彩

---

① 怀柔县志编纂委员会：《怀柔县志·附录》，北京出版社，2000年，第849页。

画，花厅与两侧的抄手廊相连。院子东侧为爬山廊子，南半段中部建有一座方形亭子，坐东朝西。廊子北半段中部再连接一座敞轩。园林中点缀有太湖石、日晷、刻石等，显得非常惬意。"可园"的园名以及书写的碑文园记，镶嵌在一组观赏石的石座下，是整组建筑的点题之作。这座园子始建时仿苏州拙政园和狮子林，园虽小，但极可人意，故园主将其命名为"可园"，是中国北方私家宅园中保存较好的实例，具有一定的艺术价值和历史价值。2006年升级为全国重点文物保护单位。

3. 宋庆龄故居

宋庆龄故居始建于清康熙年间，为大学士明珠府邸，乾隆时易为和珅别院，嘉庆年间为成亲王府，清末为醇亲王府花园。20世纪60年代

□ 宋庆龄故居长廊

初改建为宋庆龄在北京的住所。故居庭院南、西、北三面均有土山，土山内侧有由后海引入的活水，绕园一周。其中南湖为较大的一处水面。湖北原有王府花园濠梁乐趣、畅襟斋等一组清代建筑群，建筑群与南湖之间为草坪。南湖南岸有明代两层楼建筑，称南楼。南山东侧有扇亭，西侧有听雨屋。院内有重点保护古树23株。有长廊纵贯南北，连接南楼与北建筑群。新文物库依西侧大墙而建。

4.郭沫若故居

郭沫若故居在西城区前海西沿18号，原是清代和珅的一座花园，后成为恭亲王奕䜣府的草料场和马厩。民国年间，恭亲王的后代把此处卖给达仁堂乐家作宅园。1963年10月，郭沫若始居于此，直至1978年6月12日逝世，郭沫若先生在这里度过了他一生中的最后15年。故居为大型四合院，大门内有一座树木点缀的土丘，二门内的5间北房为其工作室和会客厅，东耳房是卧室，东西厢房各3间。四周回廊环抱，有封闭式走廊通往后院。

北京的古典园林，被联合国教科文组织评定为"东方园林的经典"，它是中国的，更是世界的，是全人类的共同财产，我们有责任把它保护好，使之服务于整个人类。

（四）

北京，有多少神奇，就有多少故事

中关村的神奇从这里开始

中关村的名字已经成为中国"硅谷"的代名词，现在大名是国家自主创新示范区，其囊括的范围已经远远超过一个具体的地域概念。

历史上中关村是永定河故道，从明代起，这里成为明清两代宫内太监养老送终之地，乃"中官"村，中华人民共和国成立后，中关村成为全国科研机构、高等院校和人才密集的区域，20世纪80年代中期，中关村地区聚集了以中国科学院所属科研院所为代表的各类科研机构138所，以北京大学、清华大学为代表的一大批高等院校。中关村成了中国智力最密集、最具创新活力的地区，具备了成为国家科技创新中心所需的人才、技术、信息、环境等基本要素。

中关村是怎样创造奇迹的？这在地方志中又是如何反映的？是有故事的。

第一个吃螃蟹的人和支持他的人

1980年10月，曾两次到美国硅谷考察的中国科学院物理研究所研究员陈春先向中科院、北京科协的听众讲述"访美报告"时，豪气冲天地宣布：要亲自创办一家"硅谷公司"。他定下一个"二不四自"原则：不要国家拨款、不占国家编制，自由组合、自筹资金、自主经营、自负盈亏。这在当时，全中国都没这个先例。陈春先开公司的报告打到物理所，结果石沉大海。而陈春先凭借等离子体学会副理事长的身份，搞了个"服务部"，由北京科协出批文、出经费，再到公安局刻公章、银行开账户。1980年10月23日，陈春先等人把物理所一间废弃仓库收拾出来，挂起了"服务部"的牌子。这一天，被公认为中关村的"公司诞生日"。而陈春先"腐蚀科技队伍，侵占公共房屋"的"小报告"，也打到了物理所领导那里，证据是：每个扫仓库的人都多领了5块饭钱。陈春先却马不停蹄地跑美国、倒芯片，造出一批核聚变电源开关，赚了3万块，又办起培训班，向待业青年传授电子技术，成为日后"电子一条街"的"黄埔军校"。人们惊诧于服务部竟然赚钱了，更看不惯陈春先给员工多发的7—15元津贴。此时中科院物理所主要领导认为服务部搞咨询工作，并发放津贴，搞乱了科技人员的思想，在科学院院内搞经营，搅乱了科研秩序。随后，对服务部立案调查，诽谤、查账、被拘接踵而来。很快，服务部的上百人一哄而散。这时，北京市科协赵绮秋把服务部的情况反映到新华社北京分社，记者潘善棠到服务部进行采访，并把情况反映给中央。1983年1月7日，国务院副总理方毅在《新华社内参》有关陈春先的报道上批示："陈春先的做法完全对头的，应予鼓励。"8日，中共中央政治局常委胡启立批示："陈春先同志带头开创

四

北京，有多少神奇，就有多少故事

□ 中关村第一个民营科技机构创始人——陈春先（右）

新局面，可能走出一条新路子，一方面较快地把科研成果转化为直接生产力，另一方面多了一条渠道，使科技人员为四化做贡献，一些确有贡献的科技人员可以先富起来，打破'铁饭碗'大锅饭。当然还要研究必要的管理办法及制定政策，此事可委托科协大力支持，如何定，请耀邦酌示。"同日，中共中央总书记胡耀邦批示："可请科技领导小组研究出方针政策来。"1月25日，中央人民广播电台的报道反映了中央领导对陈春先创办"服务部"的批示精神，接着《经济日报》以《研究员陈春先扩散新技术竟遭到阻挠》为题，在一版显著位置报道陈春先和他领办的服务部的来龙去脉，并做连续系列报道，公开支持陈春先和服务部，明确指出：要大力支持科技界的改革工作，影响新生事物发展壮大的阻力要坚决排除。在中共海淀区委书记贾春旺和北京市科协的支持下，陈春先在中关村创办了北京市华夏新技术开发研究所（简称华夏所），彻底冲破了体制阻碍，陈春先任所长。华夏所成立一年时间，完成了15项国家计划外的技术项目开发，他们研制的 ESS-1 型快速储能烙铁是国家空缺产品，研制成功的 DHL-25 型电缆查漏仪及信号发生器，转让给一家无线电厂，创产值 60 多万元，在华夏所的下面成立了以中试为主的华夏电器厂，以技术贸易为主的北京市华夏电器技术服务部，在工业自动化、智能仪表、高精度恒流恒压源、等离子体技术、计算机应用等多方面开展了应用研究和开发，并有了技工贸一体化的雏形。此后，陈春先历经项目失败、贸易纠纷、非法拘役等诸多磨难，非但没能积累财富，还因下海失去了体制内的福利待遇，晚景凄凉。2004 年 8 月 10 日，70 岁的陈春先溘然长逝。他捐出眼角膜，留下了"把光明留给后人"的遗愿。这位打破时代坚冰的"中关村第一人"并不富有，却以过人的勇气和智慧，照亮了中关村的未来之路。在国庆 70 周年推举的功勋模范人物中，我推举了他，我认为为新中国建设和发展做出杰出贡献的代表中应该有他的位置。可惜了！

从电子一条街到新技术产业开发区

陈春先得到支持，使一批科技人员下海经商，中关村地区形成"电子一条街"。可在它如何发展这件事上，并不平静。

应该说，海淀区委的态度是明确的。1983 年至 1987 年期间，中共海淀区委两任书记贾春旺、张福森及区委为支持科技人员创办企业，运用区委、区政府部分领导碰头会的形式，不做会议记录，不下文件，一事一议，随时研究解决科技企业所遇到的困难。1984 年至 1987 年间，针对民营科技企业人员出国难的问题，国家科委决定特事特办。国务委员兼国家科委主任宋健强调"形成国家、集体、个人一起兴办科技事业的新局面"。1987 年 3 月，中国科学院院长周光召明确提出，"有重点地支持一批新技术开发公司（集团）或联合体，争取产品逐步进入国际市场"是中国科学院 1987 年的主要任务之一。从此，中科院出现了创办公司的热潮。1985 年 10 月 1 日，北京市政府颁布《北京市集体、个体科技机构管理若干规定》指出："集体、个体科技机构是科技体制改革中出现的新生事物，各区县政府和各级有关部门要对这类机构给予指导帮助，切实加强管理，使之在科技事业的发展中更好地发挥作用。"

1985 年 3 月，中共中央办公厅信访局转给中共北京市委办公厅一封人民来信摘要，反映中关村开发技术公司林立，有的纯属倒卖、投机而牟取暴利的不法组织，要求中央查处。此时，中关村"倒爷一条街""骗子一条街"的说法也甚嚣尘上。中关村向何处发展，怎样发展成为关键。

1987 年底，新华社记者夏俊生写了 4 篇关于电子一条街的调查报道，连续登载在新华社编发的《新华社内参》上，引起中共中央总书记的关注。总书记做出批示，责成中央书记处进行调研，书记处书记芮杏文、候补书记、中办主任温家宝挂帅组成由中央办公厅调研室牵头，国家科委、国家教委、中科院、中国科协及北京市政府、海淀区政府等

□ 20世纪80年代中关村

参加的联合调查组，对中关村电子一条街进行为期两个月的调研。所有的调研工作可以用紧锣密鼓、深入细致来形容。调研方案12月14日刚刚批准，12月15日，芮杏文来到"中关村电子一条街"访问了一批科技企业并与创业者交谈。17日，芮杏文、温家宝在中南海召开会议，研究成立"中关村电子一条街"联合调研组的方案，决定调查，注重实践，实事求是，从效果出发，不要预先带框框，主要是研究方针政策问题，把调查的成果转化为中央决策，明确书记处领导亲自参加一些调查活动，主持一些重要的座谈会。

1987年12月21日至1988年2月，调查组先后召开12次座谈会，分别邀请离职"下海"的科技人员，科技企业家，工商、税务、财政、银行等部门负责人，以及海淀区有关人员参加座谈。1988年1月6日上午，温家宝在中南海主持召开座谈会，听取"电子一条街"的科技企业家的汇报、意见和建议；1月15日，芮杏文召开第二次座谈会，请中央有关部门座谈中关村"电子一条街"科技企业的政策环境问题。调查期间，温家宝先后四次到中关村地区考察、调研，深入到公司企业与各方人士了解情况。

1988 年 2 月 1 日，温家宝与调查组敲定了调查报告的基调，形成了包括"中关村电子一条街"的基本情况分析；"中关村电子一条街"的过去、现在和未来；中关村科技型企业类型分析；中关村科技型企业运行机制研究；"电子一条街"发展的环境因素研究；企业文化的探索；中关村科技企业的结构规模及效益分析；"电子一条街"科技企业的收益分配；中关村的模式研究；知识分子状况调查共 10 份分报告和 26 份案例。2 月 5 日，形成了总报告——《"中关村电子一条街"调查报告》（以下简称《调查报告》）初稿，对中关村地区从 1980 年以来出现的科技企业给予很高的评价，总结出 5 方面经验：1. 自筹资金、自由组合、自主经营、自负盈亏的"四自"原则是科技企业强大活力的源泉；2. 建立以市场为导向的竞争机制，是科技企业迅速发展的重要因素；3. 中关村地区的科技企业之所以发展较快，是因为全民、集体、个体一起上，地方、高等院校、研究院所一起上；4. 大气候是前提，小气候是保证，党中央改革、开放、搞活的大政策是大气候，但小气候也很重要。几年来不少中央机关的领导都给"电子一条街"以关怀和支持，国家科委、中国科学院、北京市政府都给予政策上的支持，一些高等院校的领导也给予相应的支持，特别是海淀区委、区政府及有关部门，为了支持和扶植"电子一条街"科技企业的发展，采取了许多措施，在工商管理、税务、信贷、劳动、人事管理等方面，在现行政策内给了最大的支持，没有这种支持所形成的小气候，就没有"电子一条街"的繁荣；5. 人才，特别是新型的科技企业家人才，是科技企业通向成功之路的最重要的条件。《调查报告》建议：1. 着手考虑建立中关村科学工业园区（或新技术开发区）作为试点。2. 建议由北京市牵头，海淀区、中科院、国家科委、国家教委等有关单位参加组成中关村地区科技企业协调委员会，其主要任务是规划、协调、服务。3. 资金支持。高技术产业可以产生高效益，但需要高投入。从长远看，需要形成发达的资金市场，并建立风险投资公司。目前可由各专业银行设立科技贷款专项科目，或者筹办中关村科技投资公司。4. 人才支持。中关村地区的科技企业和科研院所、高等院

353

四

北京，有多少神奇，就有多少故事

校之间，允许科技人员双向自由流动。支持和鼓励高等院校和科研院所的科技人员到科技企业去工作，可以离职，也可以兼职。离职人员的人事关系由海淀区统一管理，工龄连续计算。5. 研究制定一套有利于科技企业（及高技术企业）能够自我发展和自我制约的新税率。6. 建立与高技术外向型科技企业相适应的外事服务系统。7. 根据中央书记处对北京市城市建设四项指示的原则，对中关村地区统一规划，合理布局各种产业，合理利用空间。保护科学园区内的风景、园林、文化古迹，保护生态环境，同时注意正确处理人们的物质生产、物质生活和精神生产、精神生活之间的相互关系，设立适当的公共文化体育娱乐设施。8. 北京市和海淀区的工商、银行、税务、物价、劳动、人事、邮电通讯、交通管理、公安等业务部门，要本着改革、开放、搞活的精神，为中关村地区的科技企业继续发展开绿灯，继续创造小气候，为开发全国最大的智力宝库做出自己的贡献。《调查报告》经中央书记处领导审查并征求了七个调查单位和国家有关部门意见后，1988 年 2 月底，温家宝把修改后的《中关村电子一条街调查报告》报送中共中央总书记。3 月 2 日，总书记就对《中关村电子一条街调查报告》做了批示："这篇调查报告很值得一读。建议印发中央财经领导小组会议。第一、第二部分是讲情况和经验。第三部分是针对中关村作为科学工业园区（或新技术开发区）试点需要解决的问题，提出一些原则性的政策建议。第四部分是讲中关村电子一条街的经验，启迪我们如何解决科技与生产结合的一些思路，这部分提出了一些很重要的观点，很值得重视。"3 月 7 日，中央财经领导小组召开会议，李鹏、姚依林、田纪云、张劲夫、安志文、杜星垣、李东冶、周建南、温家宝、宋健等出席。会议一致赞成《调查报告》提出的建议，同意建立中关村科技工业园区。

1988 年 3 月 9 日，温家宝向中央联合调查组和北京市委传达中央财经领导小组的决定及相关指示精神，并明确提出："要在总结经验的基础上，制订一个建立高技术产业开发区的条例。"

这是中关村起步的过程，奠定了中关村未来的发展。

□ 现今中关村西区

关于《中关村科技园区志》出版

　　2008年是中关村科技园区成立20年，又是中国改革开放30年，这部志书无疑是献给这一年份的大礼。但是，在如何阐述这段历史过程及其所涉及的一些具体事件、关键人物上，受到出版规定的限制，作为《北京志》的主编，同时又是亲身参与中关村科技园区建设、时任海淀区委副书记的段柄仁先生极度不满，甚至到了气愤的程度。他强调，志书是资料书，志书的生命是真实、准确、完整地留存历史，这是对历史负责，也是对未来负责，如果这部志书不尊重历史，那我们就不出了！承担这部志书编纂任务的中关村管委会也同意段柄仁先生的意见，承担出版任务的单位感觉压力很大，如果违背有关规定，出版社要受到严肃处理。经过多方面的努力，最终，这部志书如实记录和保存了历史原貌，并在尊重历史的基础上采取了技术处理，志书中保留了胡耀邦的名字，将时任总书记的名字用中共中央主要负责人代替，从而得以出版。

后记

这本书已经到了正式出版的时候，这是我从事地方志工作以来，利用地方志资料编纂完成的一本讲述北京历史的小册子。地方志是从事历史研究的金矿，只要用心发掘会有源源不断的成果涌现，我是一个受益者，并且终身受益。

我在从事地方志编纂时，坚持记笔记，把遇到的问题记录下来，把收获心得记下来，短时间内没有感觉，积累了 30 年、40 年再看这些东西，其价值之大让我感到震撼。1982 年大学毕业后，我曾在北京矿务局编纂北京煤矿史，深刻体会到"窑哥们"的精神世界。1990 年我开始到北京市地方志办公室工作，一直做北京市志书的责任编辑，负责城市规划、建设、管理方面的志书编纂，无论是志书的内容，还是实地体验调查，自认为是下了大功夫的。与此同时，我也结识了无数朋友，似师长、似兄弟姐妹，从进门到有点发言权，经历了不断追求探索和与他们互相扶持的过程。在任研究室主任的时候，我和众多《北京志》的主编、副主编有较为密切的工作关系，这些人大多曾在北京市主要委办局担任过领导，他们自身的经历就有很强的故事性，我有幸从中获取了大量有价值的信息。2006 年，我任地方志办公室副巡视员后，有更多的机会在段柄仁主编直接领导下工作，得到他的言传身教。同时，在北京市地方志所记述的范围划定上受到很大启发，获得了更多、更广泛的信息，有些内容是鲜为人知的，不仅有很强的存史价值，有必要留给后人，而且对于资治与教化也会有一定的帮助。这些都是我笔记中有意无意中记录的，也在这本书中体现出来。这本书里也有一些研究层面的东西，仁者见仁、智者见智，错误也在所难免。不管怎么说，我还是以一种认真的态度、以一个从事几十年史志工作者的职业要求，把花过心血的东西奉献给大家。

我能够出版这本书，首先应该感谢北京燕山出版社夏艳社长，是她一而再而三地督促我完成这项任务，并且从内容到结构，乃至书名都提出了建设性的意见。这本书纳入了北京市宣传文化引导基金奖励项目，李建平先生、马建农先生这两位学问严谨的老朋友对此书的内容进行了审读，给予了肯定和较高的评价，他们的推荐意见使这本书得以在众多评选项目中脱颖而出。为了求得资料的准确性，我又对有些当事人进行了进一步咨询核实，并且重新翻阅了有关志书和相关文献。我的修志同仁提供了帮助，他们在长期的志书编纂中，养成了存真求实、对历史负责、对当代负责、对未来负责的工作态度，这点在本书所涉及的内容中有所体现，文中也提及了他们的名字，只是以事系人，更多的是那些不见名字的修志同仁，不仅在书的编纂中提供了帮助，而且在长期的工作中对我也有厚爱，在此深表谢意。这本书的某些照片是朋友和修志同仁提供的，李欣、宋慰祖、卢永著、王来水、韩旭、袁长平、王岩、王韧洁、谭浩等都为此书提供了照片和相应的资料，此书的责任编辑刘占凤主任也付出了心血，在此一并表示谢意。

很多作品一旦面世，就会留下追悔莫及的遗憾，出现不应该有的差误，但愿这本书遗憾少一点，也请读者批评指正。

作者

2020 年 12 月 2 日

357

后记